WTO-Macht zerstört die Umwelt: Protestaktion bei McPlanet.com

Lernende Bewegungen – Impressionen von den Büchertischen

Walden Bello/
Nicola Bullard/
Wolfgang Sachs/
Vandana Shiva u.a.

McPlanet.com

Die Umwelt in der Globalisierungsfalle

Das Buch zum Kongress von Attac, BUND und Greenpeace in Kooperation mit der Heinrich-Böll-Stiftung und dem Wuppertal Institut für Klima, Umwelt, Energie

Herausgegeben von
Marc Engelhardt und
Markus Steigenberger

VSA-Verlag Hamburg

www.vsa-verlag.de
www.mcplanet.com

Dieses Buch ist die Dokumentation des Kongresses »McPlanet.com – Die Umwelt in der Globalisierungsfalle«, der vom 27. bis 29. Juni 2003 in Berlin stattgefunden hat. Aus den sechs Panel-Diskussionen, dem Late Night Talk und mehr als hundert Foren, Workshops und Seminaren konnten wir für die Dokumentation nur einige auswählen. Nach zwei einleitenden Artikeln sind die Beiträge aus Panels und Talk in Kapiteln zusammengestellt, denen eine Zusammenfassung der Diskussion vorausgeht. Der Rest des Buches gehört Beiträgen aus den Foren. Themen und Autoren haben wir dabei hoffentlich so gewählt, dass die Vielfalt von McPlanet.com erhalten geblieben ist.

Für die Durchführung des Kongresses möchten wir uns bedanken: beim einmaligen Büroteam, das McPlanet.com in dieser Form erst möglich gemacht hat: Constantin Vogt, Min-ku Chung, Steffen Behrle, Mareike Himme, Cornelia Kosmol, Timon Perabo, Hendrikje Reich und Katrin Rönicke. Jan Kowalzig und Carmen Ulmen haben den Trägerkreis entscheidend verstärkt. Vielen Dank auch an Uli Brendel, Matthias Fischer, Sven Giegold, Malte Kreutzfeldt, Daniel Mittler, Sven Rixen und Philipp Prein. Wir danken allen, die den Kongress mit ihren Seminaren bereichert haben, und den einhundert ehrenamtlichen Helfern vor Ort. Schließlich ein dickes Dankeschön an Andreas Ernst, der an diesem Buch mitgearbeitet hat, sowie an alle ehrenamtlichen ÜbersetzerInnen.

Fotonachweis
Rückseitenfoto: Paul Langrock
S. 198: Paul Langrock
S. 1 und S. 167: Marc Engelhardt
alle anderen Fotos: Karsten Hennig

Druck- und Buchbindearbeiten: Druckerei Runge, Cloppenburg
Gedruckt auf chlorfrei gebleichtem und alterungsbeständigem Papier, DIN 6738
ISBN 3-89965-029-8

Inhalt

Ein Kongress schafft Bewegung

McPlanet.com Ein Kongress schafft Bewegung

Das vorliegende Buch ist die Dokumentation des Kongresses »McPlanet.com – Die Umwelt in der Globalisierungsfalle«, der vom 27. bis 29. Juni 2003 in der Technischen Universität Berlin stattgefunden hat. Es war ein Kongress von Umwelt- *und* globalisierungskritischer Bewegung und der erste Kongress, den Attac, BUND, Greenpeace in Kooperation mit der Heinrich-Böll-Stiftung und dem Wuppertal Institut für Klima, Umwelt, Energie gemeinsam durchgeführt haben.

Warum dieser Kongress? Am Anfang stand eine Erkenntnis: Globalisierungskritik und Umweltschutz gehören zusammen. Aber kaum jemand weiß es. Nur wenigen schien aufzufallen, dass der Diskurs über Globalisierung das Thema Ökologie seit Jahren fast völlig außen vor lässt. Weitgehend ahnungslos geben sich Politik, Verwaltung, Wirtschaft – und selbst große Teile der Zivilgesellschaft.

Natürlich arbeiten einige Teile der Umweltbewegung schon lange an globalen Themen. Von ihren Zielen und Aufgaben her sind sie eigentlich zwangsläufig Teil der globalisierungskritischen Bewegung. Doch sind diese Wurzeln manchem über der heute primär bundesdeutschen Agenda aus dem Blickfeld geraten. Umgekehrt mag so mancher Attac-Anhänger die Erkenntnisse und Errungenschaften der Ökologiebewegung der letzten 30 Jahre nicht so recht zur Kenntnis nehmen: etwa die Bedeutung ökologischer Gesetzmäßigkeiten für das Leben auf unserem Planeten und die daraus abgeleitete Wachstumskritik. Wirtschaften muss eben nicht nur sozial gerecht, sondern auch ökologisch gerecht sein. Das Einhalten von Umweltstandards ist dabei keine Luxusdebatte: Die Zerstörung der Natur und die Plünderung der Ressourcen trifft vor allem und zuerst die Armen dieser Welt, und Schäden am Ökosystem Erde vergrößern die Kluft zwischen Arm und Reich.

Der Erkenntnis folgte der Plan: Wir müssen etwas tun. Wir, das heißt: Umweltschützer und Globalisierungskritiker gemeinsam. Globalisierungskritische Themen und Umweltthemen nicht mehr getrennt voneinander zu betrachten, das war das Ziel von McPlanet.com. Ein bundesweites Forum, bei dem beide Bewegungen zusammenkommen, miteinander diskutieren und von einander lernen konnten.

Voneinander lernen. Miteinander streiten: Schwerpunkt des Kongressprogramms waren die Schnittstellen zwischen Ökologie und Globalisierung. Wir wollten Kontroversen austragen: zwischen »Ökos« und »Attacies«, zwischen

Warten auf die nächste Diskussion: Sechs von 1.500 »Ökos« und »Attacies«

Nord und Süd; Kontroversen mit Vertretern aus Wirtschaft, Wissenschaft und Politik. Denn die unterschiedlichen Positionen verlaufen nicht nur zwischen »Ökos« und »Attacies«. Vielmehr gibt es auch innerhalb der Bewegungen unterschiedliche Antworten auf Fragen wie: Sind Umwelt- und Sozialstandards ein Hemmnis für den Marktzugang ärmerer Länder? Brauchen wir mehr globale Regeln oder müssen wir einzig die lokale Selbstbestimmung fördern?

McPlanet.com brachte Expertinnen und Experten aus verschiedenen Bereichen und aus allen Teilen der Welt zusammen, um ungeklärte und konträre Positionen zu diskutieren. Zugleich sollten Quereinsteigern die Themen der Umweltbewegung wie der globalisierungskritischen Bewegung näher gebracht werden. Politische Handlungsmöglichkeiten und Motivation zum Mitmachen standen hier im Mittelpunkt.

Mehr als 1.500 Teilnehmerinnen und Teilnehmer waren beim spannenden Mix aus verschiedenen Veranstaltungen dabei: Bei groß angelegten Paneldiskussionen mit internationalen ReferentInnen, bei Foren mit jungen Gästen und etablierten Experten, beim *Late Night Talk* zwischen Bewegung und Politik und rund 60 Workshops und Seminaren zu allen Themen zwischen Umwelt und Globalisierung. Abgerundet wurde das Programm durch einen Markt der

Möglichkeiten, kulturelle *side events* und eine große Abschlussaktion im Zentrum von Berlin.

Das Abbild von drei Tagen McPlanet.com findet sich in diesem Buch. Was wir hier nicht wiedergeben können, sind all die kleinen und großen Erfahrungen, die wir in einem Jahr Entstehungsgeschichte von McPlanet.com gemacht haben. Fünf höchst unterschiedliche Träger unter einen Hut zu bringen, war eine ständige Herausforderung. Diese gemeistert zu haben, ist mit Sicherheit eine der wichtigeren Grundlagen für die künftige Zusammenarbeit von »Ökos« und »Attacies«, von Verbänden, Stiftungen und Instituten.

McPlanet.com und die Folgen: McPlanet.com war eine gute Idee zur richtigen Zeit. Die Resonanz in beiden Bewegungen hat uns gezeigt, wie groß das Interesse ist und wie viele Aktivistinnen und Aktivisten sich im Schnittfeld von Umwelt und Globalisierung engagieren wollen. Viele von denen, die in Berlin dabei waren, empfanden den Gegensatz zwischen Umwelt- und globalisierungskritischer Bewegung sogar als zu konstruiert – weil sie längst in beiden Bewegungen mitmischen.

McPlanet.com geht weiter. Uns allen ist klar: Wenn wir Umweltpolitik betreiben, dann geht das heute nur noch unter den Vorzeichen der Globalisierung. Und wenn über Globalisierung diskutiert wird, dann darf man über ökologische Fragen nicht schweigen. Mit lokalen Diskussionen wollen wir Umwelt und Globalisierung überall in Deutschland zum Thema machen. Andere Aktivitäten sind geplant.

Zunächst aber wünschen wir viel Spaß mit diesem Buch, das ohne die Arbeit von Andreas Ernst nicht zustande gekommen wäre. Dafür danken wir ihm. Diejenigen, die bei McPlanet.com waren, erinnern sich beim Lesen vielleicht an die eine oder andere erlebte Debatte. Den anderen gibt es einen Überblick über das, was in Berlin drei Tage lang für Gesprächsstoff gesorgt hat. Beim nächsten Mal McPlanet.com sind dann hoffentlich auch Sie dabei.

Marc Engelhardt (BUND)/Maja Göpel (BUND)/Jörg Haas (Heinrich-Böll-Stiftung)/Barbara Kamradt (Greenpeace)/Jürgen Knirsch (Greenpeace)/Tilman Santarius (Wuppertal Institut)/Markus Steigenberger (Attac)

Marc Engelhardt/ Markus Steigenberger

Umwelt in der Globalisierungsfalle

Warum Umwelt und Globalisierungskritik zusammengehören, ist schnell erklärt: Die derzeitige Weltwirtschaft befindet sich auf direktem Kollisionskurs zur Umwelt. Spätestens die Gründung der Welthandelsorganisation (WTO) in Marrakesch 1994 hat eine Entwicklung in Gang gesetzt, in der das Ideal einer zukunftsfähigen Gesellschaft abgelöst worden ist durch das von wirtschaftlicher Freiheit ohne Grenzen.

Die Folgen sind sozial und ökologisch gleichermaßen verheerend. Dabei leiden unter der Umweltzerstörung im Norden wie im Süden vor allem arme Menschen. Für sie, die in besonderem Maße auf natürliche Ressourcen angewiesen sind, ist Umweltschutz kein Luxusgut, sondern Lebensgrundlage. Nur bedeutet Umweltgerechtigkeit wenig im bedingungslosen Wachstumsglauben, der mit der wirtschaftlichen Globalisierung einhergeht.

Gerechtigkeit ist nur in dem Rahmen möglich, den die Erde zulässt. Jedem Weltbürger ein Auto zuzugestehen, nur weil dies in den USA oder Deutschland üblich ist, klingt vermeintlich gerecht. Nur würde als Folge unweigerlich das Ökosystem zusammenbrechen. Gerechtigkeit ohne Ökologie kann es also nicht geben. Aber auch Ökologie ist ohne Gerechtigkeit nicht denkbar. Es kann nicht sein, dass 20% Prozent der Weltbevölkerung die Kapazitäten der Erde bis zum Rande ausschöpfen. Den eigenen Umweltverbrauch zu verringern, ihn gerechtigkeitsfähig zu machen, ist die Pflicht dieser 20%. Vor allem der Norden muss abspecken.

Niemand wird der Feststellung widersprechen wollen, dass die Nutzung des Umweltraums gerecht verteilt sein muss. Jeder hat Anspruch auf seinen »fair share« im Rahmen dessen, was das Ökosystem verkraftet. Diesem Konzept liegen Werturteile zugrunde: Erstens die Überzeugung, die Bedürfnisbefriedigung künftiger Generationen durch die Befriedigung der eigenen nicht zu gefährden. Zweitens die Verpflichtung, kommenden Generationen eine intakte Natur zu hinterlassen. Drittens ist die Verpflichtung zu internationaler Gerechtigkeit grundlegend. Jeder Mensch überall auf der Welt kann das gleiche Recht auf eine intakte Natur erheben und im Umkehrschluss auch das gleiche Recht geltend machen, Ressourcen in Anspruch zu nehmen, solange dadurch nicht die Umwelt insgesamt übernutzt wird.

Trotz dieser einleuchtenden und kaum diskutablen Thesen sieht die Wirklichkeit anders aus. Wenn in Zeiten der wirtschaftlichen Globalisierung über gerechte Entwicklung gesprochen wird, dann verbinden viele damit nach wie vor das Streben nach wirtschaftlichem Wachstum. Selbst in progressiven Kreisen wird Wachstum noch als unentbehrliche Grundlage für Entwicklung verstanden – Gerechtigkeit, sei sie sozial oder ökologisch, werde sich einstellen, sobald der allgemeine Wohlstand hoch genug sei. Dass jede Wertschöpfung zwangsläufig mit Wertzerstörung einhergeht, ist zwar seit den »Grenzen des Wachstums« theoretisch bekannt. In der täglichen Debatte fällt diese Tatsache aber häufig unter den Tisch. So betonen viele Konzepte der Umweltbewegung aus den 1990er Jahren ausdrücklich den Wert von Wirtschaftswachstum und Freihandel. Erst in den letzten Jahren stellen Umweltschützer auch wieder das Wirtschaftssystem an sich in Frage.

Ein Grund dafür ist, dass die Auswirkungen der wirtschaftlichen Globalisierung für die Umwelt immer offensichtlicher werden. Ein Beispiel ist der Abbau staatlicher Regulierungen, eines der Hauptziele von Globalisierungsbefürwortern. Um offene Märkte zu schaffen und den Konkurrenzdruck zu erhöhen, sind Zölle, Einfuhrbeschränkungen und technische Normen hinderlich. Stattdessen fordern sie eine weitgehende Deregulierung, der auch Umweltstandards zum Opfer fallen. Um mit anderen Ländern, die weniger Umwelt- (und Sozial-) standards besitzen, konkurrenzfähig zu sein, müssten die Standards im eigenen Land gesenkt werden. Viele Industrievertreter fordern einen solchen Deregulierungswettlauf, ein *race to the bottom*.

Ein globales *race to the bottom*, in dem einzelne Staaten durch abwechselndes Senken nationaler Umweltauflagen versuchen, sich im Standortwettbewerb auszuspielen, gibt es zwar bisher noch nicht. In immer mehr Einzelfällen werden Umweltvorschriften aber wegen vermeintlicher Wettbewerbsnachteile zurückgenommen. So hat etwa US-Präsident Bush im August 2003 Umweltstandards für die Energieindustrie gesenkt, weil die im internationalen Vergleich angeblich zu hohen Standards Investitionen verhindert hätten. Ein anderes Beispiel ist das Beschleunigungsgesetz der Bundesrepublik Deutschland zur Förderung des »Aufbaus Ost«, das die Einspruchsmöglichkeiten gegen Straßenbauvorhaben eingeschränkt hat. Im Rahmen der Nordamerikanischen Freihandelszone NAFTA boomen in Mexiko Sonderwirtschaftszonen für Billigproduktionen, sogenannte Maquiladoras, die unter anderem mit niedrigen Umweltstandards werben und Teile der besonders umweltverschmutzenden Auto-Zulieferindustrie im Norden der USA abgeworben haben.

Eine weitere Auswirkung der wirtschaftlichen Globalisierung, derentwegen sich die Umweltpolitik in den letzten Jahren kaum weiter entwickelt hat, ist der sogenannte *chilling effect* (engl. abkühlen, entmutigen). Damit wird das Phänomen umschrieben, dass einzelne Staaten aus Angst vor Wettbewerbsnachteilen auf einen Ausbau ihrer Umweltbestimmungen verzichten. Der Grund dafür ist nicht etwa ein tatsächlicher Nachteil, sondern vielmehr die Annahme, dass es einen solchen Nachteil geben könnte. Ein Beispiel für die politische Brisanz des *chilling effects* zeigt die Diskussion über den internationalen Klimaschutz. Die Europäische Kommission hatte 1992 vorgeschlagen, dass die größten Industrieländer beim Klimaschutz vorangehen und eine Steuer auf CO_2-Emissionen einführen sollten. Gegen diese Initiative lief die Lobby der Energieverbände Sturm. Ihr Argument: Die Wettbewerbsfähigkeit der Unternehmen aus den betroffenen Ländern werde dadurch eingeschränkt. Die Stromlobby hatte Erfolg: Es gelang ihnen, die USA, Japan und Australien von ihrer Meinung zu überzeugen und den Vorschlag scheitern zu lassen.

Die Macht großer Konzerne ist eine weitere, unmittelbare Folge der wirtschaftlichen Globalisierung. Die Wirtschaftskraft multinationaler Konzerne oder kurz TNCs (Transnational Corporations) übersteigt oft die ganzer Staaten. Und ihre Macht wächst weiter: Zwischen 1983 und 1999 sind die Profite der 200 weltweit größten Unternehmen um mehr als 350% gestiegen. Während TNCs die großen Gewinner der wirtschaftlichen Globalisierung sind, sind kleine und mittelständische Unternehmen die Verlierer. Sie können im Kampf um Anteile auf dem liberalisierten Weltmarkt nicht mithalten. Verlierer sind aber auch Staaten, die kaum eine rechtliche Handhabe gegen die multinationale Konzernmacht haben – und wenn doch, fehlt vor dem Hintergrund der wirtschaftlichen Unterlegenheit oft der Mut. Verlierer sind schließlich auch lokale Gemeinschaften, die den Konzernaktivitäten oft schutzlos ausgeliefert sind.

So stoßen Unternehmen auf der Suche nach Profit immer weiter in Urwälder, entfernte Gebirge oder andere Randgebiete vor, um bei wachsender Ressourcenknappheit neue Rohstoffquellen zu finden. Werden diese erschlossen, so sind massive Eingriffe in die Natur und damit einhergehend der Verlust von Biodiversität die Folge: Dies gilt für die Holzindustrie genauso wie für die großflächige Landwirtschaft, den kommerziellen Fischfang oder den Abbau von Mineralien. Betroffene vor Ort haben oft nicht die Mittel, sich gegen solchen Raubbau zur Wehr zu setzen. Ihnen fehlt die Unterstützung der Zentralregierung, die von den Unternehmensaktivitäten profitiert; die nötige Öffentlichkeit, um effektiv Druck auszuüben und der Zugang zum Rechtsweg. Die Einführung international einheitlicher Richtlinien, um die Macht der Menschen vor Ort gegen die Folgen einer Amok laufenden Globalisierung zu stärken, ist eine weitere Forderung, die Umweltschützer und Globalisierungskritiker eint.

Gerechtigkeit auf einem begrenzten Planeten

Forderungen nach globaler Gerechtigkeit verbinden die Umwelt- und die globalisierungskritische Bewegung. Aber welche Wege führen zur Gerechtigkeit auf unserem begrenzten Planeten? Im Eröffnungspanel kamen RednerInnen zu Wort, die das besondere Verhältnis zwischen Globalisierungskritik und Umweltschutz näher beleuchten.

Sushi, Shrimps und unsere Kleidung. Globalisierung, von der wir im Norden noch am ehesten profitieren. Harmloser Luxus im Alltag oder Umweltzerstörung mit Fernwirkung? Was ist die Verantwortung des Staates, und welche Rolle haben wir als Verbrauchter? All dies führte der Moderator des Eröffnungspanels, Gerd Leipold (Greenpeace International), anschaulich vor Augen. Er schuf damit im Audimax der TU Berlin eine Atmosphäre, die lebendig, offen und gut gelaunt war und die die nächsten Tage vorgehalten hat.

Wolfgang Sachs vom Wuppertal Institut für Klima, Umwelt, Energie schenkte dem Kongress sechs Thesen zur Gerechtigkeit auf einem begrenzten Planeten. Zentrale Stichworte sind Machtvergessenheit, Naturvergessenheit, Gerechtigkeit, Sicherheit, Frieden, Menschenrechte. »Gerechtigkeitsfähiger Wohlstand« ist für ihn ein Ziel, um das »Ökos« und »Attacies« ringen sollten.

Francisca Rodrigues von der chilenischen Frauen- und Indigenabewegung ANAMURI berichtete über ihre Erfahrungen im neoliberalen Musterland Lateinamerikas. Hier ist schon alles privatisiert – auch das Wasser. Rodriguez betonte besonders die sozialen Auswirkungen des monokulturellen Obstanbaus: Äpfel, Kiwis und Trauben für den Rest der Welt, der Sommer in Chile als Obstgarten für den Winter im Norden. Klingt toll und hat mit den eigenen Interessen der indigenen Bäuerinnen nichts zu tun. Sie leiden unter den eingesetzten Giftstoffen, unter fehlender sozialer Absicherung. Die biologische Vielfalt geht verloren, Land, Saatgut und Identität sind längst eingetauscht gegen genormte Früchte. Aber die chilenische Bäuerinnenbewegung wehrt sich.

Walden Bello, Soziologieprofessor aus den Philippinen und als Vordenker der globalisierungskritischen Bewegung Träger des alternativen Nobelpreises 2003, skizzierte die »Krise des globalistischen Projektes«. Die Asienkrise, der gescheiterte WTO-Gipfel in Seattle und der Zusammenbruch der Aktienmärkte markieren Momente dieser Krise des globalen Kapitalismus. Für Bello ist die Umweltkrise ein zentraler Faktor, die Legitimität des Globalisierungsprojekts in Frage zu stellen.

Jörg Haas

Wolfgang Sachs Ohne Ökologie keine Gerechtigkeit

Ich möchte im Folgenden sechs Thesen zur Diskussion stellen:

1. Die Ökos brauchen die Attacies, denn: Machtvergessenheit macht blauäugig.

Eine kühle Distanz, ja ein gewisses Befremden, glauben die Umweltaktivisten, die Ökos, hin und wieder bei der Attac-Bewegung zu spüren. Die Attacies äußern einen Verdacht: Die Ökos, sie werfen sich ins Zeug für Wale, Wälder und Windräder, doch bleiben merkwürdig zurückhaltend gegenüber Kleinbauern und Küstenfischern, gegenüber den Zukurzgekommenen und Machtlosen. Kurz: den Ökos scheint es um Ressourcen und nicht um Herrschaft, um Natur und nicht um die Menschen zu gehen.

In der Tat, der Eindruck kann aufkommen. Umweltforscher hantieren mit Graphiken und Flussdiagrammen, fragen jedoch selten, von wem all die Stoffströme bewegt werden. Menschen und Mächte verschwinden hinter Zahlen und Indikatoren. Oder: Umweltpolitiker treibt es zu internationalen Megakonferenzen, wo sie allzu leicht vergessen, dass Macht sich nicht aufgrund leiser Diplomatie, sondern aufgrund öffentlicher Wut bewegt. Zuletzt sind die Ökos natürlich auch erschöpft vom langen Marsch durch die Institutionen, sie sind Akrobaten des Kompromisses geworden. Doch die Umweltaktivisten sind aufgewacht; denn sie haben realisiert, dass ihnen die Machtrevolution, genannt Globalisierung, beim liebevollen Ausbau eines freundlicheren, saubereren Nationalstaats, die Butter vom Brot genommen hat.

Denn 1992 kamen in Rio de Janeiro, bei der Umweltkonferenz der Vereinten Nationen, zwar die Regierungen der Welt zusammen, um sich als Anwälte der Erde zu präsentieren. Doch 1994 schon traten sie in Marrakesch zur Gründung der Welthandelsorganisation (WTO) erneut zusammen und sind de facto zu Verkäufern der Erde geworden. Die WTO ist das Symbol dafür, dass die Eliten der Welt die Freiheit der Märkte höher gewichten als Nachhaltigkeit und Demokratie. Die Welt soll in ihren Augen in einen globalen Wettkampfraum umgestaltet werden, in dem nur ein Gesetz herrschen soll: das der wirtschaftlichen Effizienz. So sind aus den grundlegenden WTO-Abkommen – GATT, TRIPS und GATS – Ermächtigungsgesetze für transnationale Unternehmen

Wolfgang Sachs: Ohne Ökologie keine Gerechtigkeit, ohne Gerechtigkeit kein Frieden

geworden. Es hat eine Machtverschiebung stattgefunden, vom Lokalen zum Globalen, und von der Politik zur Wirtschaft.

Die Globalisierung hat in Sachen Umwelt mindestens zwei große dynamische Effekte in Gang gesetzt. Einerseits den Expansionseffekt: Mit Globalisierung wächst geographisch die Weltökonomie. Aber was hier wächst und was sich verbreitet in die Welt, ist das historisch obsolete Wirtschaftsmodell, das auf der Nutzung unbezahlter Naturwerte beruht. Deshalb ist es kein Wunder, dass mit der Verbreitung dieses Modells auch die Belastung des Planeten zunimmt.

Zweitens gibt es den Deregulierungseffekt. Mit offenen Grenzen wird es für Regierungen überall – ob in Indien oder Deutschland – schwieriger, die Schutzinteressen für Natur und Menschen wahrzunehmen und durchzusetzen gegen die Wettbewerbsinteressen der eigenen Industrie. Im Rückblick offenbart sich: Rio war gut für die Rhetorik, aber Marrakesch ist implementiert worden. Marrakesch hat Rio geschlagen. Diese Einsicht hat die Ökos der globalisierungskritischen Bewegung zugetrieben. Auch Umweltfreunde können sich keine Machtvergessenheit mehr leisten.

2. Die Attacies brauchen die Ökos, denn: Naturvergessenheit macht blind.

Aber auch die Ökos hatten ihrerseits lange Zeit einen Vorbehalt gegenüber der globalisierungskritischen Bewegung. Die Attacies schienen zwar die Herrschaft der Konzerne anzuprangern, sich für die Armen der Welt ins Zeug zu legen, aber vom Ende konventioneller Entwicklung kaum eine Ahnung zu haben. Sie schienen nicht zu sehen, dass Globalisierung nur die Fortführung des Entwicklungszeitalters mit anderen Mitteln darstellt.

Auch dieser Verdacht ist nicht ganz falsch. Die Attacies sind ihrerseits naturvergessen. Während ausführlich debattiert wird, ob der Ungerechtigkeit in der Welt eher mit mehr oder mit weniger Globalisierung beizukommen ist, verdrängen nicht selten die Kontrahenten – sowohl die Autoren des »Economist« auf der einen als auch jene der »Le Monde Diplomatique« auf der anderen Seite –, dass das Verlangen nach Gerechtigkeit mit der Stabilität der Biosphäre kollidieren kann. Von daher ist das Problem weniger, dass die Globalisierung als Herrschaftsprojekt die Welt in die Ungleichheit treibt, sondern eher, dass sie als Entwicklungsprojekt die Welt in den Abgrund treiben wird.

Freilich ist es auch für Attacies kein Geheimnis mehr, dass es an der Zeit ist, die Epoche der nachholenden Entwicklung abzuwickeln. Nicht weil die Nachahmung des Nordens keine Kraftwerke, Autos, Tabletten und Schulstunden gebracht hätte, sondern weil das Entwicklungsmodell des Nordens historisch überholt ist. Denn in Wirklichkeit handelt es sich bei vielen seiner glorreichen Errungenschaften um optische Illusionen. Sie bestehen zu einem guten Teil darin, Macht von der Biosphäre auf den Menschen zu übertragen, und dabei die Natur angeschlagen und abgetragen zurückzulassen. In den letzten fünfzig Jahren gingen so weltweit ungefähr ein Drittel des fruchtbaren Bodens verloren, ein Drittel der tropischen Urwälder, ein Viertel der verfügbaren Wassermengen, ein Viertel der Fischbestände, vom Artenschwund und dem Treibhauseffekt ganz zu schweigen.

Die Umweltkrise hat bewusst gemacht, dass Wertschöpfung auch auf Wertzerstörung beruht. Es lässt sich nicht mehr übersehen, dass die Ökonomie nur ein Subsystem der Biosphäre darstellt, das, wenn sie über ihre rechte Größe hinausschießt, auch die sie tragende Biosphäre in Mitleidenschaft zieht. Global gesehen – und oftmals auch lokal und regional – ist der Umweltraum endlich; im Rahmen dieser Endlichkeit hinreichenden Wohlstand für eine wachsende Zahl von Menschen auf der Erde hervorzubringen, das ist die Aufgabe des 21. Jahrhunderts. Die Attacies brauchen die Ökos, um nicht ebenso der Naturvergessenheit anheimzufallen wie das herrschende ökonomische Denken.

3. Ohne Ökologie ist keine Gerechtigkeit zu haben.

Berechnungen haben ergeben, dass seit Mitte der 1970er Jahre die Kapazität der Biosphäre durch menschliches Handeln überschritten wird. Die Welt verbraucht mehr Ressourcen als die Natur regenerieren kann. Seither ist die Überforderung der Biosphäre zu einem herausragenden Kennzeichen der Menschheitsgeschichte geworden. 1997 belief sich die Überbelastung auf 20% mehr als die Erde verkraften kann, oder gar 30-40%, wenn man die Bedürfnisse anderer Lebewesen mitberücksichtigt. Ein großer Teil der Überforderung der Biosphäre hängt mit dem übermäßigen Verbrauch von fossilen Brennstoffen zusammen, deren Kohlendioxidausstoß eine riesige bioproduktive Oberfläche als natürliches Auffangbecken erfordern würde. Die Grenzen des global verfügbaren Umweltraumes sind in einigen Dimensionen bereits zu spüren, obwohl erst eine Minderheit der Weltbevölkerung die Früchte des wirtschaftlichen Fortschritts genießt.

Aus diesem Grund ist es kurzsichtig, globale Gerechtigkeit auf dem Niveau eines westlichen Lebensstandards anzustreben. Die dafür benötigten Rohstoffmengen sind zu riesig, zu teuer und zu schädigend für lokale und globale Ökosysteme. Wenn etwa die gegenwärtigen durchschnittlichen Kohlendioxidemissionen, die in der industrialisierten Welt pro Kopf ausgestoßen werden, auf alle Länder übertragen würden, dann müsste die Atmosphäre fünf mal mehr Emissionen absorbieren als sie verkraften kann – ohne den Bevölkerungszuwachs in Rechnung zu stellen. In anderen Worten, wenn alle Länder der Welt dem industriellen Modell folgen würden, bräuchte es fünf Planeten, um als CO_2-Senken für die wirtschaftliche Entwicklung herzuhalten. Da die Menschheit aber nur über eine Erde verfügt, würde nachholende Entwicklung um der Gerechtigkeit willen die Mutter aller Katastrophen werden.

Gerechtigkeit kann also nicht mehr mit Verbreitung von grenzenlosem Wirtschaftswachstum gleichgesetzt werden; Gerechtigkeit und Grenze müssen vielmehr zusammengedacht werden. Ohne Ökologie kann es keine Gerechtigkeit auf der Welt geben, weil sonst die Biosphäre in Turbulenzen gestürzt würde. Ebenso kann es ohne Gerechtigkeit keine Ökologie geben oder allenfalls eine Föderation von sauberen und schmucken Wohlstandsfestungen, die in dauerndem Alarmzustand leben.

Daher hängt die Sache der Gerechtigkeit nicht nur daran, Macht einzudämmen, sondern auch daran, Naturverbrauch zu verringern; sie entscheidet sich nicht nur an der Machtfrage, sondern auch an der Naturfrage. Oppositionelle Politik muss sich heute auf zwei Koordinaten bewegen. Auf der y-Achse geht es um Fragen der Herrschaft und der Demokratie. Wer bekommt wieviel? Auf der x-Achse um Fragen des Naturverbrauchs, des Wirtschaftsstils, Produktions- und Konsummuster. Wieviel ist genug?

4. Ohne Gerechtigkeit ist kein Frieden zu haben

Macht bestimmt, wer wie viel vom begrenzten Umweltraum beanspruchen kann. Noch immer stimmt die Daumenregel, dass 20% der Weltbevölkerung 70-80% der Weltressourcen verbrauchen. Diese 20% sind es, die 45% aller Fleisch- und Fischprodukte verspeisen, 68% aller Elektrizität und 84% allen Papiers verbrauchen. Außerdem besitzen sie 87% aller Autos. Es sind vor allem die Industrieländer, die das Erbe der Natur in exzessiver Weise antasten; sie machen sich die Umwelt weit über ihre nationalen Grenzen hinaus zunutze. Das bessergestellte Fünftel der Menschheit hat gegenwärtig einen Fußabdruck, der so groß ist wie die gesamte biologisch nutzbare Erdoberfläche.

Allerdings führt die übliche Unterscheidung zwischen Nord und Süd in die Irre. Denn die Trennlinie in der heutigen Welt verläuft nicht in erster Linie zwischen den nördlichen und den südlichen Gesellschaften, sondern geradewegs durch all diese Gesellschaften hindurch. Sie trennt die globale Konsumentenklasse auf der einen Seite von der sozialen Mehrheitswelt auf der anderen Seite, die im Wesentlichen außerhalb der globalen Wirtschaftsarena verbleibt. Die globale Mittelklasse besteht aus der Mehrheit der Bevölkerung des Nordens sowie den mehr oder weniger großen Eliten des Südens; ihre Größe entspricht in etwa den gut 20% der Weltbevölkerung, die Zugang zu einem Auto besitzen. Es gibt also einen globalen Norden, wie es auch einen globalen Süden gibt, und diese Tatsache wird durch die konventionelle Unterscheidung zwischen »Norden« und »Süden« verdeckt. Drei Medien der Macht dienen dazu, die Asymmetrie der Ressourcennutzung zu erhalten.

Militär: Den Zugang zu Ressourcen zu sichern, kann bekanntlich das Ziel geostrategischer Interventionen sein. Bei fossilen Ressourcen wie Öl liegt obendrein ein Sicherheitsrisiko in der Technologie selbst begründet. Denn Öl gibt es nur in wenigen, konzentrierten Vorkommen, während die Konsumenten des Öls weit verstreut sind: Die Fossilökonomie beruht auf langen, grenzüberschreitenden Ressourcenketten. Damit ist immer eine Verwundbarkeit gegeben, die letztendlich das Militär auf den Plan rufen wird. Demgegenüber können erneuerbare Technologien auf sehr viel kürzeren Ressourcenketten aufruhen, denn Sonne, Wind und Biomasse sind an vielen Orten und in der Nähe zum Konsumenten verfügbar. Sie stellen daher kein Sicherheitsrisiko dar; mit anderen Worten, erneuerbare Technologien sind ihrer Natur nach pazifistisch.

Markt: Die konzerngetriebenen Konsumentenklassen im Norden wie im Süden haben die Macht, den Löwenanteil der vermarkteten Naturressourcen der Welt auf sich zu ziehen. Aufgrund ihrer Kaufkraft sind sie in der Lage, die Ressourcenflüsse zu dirigieren, welche sie für ihre waren-intensiven Produktions- und Konsummuster brauchen. Um an Ressourcen zu kommen, steht ihnen sowohl die eigene Nation als auch der Globus als Hinterland zur Verfügung.

Auf der globalen Ebene spannt sich ein meist von transnationalen Unternehmen organisiertes Netz von Ressourcenflüssen wie ein Spinnennetz über den ganzen Planeten und transportiert Energie und Stoffe in die Zonen hohen Konsums. Auf nationaler Ebene gelingt es den städtischen Mittelklassen in gleicher Weise, aufgrund von Eigentumsverhältnissen, Subventionen oder überlegener Nachfrage, zu ihren Gunsten an Ressourcen zu gelangen.

Moleküle: Leicht wird die Gerechtigkeits-Tragödie übersehen, die im Gefolge globaler Erwärmung zu erwarten ist: Dürreperioden, Überflutungen, Vegetationsveränderungen, Störungen des Wasserkreislaufs und Krankheiten werden in erster Linie den Süden treffen und dort die am meisten Verwundbaren, nämlich jenes Drittel der Menschheit, das unmittelbar von der Natur lebt. Schließlich ist nicht jeder Erdenbürger in gleicher Weise von Klimaturbulenzen betroffen; auch die bitteren Wirkungen des Überkonsums an Ressourcen sind ungleich verteilt. Es sind die Reisbauern im Mekong-Delta und die Fischer entlang der Küste des Senegal, die Viehhüter im Hochland von Äthiopien oder die Slumbewohner an den Abhängen von La Paz, die in ihren Lebenschancen vom Klimawandel bedroht werden. Der Klimawandel wird immer mehr zur unsichtbaren Hand hinter landwirtschaftlichem Niedergang, sozialer Erosion und Vertreibung aus der Heimat. Die koloniale Zerstörung wird noch einmal von vorn beginnen – diesmal ferntransportiert über die Atmosphärenchemie.

Militär, Markt und Moleküle wirken als Faktoren der Destabilisierung, und zwar von Wirtschaften wie von Gemeinwesen. Ohne Rückbau des Ressourcenbedarfs trocknen diese Quellen der Destabilisierung nicht aus; daher gehört Ressourcengerechtigkeit zu den Ingredienzien für einen dauerhaften Frieden.

5. Die Menschenrechte der marginalisierten Mehrheit sind der Prüfstein

Ressourcen warten nicht einfach im Niemandsland darauf, abgebaut zu werden. Sie sind nur selten herrenlos, sondern befinden sich oft dort, wo Menschen leben, die mit diesen Ressourcen ihren Lebensunterhalt sichern. Es reicht, sich vor Augen zu halten, dass um die 30% der Weltbevölkerung, und zwar die geldökonomisch Schwächsten, direkt von der Natur und ihren Fischen, Feldfrüchten, Wasserläufen, Gebüschen und Tieren leben. Wenn der Reisbauer auf Java keinen Bambus mehr aus dem Wald holen kann, Pestizidrückstände die Fische in den Wasserkanälen sterben lassen oder plötzlich Geld für Saatgut aufgewendet werden muss, dann gerät er schnell in die Überlebensklemme. Niemand ist so dringend auf intakte Ökosysteme angewiesen wie der finanziell Arme.

Doch auf solche Ökosysteme haben auch ressourcenhungrige Industrien ihren begehrlichen Blick geworfen; daher schrumpft häufig die natürliche Lebensbasis der Armen mit der Tourenzahl des Wachstumsmotors. Da werden

Staudämme gebaut, um Wasser in Großstädte zu transportieren; da wird der beste Boden genutzt, um exotische Früchte für die globale Konsumentenklasse anzubauen; da werden Berge aufgebrochen und Flüsse vergiftet, um Metalle für die Industrie zu holen; da werden Urwälder gerodet und verschmutzt, um Öl für die Automobile der Welt zu fördern; da wird Biopiraterie betrieben, um Pharmazeutika gentechnisch zu produzieren. Dann werden in vielen Fällen Ressourcen den Armen entzogen, damit die Reichen über ihre Verhältnisse leben können. Die Schlussfolgerung liegt auf der Hand: Die Nachfrage der Wohlhabenden nach Stoffen und Energie herunterzubringen, schützt die Natur und auch die Armen. Ein ressourcen-leichter Wirtschaftsstil hilft nicht nur der Ökologie, sondern auch der Gerechtigkeit.

Wie solche Beispiele veranschaulichen, ist der Kampf um den knappen Umweltraum schon im Gange, auch wenn er unerkannt an entlegenen Orten und unterschwellig in lokalen Konflikten ausgetragen wird. Das Interesse der globalen Mittelklasse an Ressourcen für erweiterten Konsum kollidiert mit dem Interesse der »Vierten Welt«, eben der indigenen Völker und Stammesgesellschaften, der Bauern, Viehzüchter und Fischer, an denselben Ressourcen zur Sicherung ihres Lebensunterhalts. Entschärfen lässt sich der Konflikt nur, wenn die Konsumentenklasse ihre Nachfrage nach Naturressourcen zurückbaut, also den Druck auf die Naturräume anderer Völker mindert. Erst dann, wenn die Nachfrage nach Öl sinkt, lohnt es nicht mehr, Förderzonen im Urwald zu erschließen, erst wenn der Wasserdurst von Landwirtschaft und Industrie abklingt, bleibt genügend Grundwasser für Trinkwasserbrunnen in den Dörfern, erst wenn die exzessive Verbrennung fossiler Stoffe eingedämmt ist, sind die Existenzrechte der Armen nicht mehr von der Heimtücke des Klimawandels bedroht. Armutslinderung setzt somit Reichtumslinderung voraus.

6. Einen gerechtigkeitsfähigen Wohlstand erfinden

Es besteht kaum ein Zweifel, dass Gerechtigkeit nicht auf dem Verbrauchsniveau der nördlichen Volkswirtschaften erreicht werden kann. Die Endlichkeit der Biosphäre verbietet es, den Lebensstandard des Nordens zum Maßstab der Gerechtigkeit zu machen. Es hat sich herausgestellt, dass das Wohlstandsmodell der reichen Länder nicht gerechtigkeitsfähig ist; es kann nicht quer über den Globus demokratisiert werden – oder nur um den Preis, den Globus ungastlich zu machen. Man denke an die Automobilgesellschaft, an die fleischbasierte Ernährung, an die chemische Landwirtschaft. All das verallgemeinern zu wollen über die Welt, würde den Planeten endgültig in den Abgrund bringen. Der oligarchische Charakter dieses Wohlstandsmodells rührt vom oligarchischen Charakter seiner Entstehung: Die enorme Produktivität der Reichtumsschöpfung in einer einzigen Region, der euro-atlantischen, beruhte auf der Mobilisierung von Ressourcen aus der ganzen Welt sowie aus den Tiefen der geologischen Zeit. Weil geografisch wie zeitlich Ressourcengebrauch verdichtet wurde, konnte die Industriezivilisation entstehen, jedoch dieselbe Verdichtung kann nicht überall und für immer wiederholt werden. Daher ist es eine der vornehmsten Aufgaben in Sachen Gerechtigkeit, einen ressourcenleichten Wohlstand zu erfinden. Also einen gerechtigkeitsfähigen Wohlstand, der es im Prinzip allen ermöglichen würde, in Würde zu leben, doch mit einem sehr viel geringeren Einsatz von Natur. Einen Wohlstand, der es erlaubt, elegant innerhalb von Grenzen zu leben.

Umweltschützer haben freilich seit langem auf die Wende zu einer ressourcen-sparenden Gesellschaft gedrängt. Sie taten es aus Liebe zur Natur oder aus Sorge um Lebensqualität. Sie haben ihr Licht unter den Scheffel gestellt. Denn beim Übergang zu einer ökologischen Gesellschaft geht es nicht nur um Natur oder Lebensqualität, sondern um Gerechtigkeit zwischen Völkern und Menschen. Mehr noch, eine Weltbürgergesellschaft ist nur auf der Basis einer ökologischen Umgestaltung der vorherrschenden Produktions- und Konsummuster vorstellbar. Denn letztendlich heißt die Großfrage, auf die das angebrochene Jahrhundert eine Antwort finden muss: Wie ist es möglich, mehr als der doppelten Anzahl von Personen Gastfreundschaft auf der Welt zu bieten, ohne dass die Biosphäre für nachkommende Generationen ruiniert wird? Falls die Frage jemals eine Antwort haben wird, muss sie eine ökologische sein. Wie man leicht auf dieser Erde auftreten kann, davon spricht die Ökologie; sie ist unverzichtbar, um das Zusammenleben auf einem begrenzten Planeten zu gestalten. Weit davon entfernt, nur dem Schutze von Wasserrosen und Walen zu dienen, ist Ökologie die einzige Option, um in einer begrenzten Welt einer wachsenden Anzahl von Menschen Gastfreundschaft anzubieten. Nur sie lehrt, worauf es fortan bei der Gerechtigkeit ankommt: Nicht nur darauf, zu lernen, mehr zu geben, sondern in erster Linie zu lernen, weniger zu nehmen.

Walden Bello

Die Krise des Globalisierungsprojekts und die Wirtschaftspolitik von George W. Bush

Ich möchte in diesem Beitrag die Schlüsselelemente der Weltkonjunktur diskutieren und in groben Zügen ein Bild des globalen politischen und wirtschaftlichen Kontexts zeichnen, in den wir unseren umweltpolitischen Aktivismus stellen müssen. 2003 ist von den triumphalen Tönen, mit denen sich die WTO sonst gern umgibt, nichts mehr übrig. Die Organisation ist völlig festgefahren. Hintergrund dieses Stillstands in der WTO ist die Krise des Globalisierungsprojekts – dessen wichtigste Errungenschaft die Einrichtung der WTO war – und des zunehmenden Unilateralismus, das zentrale Merkmal der US-Außenpolitik.

In der immer größer werdenden Krise des Globalisierungsprojekts gibt es drei wichtige Momente.

Der erste Moment war die Finanzkrise in Asien 1997. Dieses Ereignis, das die stolzen »Tiger« Ostasiens zu Boden streckte, bewies, dass einer der Schlüsselgrundsätze der Globalisierung – die Liberalisierung des Kapitalverkehrs zur Förderung von Kapitalflüssen, insbesondere von Finanz- oder Spekulationskapital – äußerst destabilisierend sein konnte. Die Finanzkrise in Asien war tatsächlich, wie sich zeigte, nur eine von mindestens acht großen Finanzkrisen seit der Liberalisierung der globalen Finanzströme Ende der 1970er Jahre.[1] Wie destabilisierend eine Kapitalmarktliberalisierung sein konnte, zeigte sich, als innerhalb nur weniger Wochen eine Million Menschen in Thailand und 21 Millionen in Indonesien unter die Armutsgrenze rutschten.[2]

Die Asienkrise war das »Waterloo« des IWF, des maßgeblichen globalen Sachwalters der liberalisierten Kapitalströme. Seine Erfolgsbilanz bei dem ehrgeizigen Unternehmen, einige 100 Entwicklungs- und Übergangswirtschaftssysteme einer »Strukturanpassung« zu unterwerfen, erschien nun in neuem Licht.

---

[1] Siehe die UN-Konferenz zu Handel und Entwicklung, *Trade and Development Report 1998;* sowie Barry Eichengreen/Donald Mathieson, *Hedge Fund and Financial Markets*, Occasional Paper 166 (Washington, DC: International Monetary Fund, 1998).

[2] Jacques-chai, Chomthongdi, »The IMF's Asian Legacy«, in: *Prague 2000: why We Need to Decommission the IMF and the World Bank* (Bangkok: Focus on the Global South, 2000), pp. 18, 22.

Walden Bello (r.) und Ralf Fücks: Globalisierung ohne Legitimation

Warnungen, die Organisationen wie das UN-Entwicklungsprogramm und die UN-Konferenz für Handel und Entwicklung (UNCTAD) bereits Ende der 1980er Jahre ausgesprochen hatten, erhielten nun den Status von Realitäten. Strukturanpassungsprogramme, die dazu dienen sollten, Deregulierung, Handelsliberalisierung und Privatisierung zu beschleunigen, hatten fast überall Stagnation erzeugt, die Armut verstärkt und die Ungleichheit erhöht.

Ein Paradigma ist wirklich in einer Krise, wenn seine stärksten Befürworter sich von ihm abwenden. Neoliberale Schlüsselintellektuelle wanderten ab – unter ihnen Jeffrey Sachs, der zuvor bekannt war für seine Befürwortung der Schocktherapie des »freien Marktes« in Osteuropa Anfang der 1990er Jahre; Joseph Stiglitz, früher Chefökonom der Weltbank; Jagdish Bhagwati, Professor an der Columbia-Universität, der globale Kontrollen der Kapitalflüsse forderte; und der Finanzier George Soros, der den Mangel an Kontrollen im globalen Finanzsystem verurteilte, dem er seinen Reichtum zu verdanken hatte.

Der zweite Moment der Krise des Globalisierungsprojekts war der Abbruch der dritten WTO-Konferenz in Seattle im Dezember 1999. Seattle war die fatale Schnittstelle dreier Unzufriedenheits- und Konfliktströmungen, die sich bereits über einen längeren Zeitraum aufgebaut hatten:

- Die Entwicklungsländer ärgerten sich über die ungerechten Vereinbarungen der Uruguay-Runde, zu deren Unterzeichnung sie sich 1995 genötigt gesehen hatten.
- Weltweit entwickelte sich in allen Schichten der Bevölkerung – Bauern, Fischer, Gewerkschafter und Umweltschützer – eine Oppositionsbewegung. Ihr Feindbild war schnell die WTO, die in vielen ihrer Abkommen eine Bedrohung für das Wohlergehen aller darstellte.
- Es gab ungelöste Handelskonflikte zwischen der EU und den USA, insbesondere im Agrarbereich, die in der Uruguay-Runde einfach übergangen worden waren.

Diese drei brisanten Elemente zusammen verursachten die Explosion in Seattle. Die Entwicklungsländer rebellierten im Convention Center gegen das Diktat des Nordens, 50.000 Aktivisten veranstalteten Massendemonstrationen in den Straßen, und ihre eigenen Differenzen hinderten EU und USA daran, geschlossen zu handeln, um die Konferenz zu retten. In einem Moment der Klarheit direkt nach dem Debakel von Seattle erfasste der britische Minister Stephen Byers den Kern der Krise: »Die WTO wird nicht in ihrer gegenwärtigen Form weitermachen können. Es sind grundlegende und radikale Änderungen nötig, damit sie die Bedürfnisse und Hoffnungen aller 134 Mitglieder erfüllen kann.«[3]

Der dritte Moment war der Absturz des Aktienmarktes und das Ende des Clinton-Booms. Die Folge war nicht nur das Platzen einer Spekulationsblase, sondern eine Neuauflage der klassischen kapitalistischen Krise der Überproduktion, die sich vor allem in massiven Überkapazitäten ausdrückte: Vor dem Crash waren die Unternehmensgewinne in den USA seit 1997 nicht gestiegen. Dies hatte mit Überkapazitäten im industriellen Sektor zu tun. Das eklatanteste Beispiel war der angeschlagene Telekommunikationssektor, wo nur 2,5% der weltweit installierten Kapazitäten genutzt wurden. Die Stagnation der realen Wirtschaft bewirkte, dass Kapital in den Finanzsektor verlagert wurde, was zu dem schwindelerregenden Anstieg der Aktienwerte führte. Aber da die Rendite im Finanzsektor nicht zu weit von der Ertragskraft der realen Wirtschaft abweichen kann, war ein Absturz der Aktienwerte unvermeidlich. Der geschah im März 2001 und führte zu anhaltender Stagnation und dem Beginn der Deflation.

Umweltkrise und kapitalistische Legitimation

Ich habe Momente oder konjunkturelle Kristallisationen der Krise des Globalisierungsprojekts erwähnt. Diese Momente waren Ausdruck grundlegender Konflikte oder Widersprüche, die früher oder später zum Vorschein kamen. Ein zentraler Widerspruch bestand zwischen der Globalisierung und der Umwelt.

---

[3] Zitiert in »Deadline Set for WTO Reforms,« *Guardian News Service*, January 10, 2000.

Wie kam es dazu, dass die Umweltkrise zum zentralen Faktor wurde, der dem Globalisierungsprojekt – gar dem Kapitalismus insgesamt als einem Wirtschaftssystem – letztlich die Legitimation entzieht?

Sowohl vor als auch nach dem UN-Gipfel für Umwelt und Entwicklung 1992 in Rio de Janeiro hatte man das Gefühl, dass die Umweltsituation weltweit zwar immer schlimmer wurde, dass jetzt jedoch die nötigen globalen institutionellen und juristischen Mechanismen geschaffen würden, um das Problem anzugehen. Als der Rio-Gipfel die Agenda 21 beschloss, ein globales Programm zur Verbesserung des Umweltschutzes, das seine Entsprechung in nationalen Programmen haben würde, schien dies im Hinblick auf eine globale Zusammenarbeit ein großer Schritt nach vorn zu sein.

Die späten 1980er und frühen 1990er Jahre waren außerdem eine Zeit, in der eine Reihe multilateraler Umweltabkommen unterzeichnet wurden, so das Montreal-Protokoll, das zum Schutz der Ozonschicht etwa die FCKW-Produktion einschränkte, und das CITES (Washingtoner Artenschutzabkommen), das dem Handel mit gefährdeten Tier- und Pflanzenarten strenge Kontrollen auferlegte. Und mit Bill Clinton und Al Gore schien man ab 1992 auch eine umweltpolitisch korrekte US-Regierung zu haben.

Diverse Entwicklungen brachten diesen Prozess zu einem Stillstand

Wie Ralph Nader sagte, gingen für die WTO die Geschäfte der Unternehmer »über alles«, d.h. über praktisch alle Dimensionen des wirtschaftlichen und gesellschaftlichen Lebens mit Ausnahme der nationalen Sicherheit. Mit anderen Worten: Gesetze, die natürliche Ressourcen und die Umwelt schützten, mussten geändert werden, wenn man der Meinung war, ihre Normen seien unfair gegenüber ausländischen Handelsinteressen. In einer Reihe spektakulärer Fälle – der Tunfisch-Delfin-Fall zwischen den USA und Mexiko oder der Shrimp-Schildkröten-Streit, in dem sich die USA und die asiatischen Länder gegenüberstanden – schien es, als würden nationale Umweltgesetze dem Freihandel untergeordnet. Die Entwicklung schien den Umweltschutz in den einzelnen Ländern auf den kleinsten gemeinsamen Nenner herunterzudrücken, anstatt ihn auf einen möglichst hohen Standard zu bringen.

Zweitens schreckte die aggressive Vorgehensweise von Seiten der Unternehmen beim Einsatz modernster Lebensmittel- und Biotechnologie Umweltschützer und Verbraucher weltweit auf. Das EU-Verbot für hormonbehandeltes Rindfleisch aus den USA – als Reaktion auf die Forderungen europäischer Konsumenten – hatte Bestand, obwohl die WTO es als illegal betrachtete. Ebenso führten gentechnische Veränderungen in der landwirtschaftlichen Produktion und der gleichzeitige Widerstand gegen die Verwendung von Umweltzeichen durch US-Firmen wie Monsanto zu einem sinkenden Verbrauchervertrauen in

Europa und anderen Teilen der Welt. Dabei wurde das Vorsorgeprinzip als mächtige Waffe gegen das (auf der »fundierten Naturwissenschaft« beruhende) »Sound-Science«-Kriterium der US-Unternehmen eingesetzt. Außerdem führte der aggressive Versuch US-amerikanischer Biotech-Firmen, Patente auf Lebensformen und Samen auszudehnen, zu starkem Widerstand bei Landwirten, Verbrauchern und Umweltschützern gegen das, was sie als »Privatisierung« des seit Urzeiten bestehenden Wechselspiels zwischen Natur und Gemeinwesen bezeichneten.

Drittens wurde der starke Widerstand des US-amerikanischen Industriesektors, die Existenz globaler Erwärmung anzuerkennen, während die polaren Eiskappen immer schneller schmolzen, als dreister Versuch wahrgenommen, Profit über das Interesse der Allgemeinheit zu stellen. Diese Wahrnehmung verstärkte sich, als es den Unternehmen während der Clinton-Regierung gelang, gemeinsame Vorhaben gegen die globale Erwärmung zu blockieren – und später ganz zunichte zu machen, indem sich die Bush-Regierung weigerte, das ohnehin schwache Kyoto-Protokoll gegen den Klimawandel zu unterschreiben und zu ratifizieren.

Die aggressiv umweltfeindliche Haltung der US-Unternehmen ist einer der Faktoren, die selbst in den USA zu einem großen Misstrauen gegenüber der Industrie geführt haben. 72% der Amerikaner gaben im Jahr 2000 in einer Umfrage der Business Week an, die Industrie habe »zu viel Macht über ihr Leben«, worauf das führende Wirtschaftsblatt der USA die US-amerikanischen Unternehmer warnte: »Ihr müsst die Folgen tragen, wenn ihr diese Warnungen ignoriert.« Gleichzeitig hatten die Entwicklungsländer den Eindruck, die USA benutzten Umweltargumente, um ihre Entwicklung zu verlangsamen – so etwa die Forderung, die Treibhausgas-Emissionen der Entwicklungsländer müssten den selben Beschränkungen unterworfen werden wie in den Industrieländern, bevor Washington das Kyoto-Abkommen unterschreiben würde. Und dieser Verdacht war sicher nicht unbegründet, denn die Leute in der Bush-Administration hatten China im Visier, dessen rasche Entwicklung als eine strategische Gefahr für die USA betrachtet wurde. Der Umweltschutz wurde von den USA eingesetzt in dem Bemühen, sich die geoökonomische, geopolitische Position zu sichern.

Zu Beginn des neuen Jahrtausends hatte sich der globale Konsens, den der Rio-Gipfel darstellte, bereits aufgelöst und brach praktisch zusammen unter der massiven Marketing-Kampagne der Industrie, die durch den Weltgipfel für Nachhaltige Entwicklung in Johannesburg im September 2002 (auch als Rio+10 bekannt) ausgelöst wurde. Die »nachhaltige Entwicklung«, eine Vision, die wirtschaftliches Wachstum mit ökologischer Stabilität in Einklang bringen sollte, blieb auf der Strecke. Herman Dalys apokalyptisches Bild von einem Wirtschaftssystem mit Hyperwachstum, das in Rekordzeit ein ökologisch ausgeglichenes System zerstört, schien der Realität näher zu kommen, als das US-amerikanische, das europäische und das japanische Kapital eng zusammen mit einer umweltzerstörerischen Regierung daran arbeiteten, das wachstumsstarke China sowohl zur Produktionsstätte als auch zum Mülleimer der Welt zu machen.

Vor einigen Jahren stimmten dem Ökonomen Herman Daly[4] noch viele zu, dass die Umweltzerstörung auf den unerbittlichen Drang des von Menschenhand geschaffenen Produktionssystems zurückzuführen sei, den über Äonen von Jahren von der Natur geschaffenen begrenzten Raum immer schneller zu füllen. Unter diesem Aspekt waren ein langsameres Wachstum und niedrigere Verbrauchsraten der Schlüssel zur Stabilisierung der Umwelt, und dies ließ sich durch bewusste politische Entscheidungen, die die Öffentlichkeit unterstützte, erreichen.

Immer mehr weicht diese Analyse der radikaleren Ansicht, dass die Hauptschuld bei einer ungehemmten kapitalistischen Produktionsform liegt, die unaufhörlich die Gaben der Natur in Wirtschaftsgüter verwandelt und ständig neue Bedürfnisse schafft. Der Kapitalismus hat viele »Gesetze der Bewegung«, aber eines der destruktivsten im Hinblick auf die Umwelt ist Says Gesetz, das besagt, dass das Angebot sich seine eigene Nachfrage schafft. Der Kapitalismus ist eine Nachfrage schaffende Maschine, die die lebendige Natur in tote Wirtschaftsgüter und natürlichen Reichtum in totes Kapital verwandelt.

Kurz – der Umweltschutz hat im Laufe des letzten Jahrzehnts seinen radikalen Ansatz wiedererlangt und ist von der Kritik an der Globalisierung übergegangen zu einer Kritik an der Dynamik des gesamten Kapitalismus.

Die »new economics« des George W. Bush

Die ineinandergreifenden Krisen der Globalisierung, des Neoliberalismus, der kapitalistischen Legitimität und der Überproduktion liefern den Kontext zum Verständnis der Wirtschaftspolitik der Bush-Administration, insbesondere ihrer unilateralen Ausrichtung. Das Globalisierungsprojekt der Unternehmer drückte das gemeinsame Interesse der weltweiten kapitalistischen Eliten aus, die Weltwirtschaft und ihre eigene grundlegende Abhängigkeit voneinander auszudehnen. Die Globalisierung brachte jedoch den Wettbewerb zwischen den nationalen Eliten nicht zum Erliegen. Tatsächlich gab es in den herrschenden Eliten der USA und Europas Interessengruppen, die von ihrem Wesen her nationalistischer und, was ihr Überleben und ihren Wohlstand anging, stärker mit dem Staat verbunden waren, wie etwa der militärisch-industrielle Komplex in den USA. Seit den 1980er Jahren gab es in der Tat einen heftigen Kampf zwi-

---

[4] Vgl. Herman Daly, *Beyond Growth: The Economics of Sustainable Development* (Boston: Beacon Press, 1996).

Zuhören und Mitdenken: Voller Hörsaal bei Walden Bello

schen der eher globalistischen Fraktion der herrschenden Elite, die das gemeinsame Interesse der globalen kapitalistischen Klasse an einer wachsenden Weltwirtschaft betonte, und einer eher nationalistischen, hegemonistischen Gruppierung, die die Vormachtstellung der US-amerikanischen Industrieinteressen sicherstellen wollte.

Robert Brenner hat darauf hingewiesen, dass die Politik Bill Clintons und seines Finanzministers Robert Rubin höchsten Wert auf die Expansion der Weltwirtschaft als Basis des Wohlstands der globalen kapitalistischen Klasse legte. Zum Beispiel forcierten sie Mitte der 1990er Jahre eine Politik des starken Dollars, die die Erholung der japanischen und der deutschen Wirtschaft stimulieren sollte, damit diese als Märkte für US-Waren und Dienstleistungen dienen konnten. Die frühere, eher nationalistische Reagan-Administration hatte andererseits eine Politik des schwachen Dollars verfolgt, um die Wettbewerbsfähigkeit der US-Wirtschaft zu Lasten der japanischen und deutschen Wirtschaft wiederherzustellen.[5] Mit der Regierung von George W. Bush sind

[5] Vgl. Robert Brenner, *Boom & Bubble. Die USA in der Weltwirtschaft* (Hamburg: VSA, 2003), S. 123ff.

wir wieder bei einer Wirtschaftspolitik und einer Politik des schwachen Dollars angelangt. Erneut hat sie das Ziel, die US-Wirtschaft auf Kosten der anderen zentralen Wirtschaftssysteme wiederzubeleben und primär die Interessen der US-amerikanischen Industrieelite zu befördern.

Einige Merkmale dieses Ansatzes möchte ich hier nennen:

- Bushs politische Ökonomie ist auf der Hut vor einem Globalisierungsprozess, der nicht von Washington aus kontrolliert werden kann. Es soll sichergestellt sein, dass der Prozess die wirtschaftliche Macht der USA nicht zunichte macht. Ließe man es zu, dass allein der Markt die Globalisierung vorantreibt, könnte dies dazu führen, dass US-Schlüsselunternehmen der Globalisierung zum Opfer fallen und die wirtschaftlichen Interessen der USA schädigen. Trotz der Rhetorik vom freien Markt haben wir es also mit einer Gruppe zu tun, die sehr protektionistisch ist, wenn es um Handel, Investitionen und das Management von Regierungsaufträgen geht. Scheinbar lautet das Motto der Bushisten: Protektionismus für die USA und Freihandel für den Rest der Welt.
- Zur Herangehensweise von Bush gehört auch eine große Skepsis gegenüber dem Multilateralismus als Form der internationalen Wirtschaftspolitik. Denn Multilateralismus mag zwar die Interessen der globalen kapitalistischen Klasse im Allgemeinen befördern, kann aber auch in vielen Fällen bestimmten US-amerikanischen Industrieinteressen zuwiderlaufen. Die zunehmende Ambivalenz des Bush-Clans gegenüber der WTO resultiert aus der Tatsache, dass die USA eine Reihe von Verfahren dort verloren haben, dass Schiedsgerichtsentscheidungen getroffen wurden, die dem US-Kapital möglicherweise schaden, aber den Interessen des globalen Kapitalismus insgesamt dienen.
- Für die Bush-Leute ist strategische Macht die ultimative Form von Macht. Wirtschaftliche Macht ist ein Mittel, strategische Macht zu erzielen. Dies hängt mit der Tatsache zusammen, dass die dominante Gruppierung der herrschenden Elite unter Bush das militärisch-industrielle Establishment ist, das den Kalten Krieg gewonnen hat. Der Konflikt zwischen den Globalisten und Unilateralisten oder Nationalisten auf dieser Achse offenbart sich in der Herangehensweise an China. Der globalistische Ansatz legte den Schwerpunkt auf eine Zusammenarbeit mit China und sah seine Bedeutung primär als Investitionsbereich und Markt für US-Kapital. Die Nationalisten dagegen betrachten China vor allem als einen strategischen Feind, und sie würden das Wachstum weit lieber eindämmen als dazu beizutragen.
- Selbstverständlich gibt es im Bush-Paradigma keinen Platz für Umweltmanagement. Dies ist ein Problem, über das sich andere Gedanken machen sollen, nicht die USA. Es gibt tatsächlich eine starke Unternehmer-Lobby, die glaubt, Umweltbedenken etwa hinsichtlich genetisch modifizierter Lebensmittel seien

eine europäische Verschwörung, um die USA ihres High-Tech-Vorsprungs im globalen Wettbewerb zu berauben.

Unter diesen Voraussetzungen ergeben die hervorstechenden Elemente der aktuellen US-Wirtschaftspolitik durchaus einen Sinn:

- Kontrolle über das Öl im Nahen Osten erlangen. Dies war zwar nicht das ausschließliche Kriegsziel der Regierung bei der Invasion des Irak, stand jedoch weit oben auf der Liste. Da der Wettbewerb mit Europa immer mehr zum primären Aspekt der transatlantischen Beziehungen wird, richtet sich dies zum Teil gegen Europa. Aber das strategischere Ziel war es wohl, die Ressourcen der Region mit Beschlag zu belegen, um den Zugriff des energiearmen China zu kontrollieren, das als strategischer Feind der USA betrachtet wird.[6]
- Aggressiver Protektionismus in Handels- und Investitionsangelegenheiten. Die USA haben eine protektionistische Maßnahme nach der anderen aufgehäuft. Besonders dreist war es, jegliche Bewegung bei den WTO-Verhandlungen zu blockieren, indem sie sich darüber hinwegsetzten, dass die Doha-Erklärung die öffentliche Gesundheit über Rechte des geistigen Eigentums stellte; als Reaktion auf ihre starke Pharmalobby beschränkten die USA die Lockerung von Patentrechten auf gerade einmal drei Krankheiten. Während Washington anscheinend bereit ist zuzusehen, wie sich die WTO-Verhandlungen auflösen, gibt es sich größte Mühe, mit diversen Ländern bilaterale oder multilaterale Handelsabkommen (etwa über die Freihandelszone der Amerikas, FTAA) abzuschließen, bevor die EU sie in ähnliche Abkommen einbindet. Der Begriff »Freihandelsabkommen« ist dabei insofern verkehrt, als dies tatsächlich Präferenzhandelsabkommen sind.
- Integration strategischer Erwägungen in Handelsabkommen. Vor kurzem sagte der US-Handelsbeauftragte Robert Zoellick in einer Rede ausdrücklich, »Länder, die Freihandelsabkommen mit den Vereinigten Staaten wollen, müssen mehr als nur Handels- und Wirtschaftskriterien erfüllen, um infrage zu kommen. Auf jeden Fall müssen diese Länder mit den Vereinigten Staaten bei den Zielen ihrer Außenpolitik und ihrer nationalen Sicherheit kooperieren, das ist Teil der 13 Kriterien, an denen sich die USA bei der Auswahl potenzieller Freihandelspartner orientieren werden.« Neuseeland, wohl eine der dogmatischsten Regierungen, was den Freihandel angeht, wurde kein Freihandelsabkommen angeboten, weil es grundsätzlich keine Besuche von Atombooten zulässt, und das nehmen die USA persönlich.[7]

---

[6] David Harvey, Rede auf der Konferenz »Trends in Globalization« an der University of California in Santa Barbara am 1.-4. Mai 2003; siehe dazu auch »Notwendig ist ein globaler New Deal«, Interview mit David Harvey, in: Sozialismus 11/2003, S. 25.

[7] »Zoellick Says FTA Candidates Must Support US Foreign Policy,« *Inside US Trade,* May 16, 2003. This article summarizes a May 8, 2003 speech by Zoellick.

- Manipulation des Dollarkurses, um die Kosten der Wirtschaftskrise den Rivalen unter den Wirtschaftssystemen aufzubürden und die US-Wirtschaft wieder wettbewerbsfähig zu machen. Eine langsame Abwertung des Dollars gegenüber dem Euro lässt sich als marktbasierte Anpassung interpretieren, aber die 25% Wertverlust lassen sich bestenfalls als eine Politik des »benign neglect«, des wohlwollenden Wegsehens, bezeichnen. Während die Bush-Administration dementiert, hat die US-Wirtschaftspresse durchaus erkannt, was das ist: ein Versuch, die US-Wirtschaft auf Kosten der Europäischen Union und anderer zentraler Wirtschaftsmärkte wiederzubeleben (Beggar-thy-Neighbor-Politik).
- Aggressive Manipulation multilateraler Organisationen, um die Interessen des US-Kapitals zu fördern. Dies mag zwar in der WTO, aufgrund des Gewichts der EU, nicht so leicht zu schaffen sein, lässt sich jedoch leichter bei der Weltbank und dem IWF bewerkstelligen, wo die Dominanz der USA effektiver institutionalisiert ist. So torpedierte z.B. kürzlich das US-Finanzministerium, gegen die Haltung vieler europäischer Regierungen, den Vorschlag des IWF-Managements (SDRM), Entwicklungsländer in die Lage zu versetzen, ihre Schulden neu zu strukturieren, und ihnen zugleich ein gewisses Maß an Schutz vor ihren Gläubigern zu gewährleisten. Im Interesse der US-Banken legte das US-Finanzministerium gegen den SDRM, sowieso ein sehr schwacher Mechanismus, sein Veto ein.[8]
- Und schließlich – besonders relevant für die Umwelt-Debatte – die Abwälzung der Folgen der Umweltkrise auf andere zentrale Wirtschaftsländer sowie auf Entwicklungsländer. Während einige der Bush-Leute nicht glauben, dass es eine Umweltkrise gibt, wissen andere, dass die gegenwärtige globale Ausstoßrate an Treibhausgasen unhaltbar ist. Sie wollen jedoch, dass andere die volle Wucht der Anpassung tragen. Das würde nicht nur bedeuten, dass die umweltmäßig ineffiziente US-Industrie von den Anpassungskosten ausgenommen wäre, sondern dass andere Wirtschaftsländer mit noch höheren Kosten belastet würden, was der US-Wirtschaft einen starken Vorteil im globalen Wettbewerb verschaffte. Washingtons Entscheidung, das Kyoto-Protokoll gegen den Klimawandel nicht zu unterzeichnen, wurzelt in knallharter wirtschaftlicher Realpolitik, nicht in fundamentalistischer Blindheit.

Die Wirtschaft und Politik der Überdehnung

Angesichts der engen Verknüpfung mit strategischen Zielen muss jede Diskussion über voraussichtliche Ergebnisse der Wirtschaftspolitik der Bush-Administration sowohl den Zustand der US-Wirtschaft und der Weltwirtschaft als

---

[8] Zu den sich verschärfenden Konflikten zwischen dem US Treasury Department und den IWF-Offiziellen siehe Nicola Bullard, »The Puppet Master Shows his Hand«, *Focus on Trade*, April 2002 (http://focusweb.prg/popups/articleswindow.php?id=41).

auch den größeren strategischen Rahmen berücksichtigen. Eine wichtige Basis für ein erfolgreiches imperiales Management ist eine expandierende nationale und globale Wirtschaft – was durch die andauernde Periode der Deflation und Stagnation, die vor uns liegt, verhindert wird, die eher inter-kapitalistische Rivalitäten schüren dürfte.

Außerdem sind außer wirtschaftlichen und politischen Ressourcen auch politische und ideologische Ressourcen gefragt. Denn ohne Legitimität – ohne das, was Gramsci »den Konsens« der Dominierten nannte, dass ein Herrschaftssystem gerecht ist – kann ein imperiales Management nicht stabil sein.

Schon die Römer erkannten, dass eine wichtige Komponente erfolgreicher imperialer Dominanz der Konsens zwischen den Dominierten über die »Richtigkeit« der römischen Ordnung war. Wie der Soziologe Michael Mann in seinem Klassiker »The Sources of Social Power« schreibt, war der entscheidende Faktor nicht so sehr militärisch als vielmehr politisch. »Die Römer,« schreibt er, »stießen allmählich auf die Erfindung der extensiven territorialen Bürgerschaft.«[9] Die Ausdehnung der römischen Staatsangehörigkeit auf herrschende Gruppen und Nicht-Sklavenvölker im gesamten Reich war der politische Durchbruch und schuf »vermutlich das größte Ausmaß an kollektiver Verbundenheit, das jemals mobilisiert worden war.« Politische Staatsangehörigkeit kombiniert mit der Vision des Reiches, das für Frieden und Wohlstand für alle sorgt, um jenes nicht greifbare, aber essenzielle moralische Element zu schaffen, das Legitimität heißt. So verlängerte Rom seine Herrschaft um fast 700 Jahre.

Selbstverständlich spielt eine Ausweitung der Staatsbürgerschaft keine Rolle in der imperialen Ordnung der USA. Die US-Staatsangehörigkeit wird vielmehr sorgfältig einer winzigen Minorität der Weltbevölkerung vorbehalten, zu deren Territorium der Zugang streng kontrolliert wird. Untergeordnete Bevölkerungen sollen nicht integriert, sondern in Schach gehalten werden, entweder durch Gewalt oder die Androhung von Gewalt oder durch ein System globaler oder regionaler Regeln und Institutionen – die Welthandelsorganisation, das Bretton-Woods-System, die NATO –, die in zunehmendem Maße dreist manipuliert werden, um den Interessen des imperialen Zentrums zu dienen.

Auch wenn die Erweiterung einer universellen Staatsangehörigkeit nie ein Instrument des imperialen Arsenals Amerikas war, fand Washington doch während seines Kampfes gegen den Kommunismus in der Zeit nach dem Zweiten Weltkrieg eine politische Formel zur Legitimierung seines globalen Einflussbereiches. Die beiden Elemente dieser Formel waren Multilateralismus als ein System globaler Regierung und freiheitliche Demokratie.

---

[9] Michael Mann, *The Sources of Social Power,* Vol. 1 (Cambridge: Cambridge University Press, 1986), pp. 254 (deutsch: Michael Mann, Geschichte der Macht: Von der Vorgeschichte bis zur griechischen Antike, Frankfurt a.M. 1994).

Unmittelbar nach Ende des Kalten Krieges waren in der Tat Erwartungen einer modernen Version der Pax Romana weitverbreitet. In liberalen Kreisen hoffte man, die USA würden ihren Status als alleinige Supermacht nutzen, um eine multilaterale Ordnung zu untermauern, die ihre Vorherrschaft institutionalisieren, aber auch weltweit einen Augusteischen Frieden garantieren würde. Das war der Pfad der Wirtschaftsglobalisierung und multilateralen Governance. Das war der Pfad, den George W. Bushs Unilateralismus auslöschte.

Heute ist die freiheitliche Demokratie selbst in Amerika weniger demokratisch und weniger freiheitlich geworden. Und ganz bestimmt sehen nur wenige in den Entwicklungsländern ein System als Modell an, das vom Industriekapital angetrieben und korrumpiert wird. Es wird extrem schwierig sein, die moralische Vision wiederherzustellen, die nötig wäre, um einen Konsens für eine Vorherrschaft der USA zu schaffen.

Tatsächlich denkt man heutzutage in Washington, das effektivste Mittel, Konsens herzustellen, sei die Androhung von Gewalt. Darüber hinaus ist das eigentliche Ziel einflussreicher neokonservativer Autoren wie Robert Kagan und Charles Krauthammer offensichtlich, trotz ihres Geredes über die Verbreitung von Demokratie in der arabischen Welt: die Manipulation der Mechanismen freiheitlicher Demokratie zur Schaffung eines pluralistischen Wettbewerbs, der die arabische Einheit zerstören würde. Den Arabern die Demokratie zu bringen, war weniger ein nachträglicher Einfall als vielmehr ein nicht ganz ernst gemeinter Slogan.

Die Bush-Leute haben kein Interesse daran, eine neue Pax Romana zu schaffen. Was sie wollen, ist eine Pax Americana, in der untergeordnete Bevölkerungen, wie die Araber, in Schach gehalten werden von einem gesunden Respekt für die tödliche amerikanische Macht, während die Loyalität anderer Gruppen, wie der philippinischen Regierung, mit dem Versprechen von Cash erkauft wird. Ohne eine moralische Vision, mit der sich die globale Mehrheit an das imperiale Zentrum binden ließe, kann diese Art imperialen Managements nur eines hervorrufen: Widerstand.

Das große Problem des Unilateralismus ist die Überdehnung, oder das Missverhältnis zwischen den Zielen der Vereinigten Staaten und den Ressourcen, die nötig sind, um diese Ziele zu erreichen. Überdehnung ist relativ. Das heißt, sie ist weitgehend eine Frage des Widerstandes. Eine überdehnte Macht kann, selbst bei deutlicher Verstärkung ihrer militärischen Macht, anschließend in einem schlechteren Zustand sein als zuvor, wenn der Widerstand in noch höherem Maße steigt. Zu den Schlüsselindikatoren der Überdehnung der USA gehören:

- Washingtons fortwährendes Unvermögen, eine neue politische Ordnung im Irak herzustellen, die als eine sichere Grundlage für die Kolonialherrschaft dienen würde;

- sein Unvermögen, in Afghanistan ein amerikafreundliches Regime außerhalb von Kabul zu konsolidieren;
- die Unfähigkeit eines maßgeblichen Verbündeten, Israel, selbst mit der uneingeschränkten Unterstützung Washingtons den Aufstand des palästinensischen Volkes zu unterdrücken;
- das Entflammen arabischer und muslimischer Sympathien im Nahen und Mittleren Osten, in Südasien und Südostasien, was zu massiven ideologischen Zuläufen bei islamischen Fundamentalisten führt – genau das, was Osama bin Laden von Anfang an wollte;
- der Zusammenbruch der atlantischen Allianz des Kalten Kriegs und die Entstehung einer neuen, mit gleicher Kraft entgegenwirkenden Allianz, in deren Zentrum Deutschland und Frankreich stehen;
- das Schmieden einer starken Bewegung der globalen Zivilgesellschaft gegen Unilateralismus, Militarismus und die wirtschaftliche Vorherrschaft der USA, die gegenwärtig maßgeblich in der globalen Antikriegsbewegung ihren Ausdruck findet;
- die Regierungsübernahme anti-neoliberaler, anti-US-amerikanischer Bewegungen vor Washingtons eigener Haustür – etwa in Brasilien, Venezuela und Ecuador, während die Bush-Administration mit dem Nahen Osten beschäftigt ist;
- immer negativere Auswirkungen des Militarismus auf die US-Wirtschaft, je mehr die Militärausgaben neue Staatsschulden nötig machen und je mehr die Schuldenaufnahme von der Finanzierung aus ausländischen Quellen abhängt, was weitere Belastungen bedeutet innerhalb einer Wirtschaft, die bereits heftig mit Stagnation zu kämpfen hat.

Kurz – das Globalisierungsprojekt ist in der Krise. Dass es über eine demokratische oder eine liberal-republikanische Präsidentschaft ein Comeback schafft, sollte man nicht ausschließen, vor allem da es einflussreiche Stimmen unter den Globalisierern in der US-amerikanischen Business Community gibt, die Widerstand gegen das unilaterale Vorgehen der Bush-Administration anmelden. Unserer Ansicht nach ist dies jedoch unwahrscheinlich, und der Unilateralismus wird doch eine ganze Weile herrschen. Wir befinden uns in einem historischen Strudel, der gekennzeichnet ist durch eine dauerhafte Wirtschaftskrise, die Ausbreitung globalen Widerstands, das Wiedererstarken des Machtgleichgewichts zwischen zentralen Staaten und das Wiederauftauchen akuter inter-imperialistischer Widersprüche. Wir sollten einen gesunden Respekt vor der Macht der USA haben, aber wir dürfen sie auch nicht überschätzen. Es sieht so aus, als wären die USA massiv überdehnt und als wäre das, was wie der Ausdruck von Stärke aussieht, in Wirklichkeit strategische Schwäche.

(Aus dem Englischen von Karin Ayshe, Übersetzungsteam Attac)

Gerd Leipold Sushi und Globalisierung

Als ich zu McPlanet.com nach Berlin fuhr, traf ich dort eine alte Bekannte, die sagte: »Lass uns schnell etwas essen gehen, am liebsten Sushi.« »Sushi«, sagte ich entsetzt: »Das ist Globalisierung.« Sushi schmeckt gut, ist gesund, sieht gut aus, nur: Es ist auch Ausdruck eines Lebensstils, der von der Globalisierung geprägt ist. Vor 15 Jahren kannte kaum einer das Wort, heutzutage ist Sushi »in«. Meine halbironische Tirade rief das ökologische Gewissen meiner Bekannten auf den Plan, und wir sind nicht Sushi essen gegangen.

Sushi wird aus Edelfisch gemacht. Im Zuge der Globalisierung wandelte sich Fisch von einem regional angebotenen Lebensmittel zum weltweit gehandelten Rohstoff. Möglich wurde dies durch die technische Aufrüstung einer stetig wachsenden Fischereiflotte, welche die Weltmeere plündert. Ein harmlos erscheinender, wohlschmeckender und gesunder Luxus verknüpft uns mit Umweltzerstörung in anderen Teilen der Welt. Für mich ist die Fischerei das beste Beispiel. Die Reichen stehlen den Fisch der Armen. Die überdimensionalen Fischereiflotten fahren hinaus und schnappen den kleinen Fischern die Tiere vor der Nase weg. Die Folge: 70% der kommerziellen Fischbestände der Welt sind erschöpft oder überfischt. Kleine Fischer und Fischzüchter werden ihrer Lebensgrundlage beraubt. Wir alle stehlen den Reichtum unserer Kinder.

Doch nicht nur Sushi sollte uns manchmal im Halse stecken bleiben. Auch andere Meeresdelikatessen sind leider nur mit Vorsicht zu genießen, zum Beispiel Garnelen. Die industrielle Garnelenzucht verwüstet tropische Küsten. Für die Zuchtbecken werden Küstenregionen planiert, Reisfelder zerstört und Mangrovenwälder abgeholzt, die normalerweise die Küste bei Stürmen schützen. Die Gaumenfreuden im Norden bedeuten also für die armen Länder Umweltzerstörung mit verheerenden Folgen für die örtliche Bevölkerung.

Damit wird ein riesiges Umweltproblem zu einer brennenden Frage der Gerechtigkeit. Wer darf wie viel haben? Was ist zu viel? Was bleibt den zukünftigen Generationen? Kann der Planet die vorherrschende Form des Wirtschaftens und Ausbeutens noch verkraften?

Bei vielen globalen Umweltproblemen geschieht Ähnliches wie bei der Fischerei: Auf der einen Seite gibt es einen wild gewordenen Markt, einen entfesselten Kapitalismus, dessen Hunger nicht zu stillen ist. Hauptakteure sind die Konzerne. Die wirtschaftlichen Eliten kümmert allein ihr Gewinn. Manager kündigen ungeniert ihr Bekenntnis zur nachhaltigen Entwicklung auf und machen die Natur zu ihrem Eigentum. Auf der anderen Seite haben wir die begrenzten, empfindlichen Ressourcen, die, wenn sie erst erschöpft sind, unwie-

Vollkorn statt Sushi: »Wir sind mitverantwortlich«

derbringlich verloren sind. Sie sind die Lebensgrundlage der Menschen. Wir sägen an dem Ast, auf dem wir sitzen.

All dies spielt sich in einem quasi rechtsfreien Raum ab, wo es kaum Kontrolle von Regierungen gibt. Die Konzerne operieren ohne Beschränkungen und vorbei an demokratischen Prozessen. Die größten ökologischen Brandherde sind dort, wo staatliche Autorität nur schwach ist und deshalb politisches Handeln fast fehlt: bei der Fischerei, der Urwaldabholzung und der Klimaerwärmung. Die Politik sieht tatenlos zu, wie die Globalisierung die Umwelt vernichtet, statt in die marktwirtschaftlichen Prozesse einzugreifen und den Akteuren Rahmenbedingungen zu setzen. Die Politik müsste das Gemeinwohl und die ökologischen Erfordernisse stärker im Blick haben. Wir brauchen starke politische Akteure.

Die dramatische Situation unserer Ökosysteme hat die Veranstalter von McPlanet.com bewogen, diesen Kongress zu initiieren. Ich bin froh, dass so viele dort gewesen sind und das Interesse so groß war, voneinander zu lernen. Denn wir werden nicht immer gemeinsame Antworten finden und manchmal auch gar keine. Aber wir müssen uns diesen drängenden Fragen stellen: Wie hängen Globalisierung und Umweltzerstörung zusammen? Welchen Anteil hat die Globalisierung an den ökologischen Problemen? Wie viel Umweltzerstörung verkraftet die Erde? Wie könnte eine nachhaltige Entwicklung aussehen? Gibt es so etwas wie eine nachhaltige Globalisierung, eine Wirtschaftsentwicklung mit menschlichem Antlitz?

Die Umweltbewegung gilt manchen heute als Relikt vergangener Zeiten. Ich dagegen halte uns für Pioniere einer Protestkultur, von denen die Globalisierungskritiker lernen und profitieren können. Wir haben durch direkte Aktionen, Lobbyarbeit hinter den Kulissen und das Aufzeigen von Alternativen viel bewirkt. Umgekehrt können auch die Umweltschützer von der neuen Bewegung lernen. Sie hat einen umfassenderen Blick auf die Welt, was gerade im Zeitalter der Globalisierung immer wichtiger wird. Wir müssen uns über ökologische Themen hinaus mit sozialen und wirtschaftlichen Entwicklungen befassen.

Die Euphorie der Anti-Globalisierungsbewegung steckt an. Tausende Menschen in allen Teilen der Erde engagieren sich leidenschaftlich und aus ganz unterschiedlichen Motiven für eine gerechtere Welt und senden das Signal aus: Eine andere Welt ist möglich. Vielleicht sind beide Bewegungen gar nicht so verschieden. Auch das war eines der Themen von McPlanet.com.

Einen Punkt möchte ich besonders hervorheben: Unseren eigenen Anteil am Weltgeschehen. Wenn ich mir meine Kleidung einmal genau anschaue, dann stelle ich fest: Das Hemd kommt aus China, die Hose ist in Bahrein gefertigt worden, die Jacke in Indonesien. Wenn jeder Teilnehmer des Kongresses aufgeschrieben hätte, woher die Kleidungsstücke stammen, die er getragen hat, dann hätten wir eine Weltkarte gehabt, eine Karte der Globalisierung. Wir hätten festgestellt, dass das meiste in Asien und Lateinamerika hergestellt wurde, kaum etwas in Afrika.

Aber das Etikett erzählt uns nicht die ganze Geschichte. Es steht nämlich nicht drauf, wie viel bzw. wenig Lohn die Arbeiter erhalten haben, ob Kinderarbeit involviert war, welche Menschenrechtsverletzungen in dem betreffenden Land an der Tagesordnung sind, welche chemischen Farbstoffe benutzt wurden und was mit dem Abwasser geschah, ob genmanipulierte Baumwolle darin steckt oder wie viele Transportkilometer das Kleidungsstück hinter sich hat.

Wir sind Teil der Globalisierung, wir sind mit verantwortlich. Auch wenn wir nicht reich sind und keine BMWs fahren, so gehören wir doch zu den Gewinnern der Globalisierung, während die Mehrzahl der Menschen zu den Verlierern zählt. Es wäre ein Fehler, wenn wir uns allein darauf beschränken würden, mit dem Finger auf die Konzerne und die Regierungen zu zeigen. Wir müssen auch unseren eigenen Konsum und Lebensstil in Frage stellen. Dabei sollten wir uns unserer Macht bewusst sein, die wir als Verbraucher haben und diese so einsetzen, das Leiden der Armen dieser Erde zu verringern und die natürlichen Lebensgrundlagen zu schützen.

Freier Handel – fairer Handel: Marktzugang oder Protektionismus durch Menschenrechte, Umwelt- und Sozialstandards?

Freihandel, die Ideologie hinter den Regeln der WTO, ist ein Grundsatz des Liberalismus, nach dem der Wohlstand aller Länder am größten ist, wenn staatliche Beschränkungen des internationalen Handels beseitigt werden. Das Gegenteil ist der Protektionismus – der Schutz einheimischer Produzenten und Produkte vor der ausländischen Konkurrenz durch Zölle, Einfuhrbeschränkungen oder sonstige den Handel begrenzende Maßnahmen.

Freihandel existiert nur in der Theorie. In der Praxis schützen gerade die heftigsten Befürworter eigenen Märkte vor vor der ausländischen Konkurrenz. Freihandel im Sinne der Industrienationen heißt: eigenen Exporten durch Subventionen bessere Chancen auf dem Weltmarkt geben, die Handelsbarrieren der anderen anzuprangern, die eigenen Märkte vor billigeren Importen schützen. Beispiele für Protektionismus finden wir tagtäglich in den Zeitungen. Unter diesen Bedingungen gerät jede zugunsten von Menschenrechten, Umwelt- oder Sozialstandards ergriffene Handelsmaßnahme in den Verdacht, ein Vorwand für den Schutz einheimischer Produkte und Produzenten zu sein. Auch die in den WTO-Verhandlungen von den Entwicklungsländern geforderte Verbesserung des Marktzugangs wird das Paradigma des freien Handels nur festigen.

Die Diskussion um Marktzugang oder Protektionismus ist eine der schwierigsten in der Handelsdebatte. Dies zeigte auch das Panel auf McPlanet.com. Die Schwierigkeiten fangen schon dabei an, sich auf Definitionen der Begriffe zu einigen. Was sind zum Beispiel handelsrelevante Umweltstandards? Dieser Frage geht Zeina al-Hadsch nach. Sie fragt auch, ob die WTO das geeignete Forum ist, Umweltstandards festzulegen. Farida Akhter verdeutlich das Verhältnis zwischen Industrie- und Entwicklungsländern durch die Geschichte vom Tiger, der die Ziege frisst. Es ist immer der Tiger, der die Regeln setzt. Den Ziegen bleibt trotz allen Verhandlungen nur das Schicksal, gefressen zu werden. Colin Hines ist einer der vehementesten Vertreter eines Protektionismus von unten. Schützt das Lokale, global! – lautet seine Forderung.

Marktzugang oder Protektionismus, freier oder fairer Handel – wir werden noch mehrere McPlanet.com-Kongresse benötigen, um diese Fragen befriedigend beantworten können.

Jürgen Knirsch

Farida Akhter Tiger fressen Ziegen

Mit der Welthandelsorganisation WTO gibt es keine Gerechtigkeit im Handel. Handelsbeziehungen sind weder frei noch fair. Sie sind wie der Tiger, der die Ziege frisst. Lassen Sie mich eine Geschichte wiedergeben, die man sich in den Dörfern von Bangladesch erzählt.

Die Geschichte vom Tiger und der Ziege: Ein durstiger Tiger ging den Bach hinunter, um aus dem See zu trinken. Als er auf das Wasser schaute, sah er den Schatten einer Ziege, die am Flussufer stand. Da wurde der Tiger hungrig. Er wollte zu dem Wasser sehr gerne auch Fleisch. Aber wie könnte er die Ziege einfach angreifen, um sie zu fressen? Er brauchte eine Rechtfertigung. Die Ziege zitterte bereits vor Angst. Sie erwartete, dass der Tiger sie fressen würde. Doch der Tiger wollte unbedingt mit der Ziege »verhandeln«.

Tiger: Hey Ziege, warum hast du, als ich gerade getrunken habe, das Wasser aufgewirbelt? Du bist sehr dreist.

Ziege: Nein, nein, ich habe nichts getan. Wie kann ich das Wasser aufwirbeln, wenn ich so weit oben auf dem Flussufer stehe?

Tiger: Was? Glaubst du, ich lüge? Das kann nicht sein. Wenn du es nicht getan hast, muss es dein Vater gewesen sein, der das Wasser aufgewirbelt hat.

Ziege: Nein, nein, ich kenne meinen Vater. Er ist nicht einmal hier. Er kann es nicht gewesen sein.

Tiger: Okay, du weißt vielleicht über dich selbst und deinen Vater Bescheid. Dann glaube ich, es muss dein Großvater gewesen sein, der das Wasser aufgewirbelt hat.

Und ehe die Ziege auch nur widersprechen konnte, sprang der Tiger sie an und hatte ein köstliches Festmahl.

Was wir haben, ist also kein freier oder fairer Handel. Wir haben Verhandlungen mit der WTO nach durch die WTO vorgegebenen Handelsregeln. Wer macht die Regeln? Das sind immer die Tiger, nicht die Ziegen. Was können wir davon erwarten? Das Ergebnis aller Verhandlungen ist immer das gleiche: Die Tiger fressen weiterhin die Ziegen.

Ein anderes Szenario des momentanen Welthandels wird durch den Krieg illustriert. Unternehmen, Ölfirmen, Baufirmen usw. finanzierten den letzten, von den USA und Großbritannien geführten Krieg gegen den Irak. Sie töteten unschuldige irakische Kinder, indem sie sie drei Wochen lang tagein, tagaus bombardierten. Diejenigen, die noch leben, haben Hände oder Beine verloren – und führen nun ein jämmerliches Leben. Ich bin dankbar, dass Deutschland den Irakkrieg nicht unterstützte und sogar angloamerikanische Produkte wie Coca-Cola und Pepsi boykottierte. Diese Firmen finanzieren das Töten palästinensischer Kinder durch die israelische Regierung. Firmen wie Coca-Cola nehmen sich des »Markts« der Drittweltländer an und investieren große Summen. Auch das ist eine Invasion. Auf den Philippinen zum Beispiel investierte Coca-Cola Amatil in den 1990er Jahren 430 Millionen Dollar innerhalb von drei Jahren. Laut einer Sprecherin von Coca-Cola war der Grund dafür folgender (Philippine Daily Inquirer, 12. August, 1999): »Es ist ein heißes Klima, eine junge Bevölkerung und sie wirft weiterhin zweistellige Wachstumszahlen für uns ab.« Die Firma meldete für 1998 eine Umsatzsteigerung um 13% auf den Philippinen, im Vergleich zu einem Zuwachs um 6% in ihrem gesamten Sektor mittlerer und ferner Osten. Dieses Beispiel zeigt, dass Firmen schlicht an ihren zwei- oder dreistelligen Wachstumszahlen interessiert sind, nicht aber am Wohlergehen der Menschen. Die Menschen auf den Philippinen leiden so sehr unter Armut. Sie kommen leicht an »eiskalte« Cola, aber nicht an Nahrung und Wasser. Welche Fairness erwarten wir von diesem System?

Wenn wir von freiem oder fairem Handel sprechen, wollen wir eine gewisse Gerechtigkeit erreichen. Aber sind wir nicht für die herrschende Ungerechtigkeit innerhalb des Systems verantwortlich? Als es weltweit Protest gegen den Irakkrieg gab, entschlossen sich die Menschen spontan zum Kauf-Boykott. Es ist richtig, dass viele Produkte, die boykottiert wurden, Teil des alltäglichen Bedarfs waren, aber die meisten waren Luxusgegenstände. Eines davon waren Soft Drinks. Indem man unter anderen Produkten Coca-Cola boykottierte, setzte man ein Zeichen, aber nach dem Irakkrieg begannen viele Leute wieder »Cola« zu trinken, mit dem Argument, das sei »eine Gewohnheit«. Soft Drinks trinkt man nicht gegen den Durst; man trinkt sie definitiv aus Gewohnheit. Doch wenn wir einfach so einer Gewohnheit nachgeben und die multinationalen Unternehmen dabei unterstützen, ihr Geschäft zu machen, ist das für uns nicht akzeptabel. Wir in Bangladesch haben aufgehört, Coca-Cola zu trinken, und sind dabei geblieben. Die einzige Waffe jedoch, die wir in der Hand haben, um etwas gegen den Handel zu tun, der in eine falsche Richtung läuft, ist die Veränderung unseres eigenen Lebensstils. Wenn wir beim Lebensstil aufgeben, kontrollieren uns die Unternehmen. Heutzutage bekommen die Kinder entsprechend der Fernsehreklame Hunger, und Mutterliebe wird von der Werbung diktiert!

Die Welthandelsorganisation ist angeblich eine multilaterale Körperschaft für Handelsvereinbarungen. Doch was wir erleben, ist die Ausübung unilateraler Macht der Vereinigten Staaten. Auf dieser Konferenz habe ich ein Poster gesehen, auf dem stand »Gott ist groß, doch Amerika ist größer«. Das trifft die tatsächliche Situation. Die Vereinigten Staaten erlauben nicht einmal einzelnen

Ländern oder Kontinenten, für sich selbst zu entscheiden. Europa hat beschlossen, keine genetisch veränderten Nahrungsmittel in seinen Supermärkten zuzulassen. Das ist eine Forderung der Konsumenten. Doch diese Entscheidung beeinträchtigt die Geschäfte der USA, daher haben sie beim Streitbeilegungsorgan der WTO Beschwerde eingereicht. Als Afrika sich weigerte, gentechnisch veränderte Nahrung als Hilfsmittel anzunehmen, waren die USA wütend und setzten die afrikanischen Regierungen auf viele Weise unter Druck, gentechnisch veränderte Nahrungsmittel als Hilfe zu akzeptieren. Dank an die afrikanischen Länder, dass sie diesem Druck nicht nachgaben.

Die zu den Industrienationen gehörenden Firmen wollen jetzt unsere natürlichen Ressourcen unter Kontrolle bekommen, unser Wasser und unser Land, unsere Pflanzen und Mikroorganismen. Der GATS-Vertrag ist in Wirklichkeit eine Verletzung der grundlegenden Menschenrechte auf Nahrung, Gesundheitsversorgung, Wasser, Bildung usw. Für den Profit der Firmen müssen wir für alles bezahlen. Warum? Die Privatisierung des Wassers wird das Recht der Menschen auf Wasser einschränken und ebenfalls die Möglichkeiten von Millionen von Menschen, ihren Lebensunterhalt zu verdienen. Handelsvereinbarungen, die den Lebensunterhalt von Menschen einschränken, das ist kein Handel für uns, es ist eine Invasion. Es ist Krieg.

In Bangladesch machen sich Firmen wie Shell im größten Mangrovenwaldgebiet der Welt breit, in Sunderbans. Menschen, die vom Wald leben, müssen bezahlen, um ihn zu betreten und dafür, ihren Lebensunterhalt zu verdienen. Das Waldgebiet wird in der Hill-Tract-Region zerstört. Die dort ansässigen Menschen werden entwurzelt. Die Firma Unicol kontrolliert die natürlichen Gasressourcen. Wenn wir gegen diese Firmen protestieren, nennt man uns Terroristen oder »Al Qaida«. Wenn wir über Gerechtigkeit im Handel sprechen, wie rechtfertigen wir dann die wachsende Kluft zwischen den reichen und den armen Ländern? Es ist eine gut belegte Tatsache, dass heute 20% der Weltbevölkerung 86% der Ressourcen kontrollieren. Das Jahreseinkommen der elf reichsten Einzelpersonen ist viel höher als das der 49 ärmsten Länder! Es ist unmoralisch. Die Frage nach der Moral im Handel muss laut werden.

Die armen Länder sind in einer noch nachteiligeren Position, weil sie auf Hilfe aus dem Ausland angewiesen sind. Die Weltbank, der Internationale Währungsfonds sind dort, um »Verordnungen« für Entwicklung zu geben, die sich bei der Armutsbekämpfung als erfolglos erwiesen haben. Sie haben mehr zur Unterentwicklung beigetragen. Die Weltbank und der Internationale Währungsfonds helfen im Hintergrund der WTO, um »Runden« des Handelsspiels zu gewinnen. Arme Länder sind bereit, am Welthandel teilzunehmen, aber es gibt keine Möglichkeit zum freien oder fairen Handel.

(Aus dem Englischen von Britta Dutke)

Colin Hines Das Lokale global schützen

Die Voraussetzung, um eine Rückkehr der Weltwirtschaft zurück zum Lokalen zu erreichen, ist eine Abkehr von der weithin akzeptierten »Weisheit«, dass der Prozess der Globalisierung zwangsläufig sei und dass er für den Menschen nutzbringend gestaltet werden könne. Zugleich ist es entscheidend, eine überzeugende Alternative vorzuschlagen. Entscheidend ist, dass diese einen plausiblen Weg aufzeigt, die Instabilität und Unsicherheit infolge der Handelsliberalisierung abzuwenden.

Das Kernstück einer solchen Strategie ist es, den lokalen Behörden, Regierungen und Gemeinschaften zu erlauben, die Kontrolle über ihre lokalen Wirtschaftsmärkte zurückzugewinnen. Ihre lokalen Wirtschaftsräume müssen sie so vielfältig wie möglich gestalten und wieder Stabilität im kommunalen Leben aufbauen. Dies bedeutet keine Rückkehr zu einer alles überwachenden Staatskontrolle. Vielmehr sorgen die Regierungen nur für die politischen Rahmenbedingungen, die es der Bevölkerung und den Firmen selbst ermöglichen, den lokalen Wirtschaftsräumen ihre Vielfalt zurückzugeben. Auf diese Weise würde ein grundsätzlicher Kurswechsel erreicht. Heute befinden wir uns in einer Welt, die von Unmengen immer gleicher Produkte überschwemmt wird. Alternativ entstünde ein lokaler Markt lokaler Angebote, auf dem jedes Produkt und jede Dienstleistung, die lokal angeboten werden kann, auch lokal angeboten wird. Dadurch würden »Produkt- oder Dienstleistungskilometer« – bezogen auf die Distanz zwischen Anbieter und Konsument – und damit der Umweltverbrauch verringert. Kurz: das Lokale muss bevorzugt, positiv diskriminiert werden.

Diese Strategie verfolgt das Ziel, das nationale und regionale Selbstbewusstsein zu steigern, um die nachhaltige Entwicklung voranzutreiben. Der Forderungskatalog von »Das Lokale global schützen« unterscheidet sich natürlich punktuell von Land zu Land.

Im Zentrum stehen aber sieben aufeinander abgestimmte Ansätze, die darauf zielen, die Wirtschaft zunehmend lokal zu steuern. Die Weltwirtschaft muss die maximale Eigenständigkeit des Lokalen unterstützen, und zwar vorrangig vor einer weiteren Öffnung von Märkten. Um dies letztendlich zu erreichen, sind sieben grundsätzliche Schritte notwendig, die mittelfristig verwirklicht werden sollten:

- Wiedereinführung von »protective safeguards«, das heißt vorbeugenden Sicherheitsmaßnahmen für heimische Märkte (Zölle, Quotenregelungen etc.);

- eine »hier gemacht – hier an den Mann gebracht«-Politik für regionale Handwerksprodukte und Dienstleistungen;
- die Regionalisierung von Geldkreisläufen, sodass der größte Anteil in der Region verbleibt;
- Stärkung der regionalen politischen Kompetenzen, um auf mögliche Monopolpositionen aus stärker abgeschirmten Märkten aktiv reagieren zu können;
- Einführung von Steuern auf die Nutzung aller natürlichen Ressourcen, um den Umweltverbrauch zu reduzieren und damit Veränderungen im Sinne von mehr Lokalität einzuleiten;
- Demokratisierung von Politik und Wirtschaft, um Fairness und Gleichberechtigung der Bewegung für eine größere Vielfalt der lokalen Märkte sicherzustellen;
- Abkommen und Handelsregeln sollen wieder das Ziel verfolgen, sowohl lokale Märkte als auch lokale Kontrolle aufzubauen. Dies soll je nach Bedarf durch einen weltweiten Austausch von Informationen und Technologien begleitet und unterstützt werden.

Die »Das Lokale global schützen«-Strategie lehnt Handel nicht grundsätzlich ab. Auch befürwortet sie keine vollständige Autarkie, also eine absolute Subsistenzwirtschaft. Ihr Ziel ist ein maximierter regionaler Handel zwischen vielfältigen, nachhaltig wirtschaftenden Wirtschaftsräumen und -regionen und zugleich eine Minimierung des Handels über große Entfernungen. Der Begriff »Lokal« wird hier benutzt, um einen Teil eines Landes zu bezeichnen und »regional« als geographische Anordnung von Ländern.

Solch eine radikale Wende für den internationalen Handel kann nicht nur in einem Land stattfinden. Um es mit den machtvollen internationalen Kräften des internationalen Kapitals oder multinationalen Unternehmen (TNCs) aufzunehmen, muss diese Politik etwa EU-weit eingeführt werden – oder in ganz Nordamerika. Dies würde ein wahrhaft bedeutendes Beispiel setzen und mit großer Sicherheit Nachahmer in anderen Regionen der Welt finden. Der erste notwendige Schritt in der Politik, eine Initialzündung für die Idee der »Lokalisierung«, wird im folgenden Abschnitt vorgestellt.

Die Wiederherstellung des Lokalen

Eine Kontrolle über Importe sollte schrittweise auf nationaler und regionaler Ebene eingeführt werden mit dem Ziel, es den Regionen und Ländern zu ermöglichen, so viele eigene Nahrungsmittel, Güter und Dienstleistungen herzustellen wie möglich. Nur das, was nicht landesweit zur Verfügung gestellt werden kann, sollte regional bezogen werden. Der Transport über große Entfernungen sollte stets die letzte Möglichkeit bilden. Die Anzahl der Arbeitsplätze, die durch dieses System eines differenzierteren Handels zur Befriedigung der

Lokal für die Umwelt: Distanz zwischen Anbieter und Konsument verringern

nationalen Bedürfnisse entstehen würden, sollte den Rückgang von Arbeitsplätzen im Exportmarktgeschäft weit aufwiegen. Eine Übergangsphase zwischen fünf und zehn Jahren würde auch diejenigen einbeziehen, die zunächst davor zurückschrecken, wieder allein für nationale und regionale Märkte zu produzieren. Fernhandel wird weiter für bestimmte Sektoren bestehen bleiben, die Güter und Dienstleistungen für die Regionen der Welt bereitstellen, die diese Güter nicht national produzieren können. Dieser Handel müsste durch faire Handelsregeln abgesichert sein und auf stabilen Exportpreisen aufbauen.

Wo die Grenzen von Kontrollen liegen, ist eine politische Entscheidung der Mitgliedsstaaten eines Handelsblocks. Die meisten Länder sind bereits Mitglied in einem Handelsblock oder partizipieren an einem. Mit dem Wechsel der Zielsetzung auf »Lokalisierung« anstelle von internationaler Vergleichbarkeit können diese Handelsblöcke dann eher die Lebensbedingungen der Mehrheit verbessern als heute, wo sie höchstens in Welthandelsprozesse verhindernd eingreifen können. Jeder Handelsblock wird vorsorgende Schutzmaßnahmen treffen, die den Import beschränken, um die jeweils eigene Produktion anzukurbeln. Um dieses Ziel der Regionalisierung innerhalb der regionalen Blöcke weiter zu fördern, könnten größere Länder eigene, nationale Handelsbarrieren errichten. Kleinere Länder können sich hingegen zu einer Gruppe zusammenschließen, die nach ihrer Meinung die optimale Größe darstellt, um eine maximale Güterherstellung für die heimischen Bedürfnisse sicherzustellen. Diese neuen Gruppierungen würden eigene Schutzmaßnahmen errichten, um soviel interne Produktion wie möglich zu garantieren. Das Ziel all dieser Entscheidungen ist es, sicherzustellen, dass die Herstellung von Gütern und Dienstleistungen in jedem Land so lokal wie möglich stattfindet.

Wirtschaftliche Schutzmaßnahmen

Zölle: Einfuhrzölle machen importierte Waren teurer. Der *ad valoreum* Zoll wird prozentual zu dem Preis der importierten Ware berechnet. Ein »spezieller Zoll« wird pro Wareneinheit veranschlagt, unabhängig vom Warenwert. Ein »nicht diskriminierender Zoll« besteuert die Einfuhren aus allen Ländern gleich, »Zollbevorzugungen« bedeuten, dass vergleichbare Güter aus unterschiedlichen Ländern mit verschiedenen Zöllen belegt werden. Alternativen für Fälle, die nicht durch Zölle reguliert werden, aber gleichfalls den Handel einschränken, können z.B. Quotenregelungen sein oder Abkommen über freiwillige Exportbeschränkungen.

Einfuhrquoten legen die Menge eines bestimmten Produkts fest, die importiert werden darf. Diese Menge kann in Relation zum Wert oder zur Anzahl der Importeinheiten der Güter stehen. Mainstream-Ökonomen behaupten, dass jedes Steuerungsziel, das durch ein Quotensystem erreicht wird, billiger durch das Nutzen von Preismechanismen, etwa durch einen Zoll in angemessener Höhe oder durch Subventionen erreicht werden kann. Allerdings spiegelt der Preismechanismus kaum die versteckten Kosten wie Energieverbrauch und Ressourcenverbrauch wider – oder die Höhe der benötigten Zahlungen für angemessene Löhne oder eine Steuerquelle, die den Aufbau von gerechteren und nachhaltig wirtschaftenden Gemeinschaften ermöglichen würde.

Zölle sind wahrscheinlich das geeignetste Mittel für die Transformationsphase vom derzeitigen Globalisierungsmodell zum Lokalisierungsmodell. Wenn Zölle phasenweise für einen festgesetzten Zeitrahmen eingesetzt werden, senden sie eine klare Botschaft an alle Exporteure, ihre Produktion wieder an den lokalen Märkten auszurichten. Importquotenregelungen sind hingegen nützlicher, um den Handel mit den Gütern zu regeln, die nicht regional hergestellt werden können und deswegen auch in Zukunft importiert werden müssen, wenn die »Lokalisierung« etabliert ist. Einfuhrquoten sind nützlich, weil sie klar und spezifisch diejenigen Exporteure begünstigen können, die sozial und ökologisch verantwortlicher produzieren. Dies unterscheidet die Auswirkung von Quoten von den Auswirkungen von Zöllen, deren Kostenaufwand, selbst bei Zöllen mit Präferenzen, meist in den allgemeinen Kosten der importierten Ware versteckt bleibt. Deswegen kann ein exportierendes Land die Zollkosten für eine Ware immer noch leicht ausgleichen, wenn es einen dramatischen Kostenvorteil durch niedrigere Sozialstandards und unzureichende Umweltschutzstandards nutzen kann. So können diese Exportländer weitere Marktanteile gewinnen.

Zwei Länder mit annähernd gleichen Sozial- und Umweltschutzstandards haben das Potenzial, ähnliche Preise zu berechnen. Deswegen könnten wachsende Importkosten in Folge des Zollsystems als Ansporn wirken für eine bessere Kosten-Nutzen-Relation für soziale und Umweltschutzstandards, vorausgesetzt, der Handel würde sich auf diese gleichwertigen Anbieter beschränken.

Subventionen sind mittelbare oder unmittelbare Zahlungen der Regierungen an die Konsumenten (Beispiel Nahrungsmittelsubventionen) oder an die Produzenten (Beispiel Getreidesubventionen). Subventionen erhöhen die Verkaufspreise im Vergleich zur Preisregulierung über Angebot und Nachfrage. Weitere Beispiele für Subventionen sind Direktzahlungen, Kredite oder Steuervergünstigungen sowohl für den Export als auch für die heimische Industrie.

Exportsubventionen subventionieren den Exporteur, sodass der Preis pro Wareneinheit für den Produzenten des Exportguts höher ist als der Preis, der einem ausländischen Käufer in Rechnung gestellt wird. Direkte Exportsubventionen sind durch die aktuellen internationalen Abkommen verboten. Ähnliche Maßnahmen beinhalten aber die Erstattung von Zöllen bei der Einfuhr, Kreditsubventionen, bevorzugten Zugang zu normalen Krediten oder die Hilfestellung bei Kapital- oder Ausbildungskosten. In Marktwirtschaften mit Währungskontrollen oder direkten Importkontrollen kann Exporteuren Priorität bei der Zuteilung von knappen Materialien oder ausländischen Währungen gegeben werden. Firmen, die mit subventionierten Importen konkurrieren, erhalten das Recht auf kompensierende Importrechte, um die Effekte dieser Subventionen auszugleichen.

Im »Lokalisierungs«-Modell würden Subventionen hingegen nur heimisch bzw. regional eingesetzt werden, um soziale und umweltschützende Produktionsmethoden zu fördern. Diese Subventionen sind insbesondere während der Transformationsphase nötig, in der die besser geschützten, vielfältigen lokalen Marktwirtschaften entstehen sollen. Exportsubventionen können von den Produzenten genutzt werden, die den weiterhin bestehenden Exportmarkt bedienen. Solche Exportsubventionen würden wiederum zu einer weiteren Verbesserung der Produktionsmethoden eingesetzt werden. Die Überwachung dieser Exportsubventionen muss effektiv und weitreichend sein, um sicherzustellen, dass kleinere Länder mit gleich hohen Standards der Produktion nicht benachteiligt werden, nur weil sie mit einem geringeren gesamtwirtschaftlichem Umsatz agieren. Ein dadurch entstehendes Ungleichgewicht kann durch eine Änderung des Quotensystems ausgeglichen werden.

Nachrangige Sicherungsmaßnahmen

Weitere Nicht-Zoll-Hemmnisse: Zusätzlich zu Quoten und Subventionen ist die Anzahl von möglichen, nicht über Zölle geregelten Handelshemmnissen so gut wie unendlich. Einige der Hauptkategorien enthalten Regulierungen im Namen von Gesundheits- und Sicherheitsmaßnahmen oder die Forderung nach bestimmten Lizenzen oder spezifischen ausländischen Währungszuteilungen. Der nationale Umweltschutz, Sozial- und Arbeitsstandards können ebenfalls ein Grund sein, um Produkte zu diskriminieren.

Handelsliberalisierer lehnen freiwillige Exportbeschränkungen am häufigsten ab. Diese treten auf, wenn das protektionistische Land ein exportierendes Land dazu verleitet, »freiwillig« Exporte für ein bestimmtes Gut zu beschränken – normalerweise vor dem Hintergrund von impliziten Drohungen formaler Protektionen wie Zöllen. Die Beschränkung kann sich auf die Quantität, auf den Warenwert oder den Marktanteil beziehen. Solche »byzantinischen« Maßnahmen werden sehr viel weniger notwendig sein, sobald der Handel eindeutig durch den Grundsatz »Das Lokale global schützen« gezügelt wird.

Lokalisierung vereinfacht

Die heutige, wildwüchsige Anordnung und Komplexität von Handelsmaßnahmen stammt von Staaten, die zwei widersprüchliche Ziele gleichzeitig anstreben: nämlich Exportmarktanteile zu gewinnen und parallel den eigenen Markt zu schützen. Durch Lokalisierung vermindert sich dieser Widerspruch automatisch. Zölle, Quoten und Subventionen sollen eingesetzt werden, um die nationalen Märkte wieder zu gut geschützten, vielfältigen lokalen Märkten zu machen. Der eingeschränkte Fernhandel von Gütern, die lokal nicht hergestellt werden können, wird durch ähnliche Zölle, Quotenregelungen und Subventionen gesteuert wie die Exporte – gemäß dem Ziel: Das Lokale global schützen.

(Der Text ist im Original erschienen in »Localization: A global manifesto«, London [Earthscan] 2000; aus dem Englischen von Tina Loeffelbein)

Zeina al-Hadsch

Protektionismus oder Schutz des Planeten?

Häufig, und in aller Regel vor WTO-Ministerkonferenzen, polarisiert die Frage ob, wie und welche sozialen und umweltbezogenen Standards in die Handelsbestimmungen aufgenommen werden sollen, wie kaum ein anderes Thema. Sowohl umweltbezogene als auch soziale Standards werden sehr intensiv und unter moralischen Gesichtspunkten diskutiert.

Manche halten soziale und umweltbezogene Standards für notwendig, wenn den Auswüchsen des unbeschränkt freien Handels entgegengewirkt werden soll. Sie rufen nach zahlreichen Regularien, die den internationalen Handel gerechter, ökologischer und sozialer machen sollen. Andere sehen in diesen Standards ein Trojanisches Pferd, das Protektionismus im Bauch trägt.

Ich werde nicht auf die Diskussion der sozialen Standards eingehen, aber die Gründe, warum ich sie erwähne, sind folgende:

- Umweltbezogene und soziale Standards werden häufig in einem Atemzug genannt, und
- Gegner gesetzlich festgelegter sozialer Standards lehnen ebenso umweltbezogene und Gesundheitsstandards ab.

Ein Aspekt der fehlenden Objektivität in der Diskussion dieser Streitfrage ist der Fakt, dass zwar jeder die Termini soziale, umweltbezogene und Gesundheitsstandards benutzt, diese jedoch erst noch in Bezug zum Handel definiert werden müssen. Wenn wir zum Beispiel versuchen, eine Antwort auf die Frage »Was ist ein auf den Handel bezogener Standard?« zu finden, werden wir keine klare Antwort bekommen.

Im Artikel XX der GATT-Vereinbarung über generelle Ausnahmen können wir lesen, dass Ausnahmen gemacht werden können bei Maßnahmen, die notwendig sind zum Schutz menschlichen, tierischen oder pflanzlichen Lebens oder Gesundheit; *oder* bezüglich der Bewahrung nicht erneuerbarer natürlicher Ressourcen, wenn solche Maßnahmen in Verbindung mit Beschränkungen inländischer Produktion oder Verbrauchs umgesetzt werden. *Nicht* etwa, dass die WTO das Forum wäre, diese Standards festzulegen, aber dort ist nicht einmal vorgesehen, irgendwelche umweltbezogenen Standards, von irgendeinem Forum übernommen, umzusetzen. Es ist schwierig festzulegen, was diese umweltbezogenen Standards wirklich sind, oder, um es präziser auszudrücken, was umweltbezogene Standards in Bezug auf den Handel sind. Geht es zum Beispiel darum, internationale Grenzwerte für die Bodenverschmutzung durch Schwermetalle festzulegen? Um Grenzwerte, die in chinesischen Produktionszonen, in und um Mexico City, und in der Sahel Zone, sagen wir mal in Niamey, der Hauptstadt Nigers, zu gelten hätten? Und welche Auswirkungen hätten solche Grenzwerte für Böden, Wasser und Luft auf den Handel?

Oder geht es um die Möglichkeit der Rückverfolgung genetisch veränderter Organismen in unseren Lebensmitteln? Oder um die Kennzeichnung von Holz, das aus geschützten Wäldern stammt? Die Tatsache, dass »umweltbezogene Standards« im Zusammenhang mit Handel noch nicht definiert worden sind, bietet uns die Möglichkeit, diesen Begriff mit Inhalt zu füllen. Mein Vorschlag hierfür beruht auf zwei Problemfeldern, welche wiederum in drei Bereiche unterteilt werden können. Es sind diese beiden Problemfelder, um die es in den Debatten über Handel und Umwelt momentan geht. Erstens, drei Problembereiche, vom Standpunkt des Nordens, insbesondere der Europäischen Union, gesehen:

- die Frage, ob Produkte, die mit nachhaltigen Produktionsmethoden hergestellt werden, zum Beispiel Produkte aus ökologischer Landwirtschaft oder nachhaltiger Forstwirtschaft, Marktvorteile erhalten sollten, die dann wiederum zur Anwendung solcher Produktionsmethoden motivieren;
- die Frage, ob grundsätzliche Prinzipien des Umweltschutzes wie das präventive Prinzip in den WTO-Handelsbestimmungen fixiert werden müssen und so zukünftig nicht als Handelshindernis abgegolten werden können; und
- die noch zu klärende Beziehung zwischen den WTO-Handelsbestimmungen einerseits und den Standards in Bezug auf den Handel und ihre Umsetzung in verschiedenen Umwelt-Konventionen andererseits.

Nehmen wir zum Beispiel einen Streitfall, in dem sich die eine Partei auf das Biosafety-Protokoll beruft, das den Handel mit gentechnisch veränderten landwirtschaftlichen Produkten regelt, und die andere Seite sich auf WTO-Abkommen bezieht: Gemäß welcher internationaler rechtlicher Richtlinien kann dann eine Entscheidung getroffen werden?

Vom Standpunkt des Südens ist die »Handel und Umwelt«-Thematik hauptsächlich von drei Fragen bestimmt:

- Dem Export oder Zugang zu den Märkten der Industrienationen – welche Auswirkungen haben Umweltschutzmaßnahmen auf die Exportfähigkeit des Südens (Maßnahmen wie Steuern und andere Abgaben für den Umweltschutz, oder Anforderungen an Waren einschließlich Normen, technischen Regularien, Verpackung, Markierung und Recycling);
- Gefahrgut-Importen aus Industrienationen, wie Pestizide oder andere Chemikalien, die in ihren Ursprungsländern verboten sind;
- und die entscheidenden Maßgaben (zum Beispiel in Bezug auf die Umwelt) in der Vereinbarung bezüglich geistiger Eigentumsrechte.

Keiner dieser sechs Punkte ist neu. Man findet sie bereits, obschon anders formuliert, in der Marrakesh-Deklaration über Handel und Umwelt (14. April

1994) oder im Arbeitsprogramm des WTO-Komittees über Handel und Umwelt. Eine Antwort darauf findet man, wenn man die Entwicklung der Umweltschutzvereinbarungen in den letzten Jahren betrachtet. Die Annahme des Biosafety-Protokolls im Januar 2000 und der Vertrag über die Reduktion langlebiger organischer Schadstoffe (Persistant Organic Pollutant = POP) im Mai 2001 stellen bedeutende neue Umweltvereinbarungen dar.

Das Biosafety-Protokoll, das den Handel mit genetisch veränderten Organismen und gefährlichen Chemikalien reguliert, ist am 11. September 2003 in Kraft treten. Die an diesem UN-Vertrag beteiligten Länder haben damit endlich ein Werkzeug zur Hand, um sich selbst gegen die US-Angriffe auf Umwelt, Bauern und Verbraucher zu schützen. Die Mehrheit der Entwicklungsländer – im Gegensatz zu den USA, Kanada und Australien – haben dieser Vereinbarung zugestimmt, womit Zweidrittel der Länder, die das Biosafty-Protokoll ratifizierten, Entwicklungsländer sind. Diese Länder durchschauen zunehmend die leeren Versprechungen der US- und der Gentechnikindustrie, dass gentechnisch veränderte Nahrungsmittel die Welt vor dem Hunger bewahren würden.

Leere Aussagen wie »Entwicklungsländer sind gegen Umweltschutz« sind somit ungerechtfertigt. Was nun zählt, ist Umweltvereinbarungen zu stärken und sicherzustellen, dass sie im internationalen Recht nicht durch WTO-Richtlinien unterminiert werden können.

Ehe die Liberalisierung des Handels weiter vorangetrieben wird, sind die Konsequenzen der letzten Runde zu überprüfen und Korrekturen vorzunehmen. Um Protektionismus zu zerschlagen, müssen die Industrienationen ernsthaft:

- ihre Märkte für Produkte aus Entwicklungsländern öffnen,
- die Subventionierung ihrer Exporte beenden
- und die Entwicklungsländer in dem Bemühen unterstützen, zu umweltschonenden Produktionsmethoden überzugehen.

Aber gleichzeitig müssen alle Initiativen für offene Märkte Antworten auf die folgenden Fragen bereithalten:

- Wie kann verhindert werden, dass eine Orientierung in Richtung Export ein Hindernis bezüglich der Lieferung in ein Land oder eine Region ist und zu einer starren Abhängigkeit von einem oder einigen wenigen Exportprodukten führt?
- Werden Unternehmen aus Entwicklungsländern die notwendige Unterstützung erhalten, damit ihre Produkte die qualitativen und ökologischen Standards der Industrienationen erreichen?
- Werden Unternehmen aus Entwicklungsländern gerechte Preise für ihre Produkte erhalten?

(Aus dem Englischen von Sonja Hinte)

Konzerne Regeln Globale Märkte: Bermuda-Dreieck der Unverantwortlichkeit?

Die dritte Welt als Sklave der Konzerne – mit fester, wütender Stimme erzählt der nigerianische Umwelt- und Menschenrechtsaktivist Oronto Douglas hunderten Zuhörern, wie er die Lage in seinem Heimatland empfindet. Unternehmen wie Shell hätten faktisch die natürlichen Ressourcen im Niger-Delta beschlagnahmt, die Natur zerstört und sich die Unterstützung einer diktatorischen Regierung gesichert. Die Konsequenz für Douglas, der als Rechtsanwalt den ermordeten Ogoni-Anführer Ken Saro Wiwa vertreten hat: »Nur wenn wir die Möglichkeit bekommen, Konzerne in ihren Heimatländern vor Gericht zu stellen, wird sich wirklich etwas ändern.«

Wie weltweit operierende Konzerne ihre Macht nutzen und welche Möglichkeiten es gibt, Mensch und Umwelt vor den Folgen von Machtmissbrauch zu schützen – diese Fragen stehen auf dem von Marcelo Furtado (Greenpeace Brasilien) moderierten Panel im Mittelpunkt. »Ohne öffentlichen Druck ändert sich in der Geschäftswelt gar nichts«, sagt auch Peter Knoedel. Der Manager von BP Deutschland räumt ein, dass sein Unternehmen wie andere auch in der Vergangenheit Fehler gemacht hat. Jetzt fordert er die Chance ein, daraus lernen zu dürfen. Da Profit gegen die Interessen der Gesellschaft auf Dauer nicht möglich sei, hält er auch freiwillige Selbstverpflichtungen für effektiv.

Dem widerspricht Tapati Ghosh vom Centre for Social Markets. Die indische Wissenschaftlerin fordert stattdessen international gültige Gesetze und die Stärkung der Rechtsprechung auch in jungen Demokratien. Und auch innerhalb der Konzerne müsse sich noch viel ändern, betont Beatrix Sassermann, Betriebsrätin bei Bayer. Kritische ArbeitnehmerInnen, so berichtet sie, würden in manchen Fällen massiv unter Druck gesetzt – bis hin zu Morddrohungen. Umweltzerstörendes Verhalten werde erst zugegeben, wenn die Fakten nicht mehr zu leugnen seien. Gerade vor diesem Hintergrund lohne sich der Aufwand, für unabhängige und international einheitliche Regeln zu streiten – auch wenn die internationale Bürokratie noch Jahre dafür brauchen könnte.

Marc Engelhardt

Tapati Ghosh

Konzerne kontrollieren den Weltmarkt: Wer kontrolliert die Konzerne?

Das Centre of Social Markets (CSM), das ich vertrete, ist eine kleine, in Indien und im Vereinigten Königreich ansässige Non-Profit-Organisation. Als Bildungs- und Beratungsorganisation sind wir mit der Frage beschäftigt, wie wir das Niveau von Verantwortlichkeit, Ethik und Integrität in allen Bereichen unserer Gesellschaften – öffentlich, privat und ehrenamtlich – erhöhen können.

Wir haben den Namen »Zentrum für soziale Märkte« gewählt, weil wir davon überzeugt sind, dass Märkte soziale Institutionen sind, die von sozialen Normen und Standards geleitet werden müssen, damit sie im Ergebnis sozialen Wohlstand schaffen. Deshalb lautet unsere Leitlinie: »Unternehmertum für Menschen, Erde und Profit« – die dreifache Quintessenz.

Darüber hinaus sind wir davon überzeugt, dass wir für die Normen, Werte und Standards, die das Marktgeschehen und das Geschäftsverhalten beeinflussen, verantwortlich sind und dass wir sie gemeinschaftlich bestimmen. Mit anderen Worten: Wir alle setzen gemeinsam die Standards und müssen dafür die Verantwortung übernehmen.

Aus diesem Grunde wendet sich unsere Arbeit in der CMS an die folgenden fünf Schlüsselakteure des Marktgeschehens: an Geschäftsleute, Investoren, Arbeiter, Verbraucher und Gesetzgeber. Unser Ansatz ist der Stärkung internationaler Menschenrechte und nachhaltiger Entwicklungsgrundsätze und -regime verpflichtet.

Im Gegensatz zu vielen anderen Organisationen auf unserem Gebiet konzentrieren wir uns auf zwei Zielgruppen: ethnische Minderheiten in Industrieländern wie dem Vereinigten Königreich und einheimische, indigene Geschäftsleute und Interessenvertreter in Entwicklungsländern wie Indien. Viele unserer Kollegen hingegen konzentrieren sich auf die Aktivitäten von großen, vorwiegend im Westen angesiedelten Multinationalen Unternehmen.

Da wir sowohl in Industrie- als auch in Entwicklungsländern vertreten sind, haben wir einen differenzierteren und umfassenderen Blick dafür, wie die verschiedenen Diaspora- und Minderheitengemeinden – auch wenn sie im Geschäftsleben engagiert sind – sich dem Thema der Macht und Rechenschaftspflicht der Konzerne stellen. Die Welt sieht aus unserem Blickwinkel ein wenig anders aus.

Nach diesen Hintergrundinformationen komme ich nun zu unserer Fragestellung: Kapitalgesellschaften kontollieren den Weltmarkt: Ist Rechenschaftspflicht damit unmöglich?

Unbestritten dominieren die globalen agierenden Konzerne viele Sektoren des internationalen Handels. Man braucht nur an Landwirtschaft, Medien und Unterhaltung zu denken, um einige Bereiche zu nennen, in denen eine Handvoll globaler Unternehmen tatsächlich eine Monopolstellung genießen.

Diese Situation ist weder wünschenswert noch unvermeidlich, und zwar u.a. aus den folgenden Gründen:

1. Kein Konzern hat das gleichsam gottgegebene Recht, global zu herrschen: Effektiver Wettbewerb ist eine notwendige Vorraussetzung, um sicherzustellen, dass der Kunde langfristig das beste Geschäft macht und dass ineffiziente und korrupte Monopole verhindert werden.

2. Konzentriert sich der Markt auf einige wenige Spieler, so dämpft dies den Zwang zur technologischen Erneuerung oder Befriedigung von Konsumentenbedürfnissen und erhöht die Zugangsbarriere für kleinere Mitspieler.

3. Marktbeherrschende Konzerne repräsentieren starke ökonomische Interessen, die die Demokratie pervertieren und politische Prozesse manipulieren können.

4. Aber solche marktberrschenden Gesellschaften sind nicht unvermeidlich, weil ihre Größe und ihr Markenname sie auch verwundbar macht – nicht nur für Konsumentendruck, sondern zunehmend auch für den Druck, der von Investoren- und Regulierungsmaßnahmen ausgeübt wird. Enron z.B., früher einer der größten Konzerne der Welt, fiel plötzlich wie ein Kartenhaus zusammen.

5. Schließlich ist es wichtig, daran zu erinnern, dass kein Konzern ewig existiert. Es gibt nur sehr wenige Konzerne, die älter als 100 Jahre sind. Und in der Tat ist der älteste Konzern kein Handelsunternehmen, sondern die Katholische Kirche.

Heutzutage, wo die Konzerne von einer Heerschar von Stakeholdern mehr und mehr dazu angehalten werden, sich ihre »Lizenz für den Geschäftsbetrieb« zu verdienen, sind die Ansprüche an ihre Leistung höher denn je.

Um zum Schluss zu kommen: Wir vom CSM sind der festen Überzeugung, dass Verantwortlichkeit nicht nur möglich, sondern langfristig eine essentielle Voraussetzung für ein ethisches und erfolgreiches Geschäftsgebaren ist. Weniger zu fordern, hieße, unsere Kraft in all den verschiedenen Rollen als Konsumenten, Arbeiter, Investoren und besonders auch als Bürger zu unterschätzen. Die Debatte kann sich nur um das »Wie« drehen – und darauf will ich in der Diskussion zurückkommen.

Tapati Ghosh: Verantwortung ist essentiell

Auszüge aus der Diskussion

1. Können die globalen Konzerne reguliert werden und wenn ja, wie?

Bevor man diese Frage beantwortet, ist es nötig sich klarzumachen, dass es die »globale« Korporation als juristische Person nicht gibt. Jede Korporation ist in einen nationalen Zusammenhang eingebunden und entsprechend den jeweiligen nationalen Gesetzen registriert.

Die »Person« eines Weltkonzerns hat sich durch eine Reihe von Assoziationsabkommen und ähnlichen Arrangements entwickelt, die sie befähigen, mit anderen national konstituierten Organisationen als »globale Korporationen« zusammenzuarbeiten. (Dies gilt für private Konzerne ebenso wie für NGOs.)

Auf nationaler Ebene, wo ihnen durch die einheimische Gesetzgebung Grenzen gesetzt sind, können Korporationen sehr viel effektiver reguliert werden. In diesem Zusammenhang ist die Durchsetzung von einheimischen Gesetzen entscheidend. Wo sie lax ist oder nicht existiert, ist es notwendig, die einheimischen Möglichkeiten zur Durchsetzung der Gesetze zu stärken, denn hierauf wird die Legitimität letztlich beruhen.

Es ist jedoch auch wichtig festzustellen, dass einige ausländische Firmen entweder Ausnahmeregelungen verlangen oder dass ihnen Ausnahmen von der heimischen Gesetzgebung gewährt werden, vor allem auf dem Gebiet der Arbeits- und der Steuergesetze. Das ist eine Regelwidrigkeit, die im Interesse des einheimischen Arbeitsrechts und der sozialen Wohlfahrt korrigiert werden muss.

2. Sind freiwillige Vereinbarungen ausreichend? Oder brauchen wir globale Regeln und könnten diese sogar die Ökonomie stimulieren?

Freiwillige Codes, Prinzipien und Vereinbarungen – entweder auf der Ebene des einzelnen Unternehmens oder auf sektoraler Ebene (z.B. die Global Mining Initiative zur Förderung des Nachhaltigen Bergbaus) – sind notwendig, aber nicht ausreichend. Sie können sicherlich eine Schlüsselrolle zur Verbesserung der internen Kultur in den Konzernen einnehmen, die beste Praxis fördern und für den Sektor insgesamt die Maßstäbe erhöhen. Aber echte Kohärenz kommt nur durch die Annahme gemeinsamer Standards und vergleichbarer politischer Regime in den verschiedenen Ländern zustande.

Was die gemeinsamen Standards betrifft, so gibt es hierfür international anerkannte standardsetzende Institutionen wie die International Standard Organisation (ISO), die die ISO Qualitäts- und Umweltmanagement-Serien produziert hat. Aber anders als in der Vergangenheit müssen die ISO-Beratungen repräsentativ für alle geographischen Weltregionen sein, und die Standards müssen aus einer gründlichen und zugleich umfassenden Debatte hervorgehen.

Wenn es darum geht, verantwortliche Verhaltensweisen der Konzerne zu fördern, sind gobale Regeln *kein* Allheilmittel. Speziell nicht im gegenwärtigen politischen Klima, in dem der Multilateralismus bedroht ist und in dem die wichtigsten Mächte eigennützige Entscheidungen durchsetzen können, die die Macht und nicht notwendigerweise das Recht hinter sich haben.

3. Würde die Etablierung solcher Regeln zu viel Zeit brauchen?

Aus der Sicht des Zentrums für soziale Märkte ist es im gegenwärtigen politischen Klima dringend notwendig, die bereits existierenden und akzeptierten internationalen Normen und Standards zu den Menschenrechten und Umweltabkommen und -prinzipien wieder aufzugreifen. Wir müssen uns darauf konzentrieren, diese bereits anerkannten Prinzipien und Standards in unsere politischen Stragegien *vor Ort* zu übersetzen und zu integrieren. Zudem müssen wir auf die Wählerschaft in unseren Ländern einwirken, damit diese auf Veränderung drängt. Dies ist eine weitaus härtere und weniger glamouröse Aufgabe als darüber zu diskutieren, ob »wir« globale Regeln »entwickeln« sollen.

Aber wir vom Zentrum für soziale Märkte sind davon überzeugt, dass dieses mühevolle Einwirken vor Ort letztlich die wirkliche Kontrolle der Konzerne und anderer mächtiger Akteure in unseren eigenen Gesellschaften ermöglicht – ohne auf internationale Institutionen zurückgreifen zu müssen, die zudem weit weg und ineffektiv sind.

(Aus dem Englischen von Ortrud Beckmann)

Marcelo Furtado/ Andreas Bernstorff

Herausforderung Rechenschaft – Konzerne müssen haften

Im Januar 2003 diskutierten über 100.000 Menschen auf dem Weltsozialforum in Porto Alegre, Brasilien, über eine neue globale sozio-politische Struktur. Zur selben Zeit traf sich die Wirtschaftselite auf dem Weltwirtschaftsforum in Davos, Schweiz, um über das Thema »Vertrauen – die Hauptsäule von nachhaltigem Wachstum und nachhaltiger Entwicklung in der Weltgemeinschaft« zu diskutieren.

Regierungen und internationale Unternehmen sind ernsthaft darum bemüht, das öffentliche Vertrauen wiederzugewinnen, das durch die jüngsten Unternehmensskandale wie z.B. Enron oder durch historische Skandale wie etwa die tödliche Erbschaft in Bhopal, für die nun das Chemie-Unternehmen Dow Chemical in der Verantwortung steht, verloren gegangen ist.

Gemeinsam waren beiden Zusammenkünften die simplen Tatsachen, die weltweite Meinungsumfragen ergaben: Die Menschen trauen den internationalen Unternehmen nicht; sie sehen den Vorteil der Globalisierung nicht; sie wünschen keine Kontrolle der Regierungen durch internationale Unternehmen – die Menschen sind wütend und wollen einen Wechsel.

Während in Davos oder Porto Alegre über die Ursachen und mögliche Lösungen der Krise diskutiert wurde, bedrohen im indischen Bhopal chronische Müdigkeit, Schlaflosigkeit, Zukunftsängste, allgemeine Angstzustände, Depressionen, neurologische Störungen und sogar der Tod die Zukunft vieler Menschen. Das Gerede von Dow Chemical über die Verantwortung der internationalen Konzerne verhallt ohne Echo auf dem Gelände des schlimmsten Industrieunfalls der Geschichte, wo 40 Tonnen tödlicher Gase aus der Pestizid-Fabrik von Union Carbide in Bhopal entwichen.

Im Dezember 1984 starben innerhalb von drei Tagen nach dem Unfall 8.000 Menschen durch Gasvergiftungen. Weitere 12.000 Menschen sind seitdem gestorben, und mindestens 500.000 Menschen wurden verletzt. Noch heute sind mehr als 150.000 Menschen durch die aus dem Kontakt mit dem giftigen Gas herrührende gesundheitliche Beeinträchtigung geschwächt. Menschen, die nahe am Fabrikgelände wohnen, trinken vergiftetes Wasser und bauen auf kontaminierter Erde. Ihre Kinder spielen auf vergiftetem Boden und baden in vergifteten Wasserstellen. Im Februar 2001 fusionierte Dow Chemical mit Union Car-

Marcelo Furtado (r.), Alexandra Wandel: Konzerne müssen kontrolliert werden

bide. Dow Chemical gilt als Spitzenreiter in der globalen Chemieindustrieklasse im Dow Jones Nachhaltigkeitsindex, der amerikanische Konzern ist Gründungsmitglied des »World Business Council für nachhaltige Entwicklung« (WBCSD) und hat sich öffentlich verpflichtet, folgenden Grundsatz einzuhalten: »Die Menschen und die Umwelt zu schützen, muss Bestandteil all dessen sein, was wir tun und auch jeder Geschäftsentscheidung, die wir treffen.«

Das Unternehmen hat es allerdings bisher versäumt, auf die öffentliche Kritik zu hören und das Fabrikgelände zu säubern, sauberes Trinkwasser für die Gemeinde bereitzustellen, die langfristige medizinische Behandlung und einen wirtschaftlichen Ausgleich für die vom Gas betroffenen Menschen und ihre Familien sicherzustellen. Handelt die Firma Dow so, wie sie redet?

Wir sprechen hier über die 20 Jahre zurückliegende, schlimmste Industriekatastrophe aller Zeiten. Aber es gibt Dutzende anderer ungesühnter Umweltverbrechen, die »kleinen Bhopals« (siehe die beiden Fallbeispiele in den Kästen), die die Öffentlichkeit kurzfristig schockieren und die dann schnell in Vergessenheit geraten.

Ob es die Unternehmen wahrhaben wollen oder nicht, ihre »soziale Lizenz zum Geschäftsbetrieb« kommt aus der Zivilgesellschaft. Während des Welt-

Globale Zumutungen – die kleinen Bhopals in Europa
Fall 1: Minenunfall »Baia Mare« (Januar 2000)[1]

Der australische Bergbaukonzern »Esmeralda« pachtet in Baia Mare, im nordwestlichsten Rumänien nahe der Grenze zu Ungarn, ein aufgelassenes Goldminengelände, um aus den Rückständen, dem Minenabraum, noch einmal das restliche Gold herauszupressen. Dies geschieht durch Laugung mit Hilfe von Zyanid – ein ebenso giftiger Stoff wie Zyankali.

Der giftige Schlamm muss nach der Zyanidlaugung in Rückhaltebecken von den umgebenden aquatischen Systemen sicher isoliert werden. Entgegen den Ratschlägen erfahrener rumänischer Bergfachleute bauen die eher wüstengewohnten Australier den Beckendamm aus zu leichtem Material – »ein Haus auf Sand gebaut«.

Der Damm bricht, wie von den Rumänen befürchtet, nach den üblichen heftigen Niederschlägen Ende Januar 2000. Er entlässt eine Fracht von 100.000 Tonnen Giftschlamm in die ungarische Tiefebene. Im Fluss Theiss und teils in der Donau ist auf 700 km Länge alles Leben schlagartig vernichtet. Die europäischen Medien zeigen einem schockierten Publikum Wochen lang Massen toter Fische. Die Geschädigten – Fischer, Landwirte, Tourismusbetriebe – haben keinen Zugang zu australischen Gerichten. Straftaten australischer Staatsbürger im Ausland sind in Australien selbst nur strafbar, wenn es sich um Mord handelt und, neuerdings in Zeiten des Sextourismus, auch bei Kindesmissbrauch. Das wussten die Esmeralda-Juristen, als der Betrieb in Rumänien 1999 eröffnet wurde. Hilfsweise verklagt der ungarische Staat Esmeralda auf 107 Millionen US-Dollar Schadenersatz. Doch da ist die Firma bereits aufgelöst.

Ungarn klagt in Vertretung der Geschädigten ebenso gegen Rumänien wegen unterlassener Aufsichtspflicht der dortigen Behörden. Sie hätten den Betrieb so nicht zulassen dürfen. Das Gericht in Bukarest urteilt aber, es sei kein Zusammenhang zwischen dem Unfall in Baia Mare und den Schäden in Ungarn erkennbar. Ungarn geht in Revision, vergebens. Die rumänische Justiz kennt das Rechtsinstitut der Revision nicht. Ein Mal geurteilt gilt für immer. Demokratische Regime lassen keine Ausländer vor ihre Gerichtsschranken, autokratische Regime lassen keine Revision zu; Umweltkatastrophen aber respektieren keine Grenzen.

Was liegt näher, als internationale Haftungsregeln durchzusetzen?

gipfels für eine Nachhaltige Entwicklung in Johannesburg im September 2002 haben Organisationen der Zivilgesellschaft an unterschiedlichen Orten der Welt aufgetretene Fälle von Unternehmenskriminalität im Bereich der Forstwirtschaft,

[1] Aus: A. Bernstorff/J. Kanthak: Das wahre Gesicht des Kängurus. Eine Erkundungsreise zur Goldmine der »AURUL S.A.« in Baia Mare, Rumänien, und entlang dem Flusssystem von Lapus, Somes und Theiß in Rumänien und Ungarn. Greenpeace, Hamburg, März 2000)

der chemischen, Pestizid-, Öl-, Minen-, Gentechnik- und Nuklearindustrie aufgedeckt.[2] Viele Unternehmen, über die berichtet wurde, sind führend bei globalen Initiativen wie Verantwortliches Wirtschaften (Responsible Care) oder dem Global Compact der Vereinten Nationen. Handeln sie so, wie sie reden?

Die Geschwindigkeit und das Ausmaß von sozialen und Umweltschäden auf dem Planeten zeigen an, dass die einfache Antwort auf diese Frage »Nein!« lautet. Das mag das Hauptmotiv für die 180 in Johannesburg vertretenen Staaten gewesen sein, der Ausarbeitung eines globalen Regelwerks für die Verantwortlichkeit und die Rechenschaftspflicht von Unternehmen zuzustimmen. Diese in erster Linie politische Entscheidung kann sehr wohl zu einer Spaltung der internationalen Unternehmen führen: in diejenigen, die keine Angst vor einem internationalen Instrument haben, und diejenigen, die seinen Zweck weiterhin ignorieren oder die für eine rein freiwillige, aber unwirksame Initiative kämpfen. Einige Unternehmen haben deutlich gemacht, dass ein Regelungswerk für Unternehmensverantwortung sie nicht beunruhigt. Sie sind tatsächlich bereit, über die Elemente eines solchen Regelungswerks zu verhandeln, statt ihre Zeit mit der Bekämpfung öffentlicher Forderungen zu verschwenden. Andere Unternehmen sind immer noch nicht bereit, Taten statt Worte sprechen zu lassen und glauben, dass das lediglich eine Mode ist, die wieder verschwinden wird.

Es ist an der Zeit zu erkennen, dass freiwillige Initiativen durch Unternehmen oder Regierungen und die bestehenden branchenbezogenen Haftungsregeln al-

Globale Zumutungen – die kleinen Bhopals in Europa
Fall 2: Untergang des Öltankers »Prestige« (November 2002)[3]

Der Ölfrachter »Prestige« havariert am 13. November 2002 vor der spanischen Atlantikküste mit 77.000 Tonnen giftigem Schweröl an Bord, »Bunker C«-Qualität, der letzte Dreck aus den Raffinerien. Der Tanker hat die Ladung in dem russischen Ostseehafen Primorsk übernommen. Er ist mit Ziel Gibraltar/Singapur durch die gefährlich enge und flache Kadetrinne in der Ostsee gefahren, hat dann das sensible Wattenmeer der Deutschen Bucht gestreift und sich durch den dicht befahrenen Ärmelkanal gezwängt. Nun treibt er mit Maschinenschaden manövrierunfähig im Sturm vor der galizischen Küste.

Statt das Schiff zum nächsten Hafen zu ziehen und auszupumpen, lässt die spanische Regierung es ins offene Meer abschleppen. Gegen den Rat der Bergungsfirma wird ein abenteuerliches Wendemanöver eingeleitet.

---

[2] Gut 40 solcher Fälle sind in der Dokumentation M. Furtado/V. Hernandez/E. Matser/A. Bernstorff/M. Fernandez: Kriminelle Unternehmungen. Für ein internationales Haftungsrecht, Greenpeace, Hamburg, 2. Aufl. Juni 2003, aufgeführt.

[3] Nach ebenda, Fußnote 4.

Das 26 Jahre alte Schiff zerbirst am 19. November 2002 in zwei Teile: »Ermüdungsbruch«, eine Alterserscheinung.

Die beiden Teile schlagen in 3.600 Meter Tiefe auf den Meeresgrund. 20.000 Tonnen Öl werden sofort frei, der Rest folgt in kleinen Tagesdosen. Dies geschieht in nächster Nähe der Bank von Biskaya, einer fischreichen Flachzone, wo sich zigtausende von Seevögeln aus Nord- und Mitteleuropa ins Winterquartier eingefunden haben.

Bis Oktober 2003, schätzt man, haben an die 50.000 Tonnen der stinkenden schwarzen Paste mehr als 2.000 Kilometer Küstenstreifen zwischen Portugal und Bordeaux überzogen und müssen immer wieder aufwändig entfernt werden. 250 bis 300.000 zum Teil seltene Seevögel kamen in der Ölpest um, die iberische Unterart der Trottellumme ist jetzt endgültig ausgestorben.

Das Schiff gehört einem griechischen Reeder, die Ladung einer Firma »Crown Resources« mit Sitz in der Schweiz, die von der russischen Mutter »Alpha Group« gleich nach dem Unfall aufgelöst wird.

Die spanische Regierung redet die Folgen klein und erhält lediglich 265 Millionen Euro aus Brüssel, unter anderem, um den 30.000 erbosten Küstenfischern und Muschelzüchtern Tagegelder von je 40 Euro auszuzahlen. Die direkten Ausfälle für Meeresprodukte belaufen sich auf 1,4 Milliarden Euro, die Reinigungs- und Wiederherstellungskosten auf 2,5 Mrd. Euro bis Juli 2003; werden Tourismusausfälle und sämtliche weiteren Schäden dazu gerechnet, ergibt sich eine Summe von insgesamt an die 12 Milliarden Euro, so die Schätzungen galizischer Wirtschaftsexperten.

Firmen müssen ihre Ladung und ihre Schiffe nicht angemessen versichern. Beispielsweise muss nach den beiden Übereinkommen zur Haftung für Ölverschmutzungsschäden (1992) »entgangener Gewinn« überhaupt nicht entschädigt werden. Die beiden verfügbaren Fonds für die Schadensbeseitigung geben im besten Fall 2.400 Millionen US-Dollar her. Regierungen und die Europäische Union sind nicht haftbar zu machen, müssen aber aus politischen Gründen für die Schäden einstehen und Steuermittel einsetzen.

Um so mehr sollten sie ein Interesse daran haben, internationale Haftungsregeln durchzusetzen.

lein nicht ausreichen. Die Zeit ist reif für ein internationales Regelwerk. Wir müssen Rechenschaftspflicht und Haftbarkeit auf allen drei Ebenen sicher stellen: der Ebene der Gemeinden, der Ebene der Nation und der globalen Ebene.

Hierfür wurden einige Optionen diskutiert, wie z.B.

1) die Schaffung eines internationalen Regelwerks auf der Ebene der Vereinten Nationen, das über die nationale Gesetzgebung umgesetzt wird,

2) die Umsetzung einer international verbindlichen Haftpflichtregelung,

Diskutieren über Konzerne, Regeln, Globale Märkte: Tapati Ghosh, Peter Knoedel, Beatrix Sassermann, Oronto Douglas (v.l.)

3) die Schaffung eines internationalen Gerichtshofes für Unternehmenskriminalität oder die Nutzung eines bestehenden Gerichtshofs.

Diese und viele andere Optionen stehen der Zivilgesellschaft offen, um auf die Entwicklungen der konzerngesteuerten Globalisierung zu reagieren.

Greepeace hat im letzten Jahr einen Katalog von Prinzipien – die Bhopal-Prinzipien[4] – lanciert, der den Schutz von Menschenrechten, den Zugang zu Informationen und andere Schlüsselelemente zum Inhalt hat, die berücksichtigt werden müssen, um die Unternehmensaktivitäten zu regulieren. Hoffentlich setzt sich die Meinung der Zivilgesellschaft durch, damit die Unternehmen verantwortlich, rechenschaftspflichtig und haftbar für ihre Aktionen werden.

Katastrophen wie in Bhopal oder die Ölpest durch den Tanker »Prestige« werden dann der Vergangenheit angehören. Denn der Mangel an Frieden, Gleichheit und Gerechtigkeit führt uns zu Situationen wie in Seattle, Genua und dem 11. September und nicht zu einer friedlichen und nachhaltigen Welt.

(Aus dem Englischen von Ortrud Beckmann)

[4] Näheres siehe unter www.greenpeace,org.

Global regulieren oder lokal bestimmen?

McPlanet.com bot eine Plattform, auf der sich die Umwelt- und die globalisierungskritische Bewegung treffen konnten, um voneinander zu lernen – aber auch, um sich an unterschiedlichen Standpunkten zu reiben. Eine grundlegende Meinungsverschiedenheit scheint bezüglich der Frage zu bestehen, mit welchen politischen Mitteln und auf welcher Ebene (eine andere) Globalisierung gestaltet werden soll.

»Rio meets Seattle«: Eine ganze Reihe von Forderungen der Umweltbewegung sind auf dem Erdgipfel von Rio aufgegriffen worden: Internationale politische Prozesse wurden mit dem Ziel initiiert, einige der dringendsten globalen Umweltprobleme zu lösen. Auch wenn diese Prozesse und ihre derzeitigen Ergebnisse aus den verschiedensten Gründen kritisiert werden können, stellen sie für große Teile der Umweltbewegung nach wie vor den einzig gangbaren Weg dar: durch gemeinsames, multilaterales Handeln der Staatenwelt unsere globalen Gemeinschaftsgüter zu bewahren.

Im Unterschied dazu wandten sich Teile der globalisierungskritischen Bewegung, die sich 1999 in Seattle zu formieren begann, gegen die Macht internationaler Institutionen, damals vor allem gegen die WTO. Viele Stimmen aus dieser Bewegung beklagen, dass sich internationale Institutionen demokratischer Legitimation häufig weitgehend entziehen und die Einflussmöglichkeiten nationalstaatlicher Politik einschränken. Einige gehen sogar so weit, multilaterale Prozesse als bloße Beschränkung des Rechts auf Selbstbestimmung zu bezeichnen. Auch multilaterale Umweltabkommen, so wird argumentiert, sind nur ein weiterer Schritt auf dem Weg zur Schaffung weltweit einheitlicher Rahmenbedingungen für eine kapitalistische Naturaneignung.

Auf dem Podium diskutierten unter der Moderation von Peter Wahl (Weed und Attac) zwei Umweltvertreter eines (kritischen) Global Governance Ansatzes, Mukul Sanwal (UN Sekretariat der Klimarahmenkonvention) und Martin Rocholl (Friends of the Earth Europe), mit zwei Verfechtern eines Deglobalisierungsansatzes, Nicola Bullard (Focus on the Global South) und Ulrich Brand (Bundeskoordination Internationalismus). Die Beiträge von Bullard, Brand und Rocholl in diesem Buch werfen Licht auf die Frage, was ein empfehlenswerter Ansatz zur Lösung globaler (Umwelt-)Probleme sein könnte: mehr »Global Governance« oder mehr »lokale Entscheidung von unten«?

Tilman Santarius

Nicola Bullard Global Governance und Neoliberalismus

Häufig wird Global Governance als Alternative zum Neoliberalismus angepriesen. Ich stimme dem nicht zu. Denn das würde implizieren, dass wir keine Global Governance haben und dass Global Governance per Definition nicht neoliberal ist. In Wirklichkeit haben wir sehr viel Global Governance, wahrscheinlich zu viel, und zwar von der falschen Art: undemokratisch, nicht rechenschaftspflichtig und undurchsichtig oder einfach nicht funktionierend. Zweitens: die bestehenden Institutionen der Global Governance – der Internationale Währungsfonds, die Weltbank und die Welthandelsorganisation, die G7, die Federal Reserve Bank der USA, die Bank für internationalen Zahlungsausgleich und die OECD, um nur die wichtigsten zu nennen – sind sehr effektive Mechanismen einer neoliberalen Global Governance. »Governance« muss nicht demokratisch oder repräsentativ sein, sie muss nur dafür sorgen, dass das System funktioniert. Daher glaube ich nicht, das der Begriff der »Global Governance« als solcher nützlich ist.

Wenn man bei der Formulierung allerdings zwischen den Zeilen liest, kann man auch herauslesen, dass das gegenwärtige Ad-hoc-System der Steuerung der internationalen politischen und wirtschaftlichen Beziehungen und der Sicherheitsbeziehungen versagt hat. Dem stimme ich zu. Es hat keine Arbeitsplätze geschaffen. Es hat den Wohlstand und den Profit nicht gerecht verteilt. Es hat die Umwelt nicht geschützt. Es hat den Überkonsum im Norden nicht eingedämmt. Es hat Grundrechte von zwei Dritteln der Weltbevölkerung auf Gesundheit, Bildung, Wohnraum, Nahrungsversorgung und Lebensunterhalt nicht geschützt. Es hat Kriege nicht beendet und den Terrorismus (in all seinen Formen) nicht gestoppt. Es hat den Menschen und den Ländern an der Peripherie keine Stimme gegeben, und in vielen Fällen hat es nicht einmal guten Neoliberalismus gemacht.

Ökonomien brechen zusammen, Banken brechen zusammen, die Institutionen geben schlechte Ratschläge, und es gibt große Marktschwemmen, Unwirtschaftlichkeiten und Widersprüche im System, wie zum Beispiel milliardenschwere Subventionen für die Landwirtschaft und die Beschränkung der Mobilität von Arbeitskräften. Es zerstört Völker und die Umwelt, und es versagt in fast jeder Hinsicht außer bei der Wahrung der Interessen der reichen und mächtigen Länder, ihrer Unternehmen und ihres Militärs. *Hier* funktioniert das System extrem gut.

Mukul Sanwal, Nicola Bullard, Peter Wahl, Martin Rocholl (v.l.): Global oder lokal?

Die Weltbank und der IWF sind wichtige Stützpfeiler der neoliberalen Global Governance und sie sind neben der WTO die sichtbarsten Ziele der Unzufriedenheit mit dem System. Die Weltbank und der IWF – zwischen Trägheit und Reformbedarf. Ich will versuchen, dieses Thema in drei Teilen zu behandeln: Erstens mit einer kurzen Geschichte der wachsenden Unzufriedenheit mit dem IWF und der Weltbank, einer Einschätzung ihrer Bemühungen um eine »Reform« und dann einer vorsichtigen Mutmaßung, wie die Bank oder der Fonds im »weltweiten Krieg gegen den Terrorismus« eingesetzt werden kann.

In vielerlei Hinsicht stellte die Finanzkrise in Asien 1997 einen Wendepunkt in der Debatte um finanzielle Liberalisierung und wirtschaftliche Integration dar, denn der Zusammenbruch ehemals boomender Wirtschaften zeigte, dass Finanzmärkte die Macht haben, sogar große Akteure wie Korea zu zerstören. In einem unglaublichen Kapitalrückfluss[1] saugten die Finanzmärkte das Kapital aus Asien heraus und ließen steigende Schulden, fallende Devisenkurse und

[1] Zuflüsse an privatem Kapital in die »Asiatischen Fünf« – nach Thailand, in die Philippinen, nach Indonesien, Südkorea und Malaysia erreichten 1996 97,1 Milliarden US $, 1997 lag der Netto-Zufluss bei –11,9 Milliarden, eine schwindelerregende Kehrtwendung in Höhe von 109 Milliarden, *Institute for International Finance*, 1998.

in Rezessionen abgleitende Wirtschaften zurück. Nun treten IWF und Weltbank auf den Plan.

In großer Eile schusterten die Weltbank und der Fonds riesige Kredite zusammen, die von langen und detaillierten Absichtserklärungen begleitet waren. Sie beinhalten sehr weitreichende und eingehende Bedingungen, wie beispielsweise die Liberalisierung des Arbeitsmarktes in Korea, eine Kürzung der Subventionen für Rohstoffe wie Öl und Reis in Indonesien und die Privatisierung einer Reihe der erfolgreicheren staatlichen Unternehmen in Thailand.

Der IWF lieferte auch seinen Standardratschlag gegen Inflation, der nach allen Berechnungen aus der Rezession eine Depression und aus der Krise einen Crash werden ließ. In diesen bewegten Zeiten kamen der IWF und die Weltbank kaum noch aus den Schlagzeilen heraus. Auf den Kommentarseiten aller größeren Wirtschaftszeitungen wurden ihre Politik und ihre Praktiken angegriffen. Neoliberale Wissenschaftler und die konservative Rechte kritisierten den Fonds und die Bank ebenso wie progressive Kräfte. Zum ersten Mal wurde die Arbeit der beiden Institutionen Gegenstand der öffentlichen Debatte.

Seitdem haben sich die Forderungen nach einem Wandel beschleunigt und intensiviert. Überall in der Welt (und nicht mehr nur im medienbeherrschten Norden) werden die Proteste gegen die Bank und den Fonds lauter, stärker und besser begründet. Jeden Monat gibt es neue Beweise oder Eingeständnisse von Insidern, dass zwei Jahrzehnte von Strukturanpassungskrediten des IWF (jetzt umbenannt in Armutsbekämpfungs- und Wachstumshilfe) und die exportorientierten, marktfreundlichen Entwicklungsstrategien der Bank die Fähigkeit der Staaten, Grundbedürfnisse abzudecken, geschwächt haben; darüber hinaus haben sie zur wirtschaftlichen Zerstörung beigetragen, zur Zwangsumsiedlung von vielen Millionen Familien geführt, die Rechte der Arbeiter beschnitten, die Einkommen niedrig und die Arbeitsbedingungen schlecht gehalten. Das von neoliberalen Wirtschaftsexperten versprochene Wirtschaftswachstum hat nicht stattgefunden, und es sind auch keine Arbeitsplätze geschaffen worden. In den Entwicklungsländern waren die Wachstumsraten im Schnitt zwei Prozent niedriger als in den 1970er Jahren, während die Zerstörung von Arbeitsplätzen gerade im unsicheren und ungeschützten informellen Sektor[2] schneller stattfindet als deren Neuschaffung.

Die gleiche Politik hat auch dafür gesorgt, dass privates Kapital fast ungehindert in Länder hinein- und wieder herausfließen kann und dass »Strukturreformen« Risiken und Kosten für Investoren senken, Arbeiter und Konsumenten aber schutzlos dastehen lassen. In einer globalisierten Wirtschaft sind die Re-

---

[2] Siehe Nicola Bullard, *Social Standards in International Trade*, Focus on the Global South: Bangkok, September 2001, www.focusweb.org.

gierungen (zumindest im Süden) nicht bereit oder nicht in der Lage, den Markt zu regulieren und Bestimmungen für Investoren und Unternehmen zu erlassen. Schließlich ist Staatseigentum im Wert von Milliarden Dollar im Namen der Effizienz zu Discountpreisen an den privaten Sektor verkauft worden.

Die Wirtschaftspolitik ist den Menschen und ihren Regierungen aus der Hand genommen und in den Büros der Wall Street und in Washington abgeliefert worden. Das war die gemeinsame Erfahrung und die gemeinsame Wahrnehmung der Politik von IWF und Weltbank in den meisten Entwicklungsländern in den 1980er und 1990er Jahren. Der Finanz-Crash in Asien hat die Politik des IWF und der Weltbank und auch die neoliberale Globalisierung als solche zu einem Problem werden lassen, denn es wurde klar, dass sogar Länder, die die Spielregeln befolgen, das Spiel verlieren können und einen hohen menschlichen und gesellschaftlichen Preis dafür bezahlen.

Verlassen des sinkenden Schiffes

Seitdem sind die Weltbank und der IWF von einer Krise in die nächste gestolpert, haben versucht, die Kritiker zu besänftigen und den Anschein erweckt, als reagierten sie auf die Forderungen nach Reformen. Dabei steckt jede Reform zunächst fest zwischen dem Imperativ des institutionellen Überlebens (daher die Notwendigkeit, sich so darzustellen, als würde man etwas tun), der unvermeidlichen institutionellen Trägheit (schließlich sind beide Institutionen mehr als 50 Jahre alt) und der Realpolitik.

Die schärfste Kritik ist zum Teil aus den Reihen der Institutionen selbst gekommen – eher ein Zeichen für den Verfall des Imperiums als für Transparenz, Meinungsfreiheit oder dynamischen Wandel. In den vergangenen Jahren hat James Wolfensohn, der Mann, der ein möglicherweise sinkendes Schiff steuert, versucht, die Weltbank zu reformieren und in diesem Prozess eine Institution geschaffen, die verworren, unfokussiert, voller Widersprüche, Dissensen, Unzufriedenheiten und Fehlleistungen ist. Die Titelgeschichte einer Ausgabe von *Foreign Policy* heißt: *The man who broke the bank?* Der Financial Times-Journalist Stephen Fidler beschreibt darin die Bank als eine Institution in der Krise, die ihre Macht beschnitten sieht und auf der Suche nach Relevanz ist.[3] »Die Weltbank«, stellt er fest, »befindet sich in der Krise, sie kämpft darum, eine Formel für die Entwicklung zu finden, während Kritiker ihr Inkompetenz, Ineffizienz und Irrelevanz vorhalten. Wer trägt die Schuld? Nehmen Sie den Präsidenten der Bank, James Wolfensohn, dessen persönliches Versagen und Fehlpolitik die Arbeit der Bank vermasselt und die besten Mitarbeiter vertrieben

---

[3] Stephen Fidler, »Who's minding the Bank?« In: *Foreign Policy*, September/Oktober 2001, S. 40-50

hat. Zugleich unterstreicht der Zustand der Bank aber auch die Scheinheiligkeit ihrer reichen Shareholder, die großartig über Armutsbekämpfung reden, aber tatenlos zuschauen, wenn die wichtigste Entwicklungsinstitution der Welt auseinander bricht.«

Der IWF ist ebenfalls in die Schlagzeilen geraten. Und während der IWF seine schmutzige Wäsche geschickter versteckt, kam die beißendste Kritik von »seinen Freunden auf der anderen Straßenseite«. Der frühere Chef-Ökonom Joseph Stiglitz (Träger des Nobelpreises für Wirtschaftswissenschaften), der selbst ein Opfer der Unfähigkeit der Bank zur Beilegung eines Dissenses wurde, schrieb einen Artikel mit der Überschrift »Was ich in der Weltwirtschaftskrise gelernt habe«: »Der IWF geht seinen Geschäften gerne nach, ohne dass Outsider zu viele Fragen stellen. Theoretisch unterstützt der Fonds demokratische Institutionen in den Ländern, denen er hilft. Praktisch untergräbt er den demokratischen Prozess durch die Verordnung einer Politik. Offiziell ›verordnet‹ der IWF natürlich keine Politik. Er ›verhandelt‹ die Bedingungen für den Erhalt von Hilfe. Aber die ganze Macht bei den Verhandlungen befindet sich auf einer Seite – auf der des IWF – und der Fonds lässt seinen Partnern kaum Zeit für eine breite Konsensbildung oder breitangelegte Konsultationen mit den Parlamenten oder der Zivilgesellschaft. Manchmal verzichtet der IWF völlig auf den Anspruch der Transparenz und handelt geheime Verträge aus.«[4]

Aber der IWF ist den Reformforderungen etwas geschickter ausgewichen, indem er einfach kollektiv in Deckung gegangen ist. Dabei hat der Fonds eindeutig einen leichteren Job als die Bank: Er macht die schnelle und schmutzige Arbeit des Aushandelns von Krediten und Festlegens von Bedingungen, während die Bank sich vor Ort engagieren und Entwicklungsarbeit »machen« muss.

Diese Aufgabe erfüllt die Bank allerdings schlecht, sogar nach Einschätzung ihrer eigenen Mitarbeiter. Einer ihrer Chef-Ökonomen, William Easterly, sagte in einem Interview mit der Financial Times, dass die Bank im letzten Jahrzehnt 36 Ländern zehn oder mehr Kredite gegeben hat, die alle an Bedingungen geknüpft waren. Dennoch, sagt er, »war die Wachstumsrate der Pro-Kopf-Einkommen bei den typischen Mitgliedern dieser Gruppe in den letzten zwei Jahrzehnten gleich null. Der Misserfolg ist so weit verbreitet, dass es nutzlos ist, mit dem Finger auf eine einzige Institution zu zeigen.«[5] Der ausgedehnte Misserfolg, den Easterly zugibt, ist genau das, wogegen die Menschen seit mehr als 25 Jahren protestieren.

---

[4] Joseph Stiglitz, »What I learned at the world economic crisis«, in: *The New Republic*, 10. April 2000

[5] Fidler, S. 49

Die von IWF und Weltbank vorgenommenen oberflächlichen Reformen – Zugang zu Informationen, mehr »Beteiligung« der Zivilgesellschaft, bessere Websites, ein etwas großzügigeres Umschuldungsprogramm, interaktive Dialoge und die Ausgabe des Slogans, ihre Aufgabe bestehe in der »Armutsbekämpfung« – bleiben weit hinter der Art von Reformen zurück, die wirklich gebraucht werden. Die Bank und der Fonds werden immer noch von den reichen Ländern dominiert. Allein der Washington-Konsens bestimmt die Entwicklung des Diskurses.

Déjà vu – noch mal von vorn

Ich möchte jetzt – ganz vorsichtig – darüber spekulieren, welche Rolle beide Institutionen im »weltweiten Krieg gegen den Terrorismus« spielen. Der gegenwärtige, zerbrechliche Politik-Konsens besteht in einem »globalen Krieg gegen den (islamischen) Terrorismus«, ein Konsens, den die USA nur schwer werden zusammenhalten können, wenn es kein klares und eindeutiges Ende des Krieges gibt und wenn für die beteiligten Länder kein erkennbarer Nutzen entsteht.

Das erste – ein klares und eindeutiges Ende des Krieges – erscheint sehr unwahrscheinlich. Es ist ein Krieg ohne einen Feind und ohne eine klare Vereinbarung darüber, worin ein Sieg oder eine Niederlage besteht. Wahrscheinlich sehen wir einem mit geringer Intensität geführten weltweiten Krieg gegen (islamischen) Terrorismus entgegen, in dem alles und jedes in seinem Namen gerechtfertigt und ausgeführt werden kann. Das zweite Erfordernis jedoch – einen konkreten politischen oder wirtschaftlichen Nutzen für den Süden zu erzielen – könnte die Koalition etwas länger zusammenhalten. Wir sehen bereits, dass Pakistan einen Schuldenerlass erhalten hat, die USA Sanktionen aufgehoben haben und die EU den Marktzugang für Textilien aus Pakistan freigegeben hat. Und dies sind nur die Vereinbarungen, die wir kennen.

Eine breiter angelegte Strategie wird mit großer Sicherheit die uns bekannte Form einer »liberalen Eindämmung« annehmen – eine Strategie, die die USA während des Kalten Krieges perfektioniert haben. Die Ziele dieser Strategie waren klar: »die kommunistische Bedrohung gegen freie Staaten... und die überwiegende Armut und die mangelnde Wirtschaftsentwicklung... Dies sind die beiden gekoppelten Probleme, die die Auslandshilfe angehen muss.«[6] Ersetzen wir das Wort Kommunismus durch islamischen Fundamentalismus und wir sehen die Konturen einer »neoliberalen Eindämmung«, die die Wirtschafts-

---

[6] Bernard Nossiter, *The Global Struggle for More*, New York: Harper and Row, 1987, zitiert in: Walden Bello/Dark Victory, *Structural Adjustment and Global Poverty*, London: Pluto Press, 1994

Nicola Bullard: Verfall des Imperiums

hilfe bestimmen und die Weltbank und den IWF immer tiefer in die trüben Wasser der westlichen Dominanz und des westlichen Imperialismus hineinziehen wird.

»Die Samen des Terrors wachsen auf armem Boden«

Schon in den Tagen nach dem Angriff auf das World Trade Center und das Pentagon stellten viele Kommentatoren nüchtern fest, dass Armut der Nährboden für Terrorismus und Fundamentalismus (islamischen natürlich, nicht christlichen oder hinduistischen) ist, als ob sie es schon seit langem wüssten und sich niemand die Mühe gemacht hätte, danach zu fragen. Das ist nicht nur Unsinn (wie viele Terroristen kommen auf eine Milliarde Menschen, die von einem Dollar am Tag leben?), vielmehr reduziert es das Gleichgewicht der Macht auf ein rein wirtschaftliches: eine neoliberale Lösung des Problems. Man kann George W. Bush fast sagen hören: »Wenn wir alle diese Leute auf dem Markt unterbringen, haben wir es geschafft.«

Das ist eine gefährliche Vereinfachung und erspart uns eine ernsthafte Debatte über Terrorismus, darüber, worin er besteht und wer ihn definiert. Und es erspart uns, über Gewalt und Intoleranz, über Imperialismus und Freiheit, über

Kultur und Selbstbestimmung und über den Kern der dominanten westlichen Vorstellungen von Modernität und Entwicklung zu sprechen. Wenn man das beiseite lässt und die etwas »verblödete« Sichtweise akzeptiert, dass die Welt unterteilt ist in die Guten, die Bösen und die Armen, die zu Bösen werden können, wenn sie weiter arm sind, dann kommen wir schnell zu dem Schluss, dass sie »Entwicklung« brauchen. Entwicklung heißt, am Markt teilzunehmen – und der Weltwirtschaft würde es weiß Gott nicht schaden, die Klasse der Verbraucher zu stärken.

Über diesem apokalyptischen Bild von Ödländern der Armut, aus denen sich der Terrorismus erhebt, um den Freiheitsengel zu jagen, hängt die dunkle Wolke einer weltweiten Rezession. In diesem Szenario können wir einen Plan entstehen sehen. Eine Neuauflage des Marshall-Plans? Soll Keynes noch einmal abgestaubt werden? Noch ein New Deal? Die Neue Weltordnung, die wir nie bekommen haben? Protektionismus durch die Hintertür im Namen der Verteidigung des Staates? Ankurbelung der Militärwirtschaft über die Wallstreet?

Handel als Waffe gegen den Terrorismus

Aber egal, wie wir es nennen – vielleicht einen New Global Deal – wir können sicher sein, dass vorher die Rechnungen nicht beglichen werden. Es gibt keinen Schuldenerlass *à la* Marshallplan, es gibt keine Revision ungleicher Handelsabkommen und keine Demokratisierung der Institutionen des Marktes. Zweitens, das moderne Pendant für den Einsatz von Wirtschaftshilfe als Waffe gegen den Kommunismus ist der Einsatz von »Handel als Waffe gegen den Terrorismus«. Der amerikanische Wirtschafts-Repräsentant Robert D. Zoellick beeilte sich, nach dem Schock vom 11. September die Notwendigkeit einer weiteren Runde in Doha klarzumachen und sagte: »Ihr Schlag hat die Türme zerstört, aber er kann und wird nicht die Grundfesten des Welthandels erschüttern.« Wir können keinen Rückzug vom Drängen auf Wirtschaftsliberalisierung, einer zentralen Rolle des privaten Sektors und der Marktausdehnung erwarten.

Drittens, die Welt ist heute ganz anders, als sie es auf der Höhe des Kalten Krieges war. Die Art von Kapitalismus ist ganz anders, die Integration und Liberalisierung von Volkswirtschaften ist viel radikaler, die Finanzmärkte sind groß und hungrig, der Staat ist kein wirkungsvoller Zwischenhändler mehr zwischen denen, die Armut bekämpfen wollen, und denen, die tatsächlich arm sind. Und die meisten Länder, oder zumindest die armen, sind durch Handelsabkommen und Schulden gebunden.

Und welche Rolle wird die Weltbank und der Internationale Währungsfonds in dieser Neuen Weltordnung spielen? Sie werden genau die selbe Rolle wie in den letzten 25 Jahren spielen: die Dienerin der USA zu sein und ein Modell der wirtschaftlichen Entwicklung zu fördern, das den Interessen der USA dient und dem die EU und die Eliten des Südens stillschweigend zustimmen.

Es ist nicht klar, wie das Wirtschaftsmodell aussehen wird, aber eine große Abweichung von dem Prinzip der »offenen Volkswirtschaften und offenen Gesellschaften« ist kaum zu erwarten. Wirtschaftshilfe und Handel werden erneut als Zuckerbrot und Peitsche benutzt, um es den Regierungen schmackhaft zu machen, sich dem Krieg gegen den Terrorismus anzuschließen. Die ehemalige britische Entwicklungshilfeministerin Clare Short schlug im Oktober 2001 vor, dass Pakistan ein Umschuldungs- und Entschuldungsprogramm bekommen sollte zu Bedingungen, die normalerweise für ärmere Länder reserviert sind. »Dies würde geopolitischen Zielen nützen und Pakistan gleichzeitig helfen, seine kürzlich unternommenen eindrucksvollen Reformbemühungen fortzusetzen.«

Das ist die Art von politischem Spiel, das die Weltbank und der IWF zu spielen gebeten werden: der Verteiler von Schmiergeldern für die USA zu sein und genügend Kredite zu vergeben, damit die Räder des Handels und der Schulden sich weiter drehen, um politischen Dissens und islamischen Fundamentalismus zu unterdrücken und um zu verhindern, dass all diese armen Menschen Terroristen werden. Sie werden das Geld mit vollen Händen auf das Problem werfen – vorausgesetzt, sie bekommen das Geld und das Mandat von den USA – aber das wird das Problem der Armut und der Ungerechtigkeit nicht lösen, wenn es keine radikale Änderung der Entwicklungspolitik der Bank und des Fonds gibt. Und es wird das Terrorismusproblem nicht lösen, denn das hat mit der Außenpolitik und dem Imperialismus der USA zu tun. Der weltweite »Krieg gegen den Terrorismus« ist nur ein weiteres Beispiel dafür.

Der IWF und die Weltbank stecken zwischen mehr fest als zwischen Trägheit und Reformbedarf. Sie stecken fest zwischen ihrer Hauptaufgabe, die Gläubiger-Schuldner-Beziehung zwischen dem Norden und dem Süden aufrecht zu erhalten; ihrer eigenen Illusion von Großartigkeit; einem Entwicklungsmodell, das weder nachhaltig noch fair ist; den politischen Forderungen ihrer wichtigsten Shareholder; dem wachsenden Dissens von innen und außen; dem Gewicht der institutionellen Trägheit und der überwältigenden Wirklichkeit der Realpolitik. In dieser Konstellation werden Geld und Macht wie immer gewinnen. Die USA und Europa haben das Geld und die Macht. Die Weltbank und der Fonds können niemals Institutionen für das Gemeinwohl sein, solange sie von mächtigen Ländern mit arroganten und imperialen Ambitionen geführt werden.

(Gekürzte Fassung des Beitrags »Zuckerbrot und Peitsche« in: Christopher Flavin u.a., Global Governance. Gewerkschaften und NGOs – Aktuere für Gerechtigkeit und Solidarität. Hrsg. von der Otto-Brenner-Stiftung, Hamburg 2002. Wir danken für die Abdruckgenehmigung)

Ulrich Brand — Gegenmacht, Alternativen und Handlungsfähigkeit

Gegen Illusionen beim Rio-Prozess und bei internationalen Regulierungen

Mit diesem Beitrag möchte ich an die Thesen von Wolfgang Sachs in diesem Buch anschließen und sie erweitern: Was bedeutet die Verknüpfung sozialer und ökologischer Aspekte für eine Praxis radikaler, d.h. »an die Wurzeln gehender« sozial-ökologischer Veränderungen? Und wenn wir von den herrschenden politischen Institutionen auf nationaler und internationaler Ebene in dieser Hinsicht gegenwärtig nicht viel zu erwarten haben: Wie wird die Handlungsfähigkeit emanzipativer sozialer Bewegungen vergrößert? Und – entsprechend des Panelthemas – wo lohnt es sich wie dafür zu kämpfen? Das sind große Fragen, deren wir uns gemeinsam annehmen müssen, um Perspektiven zu entwickeln und konkret zu handeln. Und genau das tun wir andauernd – wir müssen nicht erst »alles klar haben«, um zu handeln.

Zunächst aber zwei Vorbemerkungen: Ich halte es weder für ein Versehen noch einen Zufall, dass stets von »der« globalisierungskritischen und »der« Umweltbewegung gesprochen wird. Mit ersterer ist gerade in Deutschland Attac gemeint, mit letzterer vielleicht nicht nur der BUND, aber dieser und die ihm nahestehenden NGOs. Diese symbolische Vereinheitlichung verursacht nicht nur gegenüber Attac viel Unmut in anderen Spektren. In der vielleicht gut gemeinten Vereinheitlichung liegt auch ein Moment der Ausgrenzung und der Negation anderer Erfahrungen. Übrigens spricht man für die 1970er und 1980er Jahre ja auch von »den« Neuen Sozialen Bewegungen.

Zweitens finde ich es wichtig, dass wir Erfahrungen von Bewegungen in anderen Ländern zur Kenntnis nehmen. Es geht mir nicht darum, diese zu romantisieren oder deren Konzepte unhinterfragt zu übernehmen. Aber der Blick nach draußen erweitert den Horizont, macht Mut, verweist gleichzeitig auf die Widersprüche eigenen Engagements – etwa als weißer, gut ausgebildeter Mann in einer metropolitanen Gesellschaft. Wir handeln alle unter widersprüchlichen Bedingungen, verheddern uns ständig in Dilemmata – und sollten uns davon dennoch nicht bremsen lassen. Auch staatliche und internationale Politik sind nicht nur herrschaftsförmig, sondern widersprüchlich – und hier liegen wichtige Ansatzpunkte sozialer Bewegungen.

Vor diesem Hintergrund vertrete ich vier Thesen.

1. Internationale Politik oder Global Governance ist die Ebene, auf der die herrschenden Kräfte ihr neoliberal-militaristisches Politikmodell am stärksten

Ulrich Brand: Seattle should not meet Rio

vorantreiben können. Die Fixierung auf diese globale Ebene ist für emanzipative Kräfte zur Zeit aussichtslos und gefährlich. Das bedeutet umgekehrt nicht, diese Ebene überhaupt nicht zu beachten.

2. »Rio meets Seattle« – also Umweltbewegung trifft globalisierungskritische Bewegung? Nein. Der Rio-Prozess ist, gemessen an den eigenen Ansprüchen, weitgehend gescheitert. »Seattle« muss sozial-ökologische Fragen anders thematisieren.

3. Eine (natürlich nicht die einzige) grobe Orientierung, wie soziale und ökologische Fragen derzeit in der Gesellschaft politisiert werden könnten, ist eine radikale Konsumkritik.

4. Wir benötigen dringend eine »Alternativendiskussion« und zwar dahingehend, was wir unter Alternativen verstehen. Denn das hat hochgradige politische und strategische Konsequenzen.

Die internationale Politikebene ist die neoliberalste

Globalisierung ist auch eine »Machtrevolution«. Die Tatsache, dass ökonomische, politische und kulturelle Prozesse immer internationaler werden, erweitert zuvorderst die Handlungsfähigkeit der herrschenden ökonomischen, politischen und kulturellen Kräfte. Entgegen der landläufigen Meinung gilt dies auch für die staatliche Politik. Denn die neoliberal ausgerichteten Regierungen können sich hinter dem »Sachzwang Weltmarkt« verstecken, um Sozialsysteme abzubauen, ökologische Standards zu verringern und Deregulierung voranzutreiben. Ein kanadischer Wissenschaftler nennt diesen Effekt einen von Regierungen produzierten »disziplinierenden Neoliberalismus«. Die Maastricht-Kriterien sind dafür ein sehr gutes Beispiel. Bei südlichen Ländern muss man etwas vorsichtiger sein, da dort neoliberale Politiken viel brutaler – durch die so genannten Strukturanpassungsprogramme und mitunter Militärdiktaturen – durchgesetzt wurden. Aber auch dort haben die oberen Klassen ein Interesse an neoliberalen Politiken.

Zentrale Akteure internationaler Politik sind die nationalen Regierungen. Die wichtigsten internationalen Institutionen sind heute WTO, Weltbank und IWF sowie NATO, ergänzt durch die G 7, die bilaterale Macht der USA und der EU. Sie sichern die Interessen der Konzerne und der nördlichen Regierungen – und auch eines Großteils der Bevölkerungen, was für uns ein zentrales Problem darstellt. Ihre Intransparenz, ihr systematisches Demokratiedefizit und ihre wachsende Macht sind nicht umsonst Gegenstand heftiger Proteste.

Es kommt aber noch schlimmer. Selbst die »guten« internationalen Institutionen, gerade auch die umweltpolitischen, haben sich in den letzten zehn Jahren immer stärker den bestehenden Machtverhältnissen angepasst. So wird etwa die Konvention über die biologische Vielfalt (CBD) immer stärker zum Terrain von Saatgut- und Pharmafirmen. Die ebenfalls dort festgeschriebenen Rechte lokaler BäuerInnen und indigener Völker werden zunehmend an den Rand gedrängt. Die Klimarahmenkonvention setzt sogar grundsätzlich auf die Vermarktung der Natur, indem sie bezahlbare »Rechte« an deren Nutzung schafft. Das Nord-Süd-Verhältnis oder das produktivistische Produktions- und Konsummodell werden dabei nicht in Frage gestellt. Also auch hier: So wichtig die Konventionen sind, so wenig können mit ihnen grundlegende Veränderungen erreicht werden. Derzeit läuft die Entwicklung eher in eine andere Richtung.

Um nicht missverstanden zu werden: Natürlich muss die ökonomistische und militaristische Macht bekämpft werden. Gleichzeitig ist aber von internationalen Institutionen im Sinne einer Global Governance derzeit absolut nichts zu erwarten. Es ist pure Illusion, auf die Einsicht der Herrschenden zu hoffen. Kritik an und Proteste gegen die internationalen Institutionen sind daher sehr wichtig. Deren Macht muss abgebaut, sie müssen delegitimiert werden. Hier spielen kritische NGOs und WissenschaftlerInnen eine wichtige Rolle, weil sie mit ihrem Wissen um die komplizierten Prozesse und Inhalte Möglichkeiten von Protest und Kritik verbessern und Schlimmeres verhindern. Aber sozial-ökologische Veränderungen im Sinne einer gerechten, freien und wirklich nachhaltigen Gesellschaft müssen in den Gesellschaften auf lokaler und nationaler Ebene erkämpft werden. Sie müssen den herrschenden neoliberalen Regierungen und Unternehmen Schritt für Schritt abgetrotzt werden. Internationale Politik ändert sich nur, wenn die politischen Hauptakteure – die Regierungen und besonders jene der mächtigen Länder – durch veränderte Verhältnisse in »ihren« Gesellschaften zu anderen Politiken gezwungen werden.

»Seattle should not meet Rio«

Auch wenn es zunächst den Anschein haben mag, hier soll kein *Rio bashing* betrieben werden. Denn »Seattle« und »Rio« stehen weniger für die spezifischen Ereignisse, sondern als Symbole für Erfahrungen und bestimmte Politiktypen. Aber festzuhalten ist: Der so genannte Rio-Prozess ist an seinen eigenen Ansprüchen, nämlich die dramatische sozial-ökologische Krise zumindest zu bremsen, gescheitert – trotz aller Erfolge im Einzelnen. Das hat Gründe: Zum einen haben die mit dem Rio-Prozess verbundenen Akteure den Prozess der neoliberal-militaristischen Globalisierung lange nicht zur Kenntnis genommen. Weder der Golfkrieg, der ein Jahr vor Rio stattfand, noch der Afghanistankrieg, ein Jahr vor Johannesburg, waren auf dem jeweiligen Gipfel ein Thema. Auch »neoliberale Meilensteine« wie die Gründung der WTO 1994/1995 wurden kaum zur Kenntnis genommen. Vielleicht erhoffte man insgeheim, dass das »eigene«, das »Umwelt«-Thema, verschont bleiben würde. Zum anderen sind staatliche und »zivilgesellschaftliche« VertreterInnen – ich meine jene, denen es wirklich ernst war mit dem Prozess – einem Politikverständnis aufgesessen, das scheitern musste. Denn um Rio herum und danach, etwa in den Lokalen Agenda-Prozessen, setzte man nur auf gute Argumente und Kooperation. Man glaubte, mit nordwestlicher Expertise und *international action*, die dann national und lokal nur noch umgesetzt werden müssten, die dramatischen sozialen und ökologischen Verschlechterungen verhindern zu können. Die »Probleme der Welt« schienen ja alle anzugehen.

Demgegenüber hatten die neoliberalen Kräfte ein sehr konfliktives Politikverständnis: nämlich die Interessenorganisationen möglicher Gegner, v.a. die Gewerkschaften, zu schwächen und andere, etwa Umweltgruppen, unter dem Stichwort der »ökologischen Modernisierung« zu integrieren oder zu ignorieren. Meines Erachtens ist »Seattle« nicht nur eine Kritik an den Konzernen sowie den herrschenden staatlichen und internationalen Politiken. Die globalisierungskritischen Bewegungen nehmen gerade die Erfahrungen des Rio-Prozesses ernst; kritische NGOs wie WEED sind ein guter Beleg dafür. Natürlich bedarf es in einer immer komplexeren Welt der Expertise sowie punktueller Kooperationen und Kompromisse. Natürlich ist die internationale Politikebene wichtig. Aber Ausgangspunkt, überhaupt gehört zu werden und gesellschaftliche Kräfteverhältnisse zu verschieben, sind soziale Bewegungen, in denen Menschen wieder zu Subjekten werden, Unmut äußern und die »ganze Scheiße« (Marx) nicht mehr hinnehmen wollen. Man könnte auch sagen: Voraussetzung jeglicher praktischer Kritik und emanzipativer Veränderung ist die Politisierung der Zivilgesellschaft. Barbara Unmüßig bringt es in ihrem Beitrag auf den Punkt: Gerade weil wir über konkrete Vorschläge sehr viele Veränderungen anstreben, dürfen wir die radikale *praktische* Kritik an den Verhältnissen nicht aus den Augen verlieren.

Die dringend notwendige »ökologische Erweiterung« globalisierungskritischer Perspektiven kann also nur sehr gebrochen an »Rio« anschließen. Sie muss weitgehend neu geschehen und geschieht bereits. Hier können wir sehr viel von südlichen Bewegungen lernen. Denn in südlichen Ländern ist die »Umweltfrage« eng verbunden mit Formen von Protest und Alternativen, nämlich als Ressourcenfragen, als Fragen des täglichen Überlebens. Der Kampf gegen das neoliberale, neoimperiale und zunehmend militaristische Entwicklungsmodell bedeutet vor allem, um eine Ausweitung der eigenen Handlungsfähigkeiten und eine Verbesserung der Lebensverhältnisse zu ringen.

Ein Vorschlag zum Denken, Diskutieren und Handeln: radikale Konsumkritik

Als ich über McPlanet.com nachdachte, suchte ich nach öffnenden Denkhorizonten und möglichen Zuspitzungen, die in Strategien und Kampagnen fließen könnten. Und zwar nicht als »Schreibtischprodukte«, sondern im Sinne von Anknüpfungspunkten an konkrete Entwicklungen und Orientierungen. Wie können wir die materielle Begrenztheit des Planeten ernst nehmen und Macht und herrschende Interessen – auch die der globalen Mittelklasse – zurückdrängen? Wie kann die strukturelle oder systemische Ebene mit jener des Alltags und des konkreten Handelns verbunden werden?

Meines Erachtens müsste der Suffizienzgedanke – also die Frage nach dem »was ist genug« – konkretisiert und politisiert werden. Ich meine mit »radikaler Konsumkritik« daher nicht individuellen Konsumverzicht, der moralistisch und mit großer Geste daherkommt, letztendlich aber frustriert, weil »man ja doch nichts machen kann«. Mittels einer radikalen Konsumkritik müsste die gesellschaftliche Verfasstheit insgesamt und an Beispielen verdeutlicht werden. Wer definiert eigentlich Bedürfnisse? Warum muss immer mehr Schwachsinn produziert und konsumiert werden? Es würde deutlich, dass die ressourcenfressende Produktions- und Konsummaschine immer weiter laufen *muss* und dass der Staat zutiefst mit der Profit- und Wachstumslogik verknüpft ist: als Steuerstaat, weil ihm in Krisenzeiten die Einnahmen wegbrechen; als Staat, der die grundlegenden unsozialen und unökologischen Verhältnisse reproduzieren muss. Man könnte herausstreichen, dass in dieser Gesellschaft über die

Art von Investitionen kaum mehr diskutiert wird: Was zählt, ist Produktion. Was zählt, sind Arbeitsplätze. Aber was für Arbeitsplätze? Nun, das ist alles nicht neu. Aber vielleicht müssten die Möglichkeiten radikaler Konsumkritik auf der Höhe der Zeit und im Lichte neuer Erfahrungen von neoliberaler Politik, Militarisierung und Wirtschaftskrise ausgelotet und politisch angegangen werden.

Alternativen – welche Alternativen?

Wir sollten einen weiteren Aspekt im Auge behalten. Was verstehen wir eigentlich unter »Alternativen«? Darüber sollten wir noch einmal nachdenken. Ich möchte dazu fünf knappe Bemerkungen machen.

1. Scheinalternativen zurückweisen: Es gilt, sich der »Logik« zu entziehen, dass unter Alternativen verstanden wird, auf buchstäblich alles eine Antwort zu haben. Am besten sollte der »große« alternative Gesellschaftsentwurf gleich mitgeliefert werden. Warum sollten sich Bewegungen in die Ecke drängen lassen, wenn die herrschenden Kräfte stumm vor den drängenden Fragen bleiben? Die Vermutung liegt nahe, dass die Frage nach den »Alternativen« durch die herrschenden medialen und politischen Kräfte weniger der Entstehung alternativer Politiken geschuldet ist, sondern die Bewegungen selbst delegitimieren soll. Bewegungen, kritische NGOs und Intellektuelle sollten sich daher auf das beschränken, was sie können, nämlich konkrete Alternativen in allen möglichen Bereichen entwickeln: Energie-, Sozial-, Migrations-, Verkehrs-, internationale Wirtschafts- etc. politiken. Dadurch entsteht am Horizont vielleicht auch jene Alternative einer ganz anderen Gesellschaft.

2. Kritik nicht nur von politischen Inhalten, sondern auch von Formen: Emanzipative Bewegungen haben nicht nur spezifische Inhalte, sondern immer auch die Form der herrschenden Politik hinterfragt. Diese Kritik konzentriert sich bislang auf die internationalen Organisationen wie Weltbank, IWF und WTO, betrifft jedoch zunehmend auch Staat, Parteien und Medien. Die Vorstellung, dass dort »Politik« gemacht bzw. verhandelt wird, ist Teil des Problems. Es geht – etwas altmodisch formuliert, aber hochaktuell – um eine Ausweitung des Politikbegriffs. Denn die Gesellschaft soll täglich überzeugt werden, dass »Politik« das ernste, nicht ganz seriöse, mit Mauscheleien verbundene, knallharte Geschäft der politischen Klasse ist, das in der Regel eher dümmlich als reflektiert in Talkshows gerechtfertigt wird. In diese undurchsichtige, abseits der Stars und Sternchen wie auch des eigenen Lebens stattfindende Veranstaltung mischt »man« sich besser nicht ein. Ein Erfolg der aktuellen Bewegungen liegt darin, genau dieses Prinzip aufzubrechen: Politik hat etwas mit allen Menschen *als Handelnde* zu tun und in unserem Fall mit dem Wunsch nach tiefgreifenden gesellschaftlichen Veränderungen.

3. Alternativen setzen an Alltagspraxen an: Das herrschende Politikverständnis droht von den Bewegungen dann reproduziert zu werden, wenn es zuvorderst darum geht, in der Öffentlichkeit zu punkten. Gerade bei Attac Deutschland ist das eine weit verbreitete Perspektive. Wenn aber ernst genommen wird, dass die neoliberal-kapitalistischen Verhältnisse sich in Alltagsverhältnisse gleichsam »einpflanzen« und von handelnden Menschen bestätigt werden – sei es, weil sie plausibel sind oder weil es zunächst keine Alternative gibt – dann öffnet sich ein immenses Terrain sozialer Kämpfe. Diese Einsicht ist keineswegs neu, sondern wurde besonders von feministischer Seite immer wieder eingebracht. Auch die derzeit dynamischsten lateinamerikanischen Bewegungen wie die mexikanischen Zapatistas, die brasilianische Landlosenbewegung und die argentinischen Piqueteros vertreten diese Sichtweise. Es geht nicht darum, sich in »autonome« Räume zurückzuziehen. Vielmehr müssen immer wieder spezifische Zusammenhänge zwischen öffentlichen, staatlich-politischen und nichtöffentlichen Räumen im beruflichen, familiären und anderen Alltag hergestellt werden. Entscheidend ist, Lern- und Erfahrungsprozesse ernst zu nehmen, lokale Gruppen und Vorgänge nicht nur als Teil des großen Ganzen zu sehen, sondern ihnen einen zentralen Stellenwert zukommen zu lassen. Das negiert nicht die Bedeutung öffentlicher Auseinandersetzungen und politischer Forderungen etwa gegenüber dem Staat; plädiert aber für eine Perspektivverschiebung.

4. Brüche und Offenheit zulassen: Die Dynamiken sozialer Bewegungen und politischer Kämpfe sind nur begrenzt planbar. Sie kommen immer wieder an unvorhergesehene Grenzen und entwickeln sich rasch, wie beispielsweise nach Genua. Oder sie sind plötzlich mit veränderten politischen Koordinaten konfrontiert, wie etwa nach dem 11. September 2001. Es wäre daher kontraproduktiv, »Wege« zu sehr festzulegen. Denn wenn es für soziale Bewegungen gerade in diesen scheinbar »alternativlosen Zeiten« wichtig ist, Denk- und Handlungsräume zu öffnen, findet das in sehr vielfältiger Form statt. »Fragend gehen wir voran« (*preguntando caminamos*) sagen die mexikanischen Zapatistas, und meinen gerade nicht Beliebigkeit, sondern Offenheit, strategische Klugheit und die permanente Suche der Ausweitung von Bündnissen. Damit einher geht die Einsicht, dass emanzipatorische Veränderung Zeit braucht. Sie ereignet sich nicht über den großen Bruch; auch wenn es natürlich Brüche geben muss, an denen Veränderung sichtbar wird. Dafür müssen Bewegungen offen bleiben. Daher kann es auch nicht den »großen strategischen Wurf« geben. Eine zentrale Bedingung von emanzipativen Bewegungen liegt darin, sich in permanenten Diskussions- und Klärungsprozessen der eigenen politischen Wirkungen, inhaltlichen Positionen und eigener wie gegnerischer Strategien zu vergewissern. Dies geschieht in Form von strukturierten Diskussionen, Positionspapieren, Erfahrungsaustausch, kleineren und größeren Tagungen und Kongressen, Publikationen, Mailinglisten etc. Die eigenen politisch-institutionellen »Kapazitäten« für einen solchen Austausch, für Klärung und Selbstkritik sind also wichtig, sei es innerhalb von Attac, bewegungsübergreifend oder in gesellschaftliche Institutionen, wie Gewerkschaften, Bildungsinstitutionen, Medien oder Staat, hinein.

5. *Es gibt jede Menge Alternativen:* Wenn die bisherigen Argumente plausibel sind, dann gilt es, vor allem auf einen Sachverhalt hinzuweisen: Es gibt zahlreiche Alternativen zum vereinheitlichenden und immer ideenloseren neoliberal-militaristischen Kapitalismus. Gleichzeitig dürfen wir uns über einen Sachverhalt jedoch nicht täuschen: Den aktuellen Bewegungen ist es zwar gelungen, symbolisch-diskursiv die »neoliberalen Gewissheiten« anzukratzen, politisch-institutionell stehen die Zeichen aber weiterhin auf »neoliberal«. Die Agenda 2010 lässt grüßen. An ihr wird besonders sichtbar, dass es jede Menge kluger Alternativen gibt, sie aber angesichts der gegenwärtigen Kräfteverhältnisse nicht gehört werden (müssen). Gerade deshalb ist es wichtig, die Kritik an politischen Inhalten mit jener an der Form zu verbinden.

Einem Problem müssen wir uns, so eine abschließende Bemerkung, verstärkt stellen: Die Verhältnisse in diesem Land sind auch deswegen neoliberal, imperialistisch und polizeilich-militaristisch, weil sie von einem Großteil der Bevölkerung akzeptiert werden. Natürlich erscheinen sie dem »Alltagsverstand« in einem anderen Gewand, nämlich als plausible oder zumindest alternativlose Sachpolitik. Wenn dem so ist, wenn also die Schröders, Fischers, Vorstandsvorsitzenden und ihre Intellektuellen im Zweifelsfall immer das letzte und »vernünftige« Wort haben, dann sollten wir zwar nicht aufhören dagegen zu argumentieren. Aber wir sollten an bestimmten Punkten auch provozieren, um die Absurdität der Verhältnisse aufzuzeigen und um Denk- und Handlungshorizonte zu öffnen. Ein Stilmittel hierfür kann es beispielsweise sein, sich punktuell über Politik(er) lustig zu machen. Damit zeigen emanzipative Bewegungen, dass »die« Politik im Grunde nicht viel zu bieten hat. Das bedeutet nicht, sie beiseite zu lassen oder zu unterschätzen; wohl aber, nicht zu sehr auf sie zu setzen. Denn damit eine andere Welt möglich wird, muss gegen jene gekämpft werden, die diese nicht zulassen wollen.

Literatur

Görg, Christoph/Brand, Ulrich (Hrsg., 2002): Mythen globalen Umweltmanagements. Rio + 10 und die Sackgassen »nachhaltiger Entwicklung«. Münster. Enthält vor allem Beiträge von AutorInnen aus südlichen Ländern zum Thema Nachhaltigkeit.

Bundeskoordination Internationalismus – BUKO (Hrsg., 2003): radikal global. Bausteine für eine internationalistische Linke. Hamburg/Berlin.

Martin Rocholl

Multilateralismus

Herausforderung für die globale Zivilgesellschaft

Seit der Amtsübernahme von Präsident Bush versuchen die USA konsequent, multilaterale Prozesse zu unterminieren. Dazu gehören der Versuch, das Kyoto-Protokoll (Vertrag zur Reduktion der CO_2-Emissionen) zu Fall zu bringen, der Boykott des Internationalen Strafgerichtshofs, die destruktive Haltung während des »Weltgipfels für Nachhaltige Entwicklung« (WSSD für »World Summit on Sustainable Development«) in Johannesburg oder die Ausschaltung des Weltsicherheitsrats während des Irakkrieges. Die Bush-Regierung verstößt sogar gegen die von ihr ehemals so hoch gehaltenen WTO-Regeln, wenn sie annimmt, dies sei in ihrem nationalen Interesse (siehe Zölle auf Stahlimporte). Zudem mischt sich die US-Regierung zunehmend ungeniert in nationale und europäische Politik ein – so wurde z.B. Kroatien mit Handelssanktionen gedroht, falls es ein nationales Gesetz zur Gentechnik verabschiedet, das US-Firmen ungelegen ist. Vor kurzem hat die Bush-Regierung sogar einigen Entwicklungsländern mit der Streichung aller Entwicklungshilfe gedroht, wenn diese nicht bereit seien, gentechnisch veränderte US-Nahrungsmittelhilfe zu akzeptieren.

Der Zerstörung multilateraler Prozesse durch die USA entgegen treten

Die systematischen Angriffe auf multilaterale Prozesse und im Besonderen auf die UNO verlangen nach neuen Antworten der Zivilgesellschaft (NROs). In der letzten Zeit war unsere Begeisterung für UNO-Prozesse begrenzt, da sie meist zu langsam und – von einigen Ausnahmen abgesehen – mit wenig greifbaren Ergebnissen verlaufen sind. Zehn Jahre nach Rio und ein Jahr nach einem wenig erfolgreichen Weltgipfel in Johannesburg gibt es nur noch wenige, die sich intensiv für deren Fortführung einsetzen.

Zumindest in meiner Organisation (Friends of the Earth) konzentriert sich derzeit alles auf Cancún, um eine Ausweitung der Kompetenzen der WTO zu verhindern. Dies ist sicherlich wichtig. Zugleich müssen wir uns aber fragen, ob wir es uns wirklich leisten können, multilaterale Prozesse, wie den WSSD in Johannesburg, links liegen zu lassen. Der Bush-Regierung würde dies jedenfalls sehr gut in ihre globale Strategie passen.

Nehmen wir einmal die »Wasserinitiative« der WSSD als Beispiel. Derzeit kämpfen wir (im Rahmen von GATS) vor allem gegen den Versuch multinationaler Firmen, die Wasserversorgung in Entwicklungsländern zu übernehmen und zu privatisieren. Dies ist eine wichtige Auseinandersetzung.

Die eigentliche Frage, wie wir Millionen Menschen den Zugang zu sauberem Trinkwasser ermöglichen können, ist damit aber noch nicht beantwortet. Verwenden wir wirklich genug Energie darauf, im Rahmen der UNO für Programme und für die notwendigen finanziellen Mittel zu kämpfen, die das Menschenrecht auf sauberes Trinkwasser umsetzen könnten? Und wäre es nicht gerade jetzt, wo die Bush-Administration versucht, die UNO zu schwächen, angebracht, dies noch viel lauter einzufordern?

Martin Rocholl: Internationale Organisationen stärken

Ein anderes Beispiel: Friends of the Earth und viele andere NROs fordern seit längerem, Landwirtschaft und Ernährungssicherheit nicht mehr innerhalb der WTO zu behandeln. Unsere Vorstellungen, wo diese Fragen geregelt werden sollen, sind bislang aber noch recht vage.

Mit der Herausnahme der Landwirtschaft aus der WTO ist es zudem noch lange nicht getan. Ich befürchte, den USA würde das wenig ausmachen, da sie genug Mittel und Möglichkeiten haben, anderen Ländern bilaterale Verträge in ihrem eigenen Interesse aufzuzwingen. Sind wir also aktiv genug, wenn es darum geht, alternative Vorschläge für ein internationales Regelsystem (im Rahmen der UNO?) zu erarbeiten?

Der ökonomischen Globalisierung Schranken setzen

Der Prozess der ökonomischen Globalisierung ist inzwischen ein Selbstläufer. Da es immer einfacher wird, global zu investieren und Gewinne zu verschieben, können die Multis die verschiedenen Staaten zunehmend gegeneinander ausspielen, um die besten Investitionsbedingungen zu erhalten. Das bedeutet oftmals sinkende Umwelt- und Sozialstandards und immer geringere Steuern für die Industrie. Wer dieses Spiel nicht mitspielt, dem gehen Arbeitsplätze verloren. Auch wenn dies zunächst wie ein Widerspruch aussieht (denn es waren ja gerade internationale Organisationen, wie die WTO, die die ökonomische Globalisierung vorangetrieben haben): Wir werden stärkere internationale Organisationen brauchen, um der Globalisierung ökologische und soziale Schranken zu setzen.

Die Umwelt- und Entwicklungsorganisationen sollten solche internationalen Regeln gerade jetzt lautstark einfordern. Internationale Umweltabkommen sind beispielsweise noch immer nicht mit brauchbaren Durchsetzungsinstrumenten ausgestattet. Das Problem, wie man mit Staaten umgehen soll, die sich diesen Abkommen ganz entziehen (wie z.B. die USA dem Klimavertrag) ist vollständig ungeklärt.

Ich denke, wir sollten darüber eine Diskussion beginnen und die internationale Staatengemeinschaft mit unseren Forderungen vor uns her treiben. Warum sollte es zum Beispiel nicht erlaubt sein, Zölle gegen energieintensiv erzeugte Waren aus Ländern zu erheben, die dem Kyoto-Protokoll nicht beigetreten sind? Das würde einen fairen Wettbewerb herstellen, denn schließlich müssen europäische Firmen für Energie mehr ausgeben, da wir Energiesteuern erheben, um die Energieeffizienz zu erhöhen. Oder wie wäre es mit einem globalen Fonds für Umweltmaßnahmen, der sich aus einer global erhobenen Umweltsteuer – z.B. auf Kerosin – speist, aber nur jenen Staaten zur Verfügung steht, die an internationalen Umweltabkommen teilnehmen? Aus meiner Sicht wäre eine solche progressive Debatte die beste Antwort auf den Unilateralismus der USA. Bindende weltweite Regeln für multinationale Firmen, die es erlauben, diese für ihre Aktivitäten zur Verantwortung zu ziehen, ist eine weitere NRO-Forderung, die von der WSSD aufgegriffen wurde und jetzt weiter verfolgt werden muss.

Ein Engagement für stärkere globale Regeln steht aus meiner Sicht nicht im Widerspruch zur lokalen Selbstbestimmung (wie dies der Titel des Panels »Global regulieren oder lokal bestimmen« anzunehmen scheint). Im Gegenteil: bindende globale Regeln, die der Globalisierung Grenzen setzen, sollen ja gerade die Freiräume für lokale Selbstbestimmung erhalten oder schaffen. Dazu braucht es parallel zum lokalen Engagement und Widerstand auch einen massiven Einsatz für multilaterale, globale Prozesse.

Die Rolle der Europäischen Union

Was aber ist die Rolle der Europäischen Union in diesem Zusammenhang? Für viele Umweltaktivisten ist die EU immer noch ein Symbol der Globalisierung, vor allem beherrscht vom Ziel, einen einheitlichen Markt in Europa herzustellen. Die EU ist inzwischen aber weit mehr als eine Wirtschaftsgemeinschaft.

Gerade im Umweltbereich ist es der EU gelungen, europaweite Standards zu definieren und diese auch nach außen zu verteidigen.

Während die wirtschaftliche Integration der EU auch ohne weitere Gesetzgebung intensiv voranschreiten wird, braucht es für die Schaffung von europaweiten Umwelt- und Sozialstandards noch zusätzliche Gesetzesvorhaben. Diese wird es aber nur geben, wenn die zukünftige europäische Verfassung die Entscheidungsstrukturen vereinfacht und demokratisiert und das Vetorecht einzelner Länder weitgehend abgeschafft wird.

Die europäische Umweltbewegung ist sich in diesem Punkt allerdings noch keineswegs einig. In einigen Ländern gilt das Vetorecht noch immer als Garant dafür, Schlimmeres aus Brüssel verhindern zu können. Mir scheint dies nicht mehr der Realität zu entsprechen, denn die ökonomische Integration Europas und die Öffnung zu den Weltmärkten ist längst vollzogen. Dafür braucht es keine handlungsfähige EU mehr. Derzeit kommt es vor allem darauf an, Entscheidungsstrukturen zu schaffen, die eine ökologische und soziale Rahmensetzung ermöglichen. Ein Beispiel: Unternehmen spielen europäische Staaten zunehmend gegeneinander aus, um die niedrigsten Unternehmenssteuern zu erhalten. Um dieser Abwärtsspirale etwas entgegenzusetzen, wäre es dringend nötig, europaweite Mindeststeuern für Unternehmen zu definieren. Dies geschieht derzeit aber nicht, weil dazu Einstimmigkeit im Europäischen Rat notwendig ist. In einer EU mit 25 Ländern (und der 25-fachen Möglichkeit zum Veto) wird es diese Einstimmigkeit schon gar nicht geben.

Der Irak-Krieg hat schmerzlich klar gemacht, wie wichtig die Einigkeit Europas auf der internationalen Bühne ist, wenn wir den USA nicht vollständig das Feld überlassen wollen. Im Rahmen der Diskussion über eine neue EU-Verfassung wird daher zur Zeit heftig über eine gemeinsame Außenpolitik diskutiert. Wenn wir Europas Rolle in der Welt ansehen, müssen wir allerdings klar zwischen verschiedenen Politikfeldern unterscheiden. In der Handelspolitik ist Europas Rolle eher negativ. Trotz Bekenntnissen, umwelt- und entwicklungspolitische Fragen stärker zu berücksichtigen, betreibt der EU-Handelskommissar Lamy noch immer eine aggressive Freihandelspolitik. Zugleich ist die Europäische Kommission bei den Verhandlungen über internationale Umweltabkommen der entscheidende positive Faktor. Wir müssen daher lernen, zwischen verschiedenen Vertretern der Europäischen Kommission zu unterscheiden. In jedem Fall wäre eine verstärkte demokratische Kontrolle – gerade im Handelsbereich – wünschenswert.

Darüber hinaus braucht es aber für multilaterale Abkommen im Rahmen der UNO eine gestärkte und geeinigte EU, die in der Lage ist, der derzeitigen US-Regierung die Stirn zu bieten. Die nächste Gelegenheit im von Bush losgetretenen WTO-Streit um die Gentechnik wartet schon.

Wie im Westen so auf Erden: Autos für alle?

Das westliche Entwicklungsmodell breitet sich in rasanter Geschwindigkeit über die gesamte Erde aus. Sein Motor ist die Globalisierung. Doch dieser westliche Weg ist zerstörerisch und ungerecht zugleich, denn er ignoriert die Grenzen der Belastbarkeit unseres Planeten und nur ein Bruchteil der Weltbevölkerung profitiert davon.

Diese Feststellung wirft eine Menge Fragen auf: Führt es zu mehr Gerechtigkeit, wenn Menschen in den Ländern des Südens ihr Konsumverhalten an den Norden anpassen? Wäre es eventuell sogar wünschenswert, dass Verbrauchs- und Produktionsmuster der reichen Länder in den Süden exportiert werden? Wollen die Menschen im Süden dieses Modell überhaupt? Gibt es keine Alternativen? Und welche Rolle spielt dabei die Technik? Es stellt sich aber auch die Frage, welche Herausforderungen dieses Entwicklungsmodell an die Länder des Nordens stellt. Was können sie von den Südländern lernen?

Auf dem Podium diskutierten vier VertreterInnen aus Nord- und Südländern mit sehr unterschiedlichen Positionen: Die Inderin Vandana Shiva stellte ihre globalisierungskritische Meinung aus einer »Süd-Sicht« vor. Ihre Argumentation wurde unterstützt von Helena Norberg Hodge aus Schweden, die die Möglichkeiten und Vorteile einer lokal organisierten Wirtschaftsweise am Beispiel der indischen Region Ladakh beschrieb. Auf der Befürworterseite eines globalen westlichen Entwicklungsmodells fanden sich Michael Sachs aus Südafrika und Manfred Heller von BMW. Sachs berichtete von den positiven Folgen der Industrialisierung seines Landes in den letzten Jahren, und Heller stellte die unternehmensinternen Bemühungen für den Umweltschutz vor. Die Veranstaltung wurde moderiert von Wolfgang Sachs vom Wuppertal Institut.

Markus Steigenberger

Michael Sachs

Die Räder des schwarzen Mannes

»Autokultur« ist in Südafrika offenbar ebenso wenig kleinzukriegen wie in der übrigen Welt. Ja, das Auto ist eines der wenigen kulturellen Symbole, die Schwarz und Weiß verbinden. Für Weiße ist der Familienurlaub in diesem riesigen Land der großen, gut instand gehaltenen Straßen ohne den Familienwagen schon lange undenkbar.

Schwarzen Südafrikanerinnen und Südafrikanern blieben die Freuden der Straßenbenutzung in der Freizeit bis vor kurzem versagt. Jetzt ist die deutsche Luxuslimousine für die entstehende Klasse schwarzer Geschäftsleute ebenso wie die neuerdings wahlberechtigten Politiker *das* Symbol der Erhebung aus dem Ghetto der Apartheid. Einen »Black Man's Wheels«, die »Räder des Schwarzen Mannes« zu besitzen, wie der BMW manchmal liebevoll genannt wird, ist inzwischen das realisierbare Ziel aller. Das Bedürfnis, die Güter des Erfolgs zur Schau zu stellen, ist so groß, dass Menschen mit Autos, deren Wert den ihrer Wohnung übersteigt, keine Seltenheit mehr sind. Die urbane Legende des Hüttenbewohners in den inoffiziellen Siedlungen um Johannesburg, der seinen glänzenden BMW neben dem stumpfen Metall seines Heims aus Wellblech parkt, führt dies bildlich vor Augen.

Es heißt, wenn Wanderarbeiter heutzutage aus der industriellen Metropole in die ländlichen »Reservate« zurückkehren und dabei nicht am Steuer eines BMWs sitzen, glaubt ihnen niemand, dass sie wirklich in Johannesburg waren. Das Auto als begehrenswertes Symbol kultureller Errungenschaft überschreitet die vielen Trennlinien, die durch die südafrikanische Gesellschaft laufen: Rasse, Klasse, ja selbst Geschlecht.

Doch wir Südafrikaner sind nicht nur stolze Konsumenten von Autos, wir produzieren auch in wachsendem Umfang Autos. Seit dem Anbruch der Demokratie und seit Südafrika dem kalten Wind des globalisierten Wettbewerbs ausgesetzt ist, ist die Automobilindustrie ein starkes Zugpferd: Während in vielen anderen Sektoren Arbeitsplätze verloren gingen, hat die Autoherstellung für den Export sogar neue Arbeitsplätze geschaffen. Der Fahrzeugexport ist von 11.500 im Jahr 1996 auf über 100.000 im Jahr 2001 angestiegen, und der Export von Fahrzeugteilen ist ebenfalls in die Höhe geschossen. Das Förderprogramm für die Motorindustrie, ein Projekt der Regierung, das Wachstumsanreize für die Automobilbranche schaffen soll, wird immer wieder als einer der großen Erfolge der Wirtschaftspolitik des demokratischen Staates hingestellt.

Der Imperativ der Entwicklung

Diese Erfolge stehen im Kontext einer sehr hohen Arbeitslosigkeit in Südafrika. In Eastern Cape, einer südafrikanischen Provinz, in der VW und andere multinationale Autormobilunternehmen angesiedelt sind, hat nur einer von fünf Menschen im erwerbsfähigen Alter eine offizielle Vollzeitstelle.

Im Kontext dieser geringen Beschäftigungsrate und der damit zusammenhängenden Massenarmut sind wirtschaftliche Expansion, Entwicklung und industrielles Wachstum Imperative, auf die reagiert werden muss. Das Problem, das sich uns unmittelbar und direkt stellt, ist nicht die Nachhaltigkeit eines »nördlichen Entwicklungsmodells«, sondern vielmehr die Nachhaltigkeit der südafrikanischen Demokratie. Wenn wir auf das Bedürfnis nach Arbeitsplätzen nicht reagieren, könnte das letztlich die Integrität unserer Gesellschaft selbst in Gefahr bringen.

Unsere hart erkämpfte Demokratie hat lebhafte Debatten über den von uns einzuschlagenden Weg der Entwicklung möglich gemacht, und über die Mittel, die diesen Weg am besten befördern. Doch in diesem intensiven öffentlichen Diskurs wurde Umweltschutz sicherlich kleingeschrieben. Nicht dass er vollkommen ignoriert würde: Im Vergleich zu Afrika insgesamt hat Südafrika eine starke und einflussreiche Umweltlobby. Aber die meisten Protagonisten in den südafrikanischen Entwicklungsdebatten würden die Ansicht Indira Gandhis teilen, die auf der Stockholmer Umweltkonferenz 1972 gesagt hat: »Armut ist die schlimmste Form der Umweltverschmutzung.«

Und warum, so würden viele fragen, sollten sie das auch nicht. Schließlich beträgt der afrikanische Anteil an den weltweiten FCKW-Emissionen nur 4%. Bestimmt sind die Folgen einer leichten Erhöhung dieses Prozentsatzes für die Welt weniger schädlich als die Folgen der Massenarmut und Arbeitslosigkeit in Afrika: Krieg und Instabilität. Kurz, die Probleme eines »nachhaltigen Umweltschutzes« scheinen den Afrikanern weniger dringlich als die schwerwiegenden Probleme der politischen und sozialen Nachhaltigkeit, die ohne ein beträchtliches Wirtschaftswachstum in Frage gestellt würden. Dazu kommt, dass wir in unserer eigenen Lebenszeit Zeugen der Armut verringernden und Arbeitsplätze schaffenden Eigenschaften und Dynamiken industriellen Wachstums geworden sind: In Südostasien, China und Indien steht industrielles Wachstum als lebendes Beispiel dafür, wie sich Armut verringern lässt, vor uns.

Drücken wir uns damit nicht vor unserer Verantwortung für die Zukunft der Welt und letztlich unserer eigenen Kinder? Niemand kann heute bestreiten, dass es umweltbedingte Grenzen des Wachstums und der Entwicklung gibt, und die Entwicklungsländer sind zwar absolut betrachtet noch ein unbedeutender Übeltäter, ihr Anteil an der auf Kohlenstoff basierenden, nicht nachhaltigen Entwicklung, die die Erde bedroht, ist aber der am schnellsten wachsende. Ist es nicht Zeit, das »Recht auf Entwicklung«, das von der Dritten Welt seit dem Beginn der Umweltdebatten in den 1960er Jahren ausgerufen wird, neu zu bewerten? Haben wir heute nicht die Technologie, neue Wege der Armutsbekämpfung vorzuschlagen?

Michael Sachs: Südafrikanische Nachhaltigkeit

Gandhi, Castro und Kohlenstoffsenken

Diese Fragen wurden von der Heinrich-Böll-Stiftung in ihrem »Johannesburg-Memo« für den Weltgipfel für nachhaltige Entwicklung aufgeworfen. Es wies auf Folgendes hin: »... wenn alle Länder der Welt dem industriellen Modell folgen würden, bräuchte es fünf Planeten, um als CO_2-Senken für die wirtschaftliche Entwicklung herzuhalten. Da die Menschheit aber nur über eine Erde verfügt, würde nachholende Entwicklung um der Gerechtigkeit willen die Mutter aller Katastrophen werden.«

Bevor ich die Antworten der Heinrich-Böll-Stiftung betrachte, möchte ich mich Antworten früherer Generationen zuwenden. Tatsächlich stellte Mahatma Gandhi am Vorabend der indischen Unabhängigkeit eine ähnliche Frage wie die von der Heinrich-Böll-Stiftung aufgeworfene. Auf die Frage nach der Möglichkeit für Indien, dieselbe Entwicklungsstufe wie sein früherer Kolonialherr zu erklimmen, antwortete Gandhi angeblich: »Britannien brauchte die Ressourcen der halben Erde, um diesen Wohlstand zu erreichen. Wie viele Planeten wird ein Land wie Indien benötigen?«

Viele Jahre zuvor hatte Gandhi geschrieben:

»Gott bewahre, dass Indien einmal nach Art des Westens Industrie betreibt. Der Wirtschaftsimperialismus eines einzigen winzigen Inselkönigreichs (England) hält die Welt heute in Ketten. Wenn eine ganze Nation von 300 Millionen [d.h. Indien] eine ähnliche wirtschaftliche Ausbeutung betriebe, würde sie die Welt kahl fressen wie Heuschrecken.«

Gandhis Kritik der Industrialisierung hatte mehrere Gründe. Zum einen betrachtete er Industrialisierung und Imperialismus als untrennbar. Industrieller Fortschritt würde in seinen Augen notwendigerweise koloniale Plünderung mit sich bringen, derer sich Indien aus Prinzip enthalten sollte. Darüber hinaus befürchtete Gandhi, großangelegte Produktion hätte eine Konzentration wirtschaftlicher und politischer Macht in der Hand urbaner Eliten zur Folge.

Gandhi schlug vor, Indien solle statt des »nördlichen Entwicklungsmodells« einen Weg der dezentralisierten Entwicklung einschlagen, in dessen Zentrum die handwerkliche Produktion in den Dörfern stünde. Lokale Selbstversorgung, oder Swadeshi, würde Vollbeschäftigung und moralische Erfüllung der Massen sicherstellen, innerhalb eines auf Dezentralisierung und lokaler Interdependenz beruhenden wirtschaftlichen und politischen Umfelds.

Gandhi trat zwar nicht für die Aufhebung der Machtverhältnisse ein, die die Industrialisierung antrieben, aber ihm war die Notwendigkeit ihrer Umgestaltung bewusst. Er vertrat den Standpunkt, Industrielle müssten davon überzeugt werden, Altruismus statt Profit als ihren Leitgedanken zu akzeptieren: »Wenn die Kapitalisten von Indien nicht helfen, diese Tragödie [der Industrie] abzuwenden, indem sie Treuhänder des Wohlergehens der Massen werden und ihre Talente statt zur Vermögensanhäufung für sich selbst zum Dienst an den Massen im altruistischen Geist einsetzen, werden sie letztlich entweder die Massen vernichten oder von ihnen vernichtet werden.«

Fidel Castro beschäftigte sich ebenfalls mit den Problemen der umweltbedingten Grenzen, die der Industrialisierung des Südens auferlegt sind. In einer Rede an das kubanische Volk von 1978, am 25. Jahrestag der Revolution, verurteilte er das Versprechen der Autos für alle, das der »Amerikanische Traum« zu machen schien: »Die bürgerliche Gesellschaft bringt ihren bürgerlichen Geschmack hervor und ihre bürgerliche Landschaft in Städten und ländlichen Gebieten… Neben den Millionärspalästen liegen die Armenviertel. Neben den modernen Superlandstraßen für schnelle und Aufsehen erregende Autos sind die unbefestigten Straßen, über die die armen Bauern gehen… Oft haben wir uns gefragt, was würde mit der Welt und ihren Rohstoffen und Energieressourcen geschehen, wenn entsprechend dem trügerischen und absurden Ideal der kapitalistischen Gesellschaften der Industrienationen in Asien – einschließlich China und Indien –, Afrika und Lateinamerika jede Familie ein Auto hätte?«

Statt einen Weg der nichtindustriellen Entwicklung vorzuschlagen, drängt Castro uns dazu, gegen das von der »bürgerlichen Gesellschaft« auf globaler Ebene erzeugte Übermaß zu rebellieren. Als er 1979 vor der Eröffnungsversammlung der G 77 sprach, forderte er: »Die Realisation eines industriellen Wandels zum Wohle der über 2,5 Milliarden Menschen, die heute unter den Einschränkungen der Unterentwicklung oder unzureichenden Entwicklung leben müssen, ist ein Problem universeller Dimensionen, das auf Weltebene gelöst werden sollte und muss. Vor allem geht es darum, die ungleichen Verhältnisse zwischen der entwickelten kapitalistischen Welt und der unterentwickelten Welt zu bekämpfen. Diese Verhältnisse sind nicht nur ungerecht, sondern auch unerträglich und, aus eben diesem Grund, potenziell gefährlich.«

Castros Lösungsvorschläge beinhalteten die Schaffung einer postimperialistischen neuen internationalen Wirtschaftsordnung: eine auf rationalen Kriterien beruhende globale Arbeitsteilung, zum Wohl sowohl des unterentwickelten Südens als auch des industrialisierten Nordens. Statt die Kapitalisten davon zu überzeugen, die Rolle von Treuhändern zu akzeptieren, wie Gandhi befürwortet hatte, glaubten Castro und seine marxistisch-leninistischen Gesinnungsgenossen, die Lösung liege in der Enteignung der Bourgeoisie und der Bildung einer sozialistischen Weltgesellschaft, regiert nach dem Prinzip: »Jeder nach seinen Fähigkeiten, jedem nach seinen Bedürfnissen.«

Globale Macht, Globale Entscheidungen

Gandhi und Castro geben einander widersprechende Antworten auf die gleiche Frage. Gandhi auf der einen Seite sieht die Lösung in der Übertragung der Macht auf das Dorf und der Umwandlung von Unternehmen (d.h. Kapitalisten) von Profitabschöpfern in Treuhänder des Gemeinschaftsvermögens. Castro dagegen sieht die Lösung auf globaler Ebene und drängt uns, dem irrationalen Chaos des Marktes die Macht wohlgesonnener Staaten aufzuzwängen und eine neue internationale Arbeitsteilung zu schaffen, in der das Übermaß der Produktion und des Konsums und die Ungleichheiten der Verteilung, die der Kapitalismus erzeugt, ein für alle Mal überwunden werden können.

Nachdem sie die gleiche Frage aufgeworfen hat, die nach den umweltbedingten Grenzen der Entwicklung des Südens, wie antwortet die Heinrich-Böll-Stiftung? Die Antwort im Johannesburg-Memo lautet folgendermaßen: »Die Länder des Südens haben die Chance, früher und massiver als die nördlichen Ökonomien in die Solarwirtschaft einzusteigen ... So sind viele Länder des Südens jetzt noch in der Lage, diesen wenig nachhaltigen Kurs [der industriellen Entwicklung] zu vermeiden, indem sie sich direkt für Infrastrukturen entscheiden, die das Land auf einen ressourcen-leichten und emissionsarmen Entwicklungspfad schicken.«

Dieser Ansatz unterscheidet sich in zweierlei Hinsicht von den von Gandhi und Castro vorgeschlagenen Lösungen. Die erste hat mit den Machtverhältnissen zu tun, sowohl denen innerhalb von Ländern als auch denen zwischen ihnen, unter deren Berücksichtigung Entscheidungen getroffen werden. Gandhi beschäftigt sich explizit mit ihnen. Er schlägt im Kontext eines unabhängigen indischen Staates eine dezentralisierte Machtverteilung vor, um dieses Problem

BMW als Statussymbol: Wer bestimmt das Entwicklungsmodell?

zu überwinden. Castro ist sich ebenfalls in aller Schärfe der globalen Machtverhältnisse sowie des Zusammenhangs zwischen ihnen und den im Süden beschrittenen Entwicklungspfaden bewusst. Das Johannesburg-Memo dagegen rückt technologische Lösungen in den Vordergrund, sodass Machtverhältnisse in den Hintergrund treten. Als hätte der technische Fortschritt die Menschheit von den Zwängen der Machtpolitik befreit, die unsere Entscheidungsmöglichkeiten in der Vergangenheit eingeschränkt haben.

Der zweite Unterschied bezieht sich auf die Interdependenz zwischen Macht und Entwicklung in einer globalisierten, aber noch nicht post-imperialistischen Welt. Castros zentraler Gedanke ist, dass Industrialisierung ein globaler Prozess ist und daher der globalen Führung bedarf: eine neue globale Arbeitsteilung, eine neue internationale Wirtschaftsordnung. Gandhi auf der anderen Seite beruft sich bei seinen Lösungen auf die lokale Autonomie. Aber auch er ist sich schmerzlich der imperialistischen Natur des »nördlichen Entwicklungsmodells« bewusst. Für ihn ist Kolonialismus eine notwendige Bedingung für Industrialisierung.

Das Johannesburg-Memo aber spricht offenbar die Hauptentscheidungsverantwortung den Staaten des Südens zu. Es geht sogar so weit, uns zu raten, die

»Zombie-Kategorien« Nord und Süd als diplomatische Basis der Verhandlung über nachhaltige Entwicklung aufzugeben.

Doch wie wir oben gesehen haben, passt das nicht gut zum dominanten Entwicklungsdiskurs, zumindest in Südafrika. Unsere Wirtschaft, ja, unsere politische Ökonomie beruht weiterhin auf den Folgen ihrer erzwungenen Integration in die Weltwirtschaft zum Zweck des Entzugs primärer Ressourcen, vorrangig zum Nutzen des »angloamerikanischen« Kapitals.

In ähnlicher Weise ist es nicht Nigerias »Entscheidung«, Ölexporteur zu sein. Nigerianerinnen und Nigerianer sind mit Sicherheit gezwungen, sich mit Problemen herumzuschlagen, die aus diesem Status erwachsen. Aber in beiden Fällen waren die Imperative unseres »Entwicklungsmodells« nicht das Ergebnis einer wenig durchdachten technischen Entscheidung auf Seiten der südafrikanischen oder nigerianischen Gesellschaft. Die Macht der europäischen Eroberer zwang sie diesen Gesellschaften auf. Und wenn afrikanische Länder einmal versucht haben, bewusst eine Alternative zum Weg der Entwicklung zu wählen, resultierte dies gewöhnlich letztlich in ihrer Wiedereingliederung ins globalisierte System, wenn auch unter weniger vorteilhaften Bedingungen als die, von denen sie ausgegangen waren. Ich denke da beispielsweise an Ghana und Tansania. Häufig wird dieses Ergebnis mit Hilfe von durch den Westen finanzierter Gewalt erreicht. Beispiele hierfür sind Angola und Mosambik.

Nichtsdestotrotz wird oft behauptet, es gebe angesichts der Tatsache eines postkolonialen Systems und des klaren Nachweises autonomer Entwicklung in Südostasien keinen Grund, weswegen der Süden sich nicht für eine Entwicklung auf seinem eigenen Weg entscheiden könnte. Statt Unterordnung unter die Strukturen einer globalen Wirtschaft sind es angeblich durch den Süden getroffene Grundsatzentscheidungen, die für die andauernde schlechte Entwicklung verantwortlich sind. Aber mächtige Gewalten, nicht zuletzt der selektive Protektionismus der Länder des Nordens, wirken zur Erhaltung der Verhältnisse von Zentrum und Peripherie, Herr und Knecht, Satelliten der Rohstoffgewinnung und Zentren der Kapitalakkumulation, die die »postkoloniale« Welt charakterisieren. Zölle schnellen typischerweise ungefähr so in die Höhe, dass sie diese Verhältnisse der Unterordnung erhalten, indem sie den Süden von der Teilhabe an Märkten mit größerem Wertzuwachs ausschließen und auf den Status der ewigen Rohstofflieferanten festlegen. Ja, dies ist der zentrale Punkt der Einwände des Südens bei der Welthandelsorganisation WTO. Mit anderen Worten, das historische Vermächtnis des Kolonialismus, auf dessen Grundlage die Weltwirtschaft entstand, verbindet sich mit dem anhaltenden Privileg des Nordens, was politische und militärische Macht sowie wirtschaftliche Kontrolle angeht, um den globalen Rahmen festzulegen, innerhalb dessen der Süden dem Imperativ der Entwicklung nachkommt.

Angesichts all dessen werden die Konsumaspirationen der frischgebackenen Wahlberechtigten von Südafrika für uns nicht das zentrale Problem ausmachen. Unsere Gesellschaft, Schwarz wie Weiß, wird aller Wahrscheinlichkeit nach den BMW weiterhin als ultimatives Symbol für Erfolg und Aufstieg ansehen, und dieser »bürgerliche Geschmack« wird aller Wahrscheinlichkeit nach weiterhin weit über die bürgerliche Gesellschaft hinausreichen.

Außerdem werden unsere Entscheidungen zur Entwicklung weiterhin in Bezug auf die sich bietenden Möglichkeiten zur Diversifizierung unserer wirtschaftlichen Basis weg von ihrer kolonialisierten Vergangenheit getroffen werden, im Kontext einer zunehmend singulären Weltwirtschaftsordnung. Und es ist ein einziges globales System, in dem die nackte Dominanz des Nordens, die sich in wirtschaftlicher Kontrolle, politischer Dominanz und militärischer Übermacht zeigt, höchstens an Bedeutung gewinnt.

Mein Argument ist nicht, dass der Süden keine Verantwortung für die Entscheidungen, die er fällt, trägt. Sondern dass diese schwierigen Entscheidungen, wenn sie notwendig sind, unter globalen Bedingungen getroffen werden müssen. Sobald die »Entscheidung« für einen Einstieg ins Solarzeitalter unabhängig von einer realistischen Analyse globaler Machtverhältnisse dargestellt wird, verliert sie an Brauchbarkeit zur Mobilisierung der Kräfte, die zur Veränderung dieser Verhältnisse notwendig sind.

Die Solarwirtschaft ist ein globaler Wandel. Um sie zu erreichen, müssen wir die Realitäten der globalen Machtverhältnisse zur Kenntnis nehmen und wir müssen globale Allianzen bilden, um diese Realitäten zu verändern. Alle Lösungsansätze, die die Forderung nach globaler Gleichheit herabsetzen und sie anscheinend auf dem Altar der ökologischen Nachhaltigkeit opfern, werden die Kräfte für eine neue, demokratische und nachhaltige Welt spalten. Für die progressive Menschheit wäre dies die Mutter aller verpassten Chancen.

(Aus dem Englischen von Britta Dutke)

Literatur

Heinrich-Böll-Stiftung: Das Johannesburg-Memo: Ökologie: Die neue Farbe der Gerechtigkeit, Memorandum zum Weltgipfel für nachhaltige Entwicklung [Heinrich-Böll-Stiftung, 2002]

Gandhi, Mahatma K.: Young India, 20-12-1928, zitiert nach: www.mkgandhi.org/momgbook/Chap49.html

Castro, Fidel: (1) »Speech by president Fidel Castro at 26 July Santiago de Cuba mass rally to mark 25th anniversary of the assault on Moncada Barracks«, http://lanic.utexas.edu; (2) »Speech by Cuban President Fidel Castro at inaugural session of Group of 77 ministerial meeting held at Havana's Palace of Conventions on 17 December 1979« http://lanic.utexas.edu

Vandana Shiva
Wege zu einer ökologisch gerechten Welt

Die allgegenwärtigen Konflikte um die beiden lebenswichtigen Ressourcen Wälder und Wasser zeigen eine grundlegende Struktur: Sie entstehen aus Eingriffen in die Natur, die eigentlich der Entwicklung dienen sollten, stattdessen aber primär die kommerzielle Ausbeutung von Ressourcen zum Ziel haben. Ressourcen bedienen daher nicht mehr die lebensnotwendigen Bedürfnisse von Menschen, sondern den Markt. Einerseits kommt es daher zu Konflikten zwischen Marktinteressen und dem Überleben von Menschen. Darüber hinaus ruft diese Entwicklung aber auch fundamentale ökologische Konflikte hervor. Ökologische Bewegungen greifen in diese Prozesse von Verfall und Zersetzung ein. Vereinzelt und lokal hat es sie schon immer gegeben, aber durch die »Entwicklungsideologie« haben sie sich weltweit ausgebreitet.

Von den Gemeinschaftsgütern zur Ware

Entwicklungsprojekte führen unvermeidlich dazu, dass das Recht auf natürliche Ressourcen erheblich anders wahrgenommen wird. Im Rahmen politischen Handelns führt Entwicklung zur Privatisierung von Ressourcen. Dieser Wandel von den Gemeinschaftsgütern zur Ware impliziert zweierlei. Zum einen nimmt er den politisch schwächeren Gruppen ihr Recht auf Leben, welches sie durch ihren Zugang zu Gemeinschaftsgütern besaßen. Zum anderen raubt er der Natur ihr Recht auf Selbstregeneration und Nachhaltigkeit, indem er soziale Traditionen vernichtet, die einen schonenden Umgang mit Ressourcen pflegen und die die Grundlage zur Pflege der Gemeinschaftsgüter bilden. In Ländern der Dritten Welt wurde die Umwandlung von natürlichen Ressourcen, das heißt von Gemeinschaftsgütern zu Waren, weitgehend durch den Staat vermittelt. Jedoch dienen vom Staat initiierte Entwicklungsmaßnahmen nicht notwendigerweise dem Gemeinwohl. Oft können diese Maßnahmen ein machtvolles Instrument der Privatisierung von Ressourcen sein.

So wurden die Wälder nach ihrer Umwandlung von dörflichen Gemeinschaftsgütern zu staatlich geschütztem Forst so gepflegt, dass sie den Interessen der privaten Zellstoff- und Papierindustrie dienten, indem sie billiges Rohmaterial zur Verfügung stellten. Ebenso zielt die Errichtung von Dämmen mit öffentlichen Geldern und durch staatliche Einrichtungen darauf, die Energie- und Wasserbedürfnisse der privaten Industrie zu befriedigen und den Wasserbedarf der Agrarindustrie sicherzustellen. Kredite von Banken des öffentlichen Sektors werden im Prinzip dazu verwendet, um den ökonomisch mächtigen Gruppen

Geld in den Rachen zu werfen. Konflikte um natürliche Ressourcen sind demnach Konflikte um Anrechte. Die meisten kritischen ökologischen Bewegungen fußen gleichzeitig auf der Notwendigkeit, die Natur zu schützen und die kollektiven Rechte der Menschen auf den Zugang zu Gemeinschaftsgütern zu stärken.

Die Zerstörung der Gemeinschaftsgüter war grundlegend für den Wandel natürlicher Ressourcen zum Rohmaterial der Industrie. Da lebenserhaltende Systeme nicht geteilt werden können, mussten die Gemeinschaftsgüter – in der kapitalistischen Logik – privatisiert werden. Damit mussten auch die Lebensgrundlagen der Menschen, die in diesen Gemeinschaftsgütern verankert waren, so angepasst werden, dass sie den Motor des industriellen Fortschritts und der Kapitalakkumulation antreiben konnten.

Gemeinschaftsgüter, die die Krone von England als Brache bezeichnete, lagen nicht wirklich brach. Es war fruchtbares Land, das viel allgemein verfügbares Weidegras für die dort lebenden bäuerlichen Gemeinschaften, Holz und Steine für Gebäude, Stroh für Dächer und Körbe, Holz für Brennstoff, wilde Tiere und Vögel, Fisch und Geflügel, Beeren und Nüsse als Nahrung bereitstellte. Dieses Land ernährte durch die Wahrung des Gemeinschaftsrechtes eine große Zahl an Bauern. Es gab auch den ärmeren und den landlosen Bauern Schutz und Unterschlupf, die von den überfüllten offenen Dörfern der Getreide anbauenden Gebiete übersiedelten. Doch zugleich war dieses Brachland der reichste Streifen unberührten Reichtums, den ein Grundbesitzer im 17. Jahrhundert auf seinem Grund zu finden hoffen konnte – ausgenommen Bodenschätze. Durch das Fällen von Bäumen, Austrocknen von Mooren, Düngen von unfruchtbaren Böden, das Einzäunen des kultivierten Bodens und das Verpachten großer Ländereien zu wettbewerbsfähigen Preisen konnten sich die Gutsherren neuen Reichtum erschließen. Dies kam nicht nur den Grundbesitzern zu Gute, sondern auch denen, die sich die Pacht leisten konnten. Jedoch geschah dies auf Kosten der Landlosen, der mittleren und kleinen Bauern, die durch den Verlust ihres Weidelandes und der Gemeinschaftsgüter verarmten, da die Lebensfähigkeit ihrer Bauernhöfe meistens davon abhing. Auch Industriearbeiter waren betroffen, als sie dieser Ressourcen beraubt wurden, denn die Gemeinschaftsgüter schützten sie davor, vollkommen von ihren Löhnen oder der Armenfürsorge abhängig zu sein. Dies führte zu einem massiven Konflikt zwischen Gutsherren und der Mehrheit der Bauernschaft in vielen Teilen des Landes um Anrechte und Anteile an den unterentwickelten Gemeinschaftsgütern und dem Brachland. Wer sollte diese kontrollieren und kultivieren – die Landbesitzer und Großbauern oder die Masse der Bauernschaft? Dies war die zentrale landwirtschaftliche Streitfrage in den 1630er und 1640er Jahren und während der Englischen Revolution.

Vandana Shiva: Ressourcenraub statt Entwicklung

Das Schicksal der Wälder war dem des Weidelandes vergleichbar. Die Krone besaß Wälder, während die Bauern gemeinsame Rechte auf die Nutzung des Waldes hatten. Mit dem zunehmenden Bedarf an Ressourcen für kapitalistisches Wachstum führte die Krone eine Politik der Abholzung ein. Dies führte dazu, dass die Bauern ihre Rechte verloren, während die Krone und die Gutsbesitzer ihr abgeholztes Land einzäunten und es in große Ländereien aufteilten, die sie zu wettbewerbsfähigen Preisen verpachteten. Das Abholzen und Einzäunen der forstlichen Gemeinschaftsgüter hatte den vielleicht größten Aufruhr in der Bevölkerung in den 35 Jahren vor Beginn des Bürgerkrieges zur Folge. In der Zeit zwischen 1628 und 1631 griffen große Menschenmassen die Umzäunungen an und rissen sie nieder. Große Teile Englands befanden sich in einem Zustand der Rebellion.

Dieser Prozess wiederholte sich mehr als zwei Jahrhunderte später in den Kolonien. In Indien wurde 1865 das erste indische Forstgesetz von der obersten gesetzgebenden Versammlung verabschiedet, welches die Regierung dazu bemächtigte, Wälder und Brachland (»Benab« oder unvermessenes Land) zu Waldreservaten zu erklären. Die Einführung dieses Gesetzes markiert den Beginn dessen, was man als die »wissenschaftliche Verwaltung« bezeichnet. Im

Prinzip formalisierte es die schleichende Zerstörung sowohl der Wälder als auch des Anrechtes der Bevölkerung vor Ort auf die Nutzung des Waldes.

Der Wandel von Gemeinschaftsrechten zu privaten Eigentumsrechten bringt den Ausschluss des Rechts auf Leben für große Teile der Gesellschaft mit sich. Ein grundlegendes Element indischer Philosophie ist seit jeher die Einsicht, dass unter den Bedingungen begrenzter Verfügbarkeit die unkontrollierte Ausbeutung natürlicher Ressourcen damit verknüpft ist, dass Ressourcen von denen genommen werden, die sie zum Leben brauchen. Eine umsichtige und maßvolle Nutzung von Ressourcen wurde schon immer als Grundlage für soziale Gerechtigkeit angesehen. Einem alten indischen Text, dem »Isopanishad«, zufolge ist ein selbstsüchtiger Mensch, der die natürlichen Ressourcen ausbeutet, um seine immer weiter wachsenden Bedürfnisse zu befriedigen, nichts anderes als ein Dieb. Denn der Gebrauch von Ressourcen über die eigenen Bedürfnisse hinaus führt dazu, dass man Ressourcen in Anspruch nimmt, über die andere das Recht haben zu verfügen. Diese Beziehung zwischen maßvoller Ressourcennutzung und sozialer Gerechtigkeit war auch das zentrale Element von Ghandis politischer Philosophie. Aus seiner Sicht »gibt die Erde für jeden genug zum Leben, aber nicht genug, um die Habgier mancher Menschen zu befriedigen«.

Die Chipko und Appiko, die Anti-Damm- und Anti-Dürre-Bewegungen, und der Kampf traditioneller Fischer sind verschiedene Äußerungen eines gegenwärtigen Verständnisses von Ökologie als Gerechtigkeit. Sie unterscheiden sich von früheren Bewegungen dadurch, dass sie nicht nur vor der potenziellen Bedrohung für das Überleben der Menschheit warnen, sondern dass sie aus der existenziellen Realität und der konkreten Lebensbedrohung erwachsen, die aus dem ungerechten und destruktiven Gebrauch von natürlichen Ressourcen entsteht. Sie unterscheiden sich von früheren Bewegungen dadurch, dass sie nicht nur der ausdrücklichen und formalen Enteignung von grundlegenden Rechten durch die Kolonialmächte die Stirn bieten, sondern auch der stillschweigenden und verborgenen Entrechtung, die aus dem privilegierten Gebrauch von Kapital und Technologie durch einige gesellschaftliche Gruppen resultiert. Finanzielle Investitionen und technologische Anstrengungen sind die beiden primären Instrumente, durch die das informelle Anrecht auf die Privatisierung von Gemeinschaftsgütern etabliert wird. Internationale Hilfe und Technologietransfer zur »Entwicklung« sind für die Umleitung von natürlichen Ressourcen von der Natur- und der Überlebensökonomie zur Marktökonomie zentral. Auf der einen Seite stellt sie die Privatisierung von Gemeinschaftsgütern sicher. Auf der anderen Seite trägt sie zur Globalisierung der Kontrolle über globale Ressourcen bei.

Von lokaler zur globaler Kontrolle

Entwicklung als eine Ideologie erlaubt den indirekten Eintritt einer globalen Herrschaft des Marktes. Sie schafft den Bedarf nach internationaler Hilfe und Auslandsschulden, die das Kapital für solche Entwicklungsprojekte bereitstellen, welche Ressourcen kommerzialisieren oder privatisieren. Lokale Ressourcen werden so nach und nach der Kontrolle lokaler Gemeinschaften und sogar nationaler Regierungen entzogen und in die Hände von internationalen Finanzinstitutionen gelegt. Die Bedingungen für den Kredit bestimmen die Art und Weise der Nutzung natürlicher Ressourcen. So sind Weltbankkredite zur Finanzierung von Forstprojekten an die Kultivierung von Eukalyptus gebunden, um hohe Ratenzahlungen bei der Tilgung der Kredite zu erzielen, obwohl Eukalyptusmonokulturen dem Boden wenig zurückgeben und den ärmeren Gruppen der Agrargesellschaft auf der Suche nach Futtermitteln und Nahrung keinen Nutzen bringen. Ebenso erzeugen die Ratenzahlungen für Investitionen in Bewässerungsprojekte einen Zwang zum Anbau von »cash crops« und damit zur Wasserverschwendung, obwohl dies entweder vollgesogenen Boden oder aride Wüste zurücklässt. Die Logik internationaler Finanzierungsinstrumente ist nicht verknüpft mit dem Naturgesetz der Rückerstattung, sondern mit den Zwängen der Bankwirtschaft, möglichst hohe Investitionsrenditen zu erwirtschaften. Der Druck, die Schulden zurückzuzahlen, konsolidiert die Globalisierung. Die totale Integration in die globale Marktökonomie marginalisiert also die Sorge um die Natur- und die Überlebensökonomie. In der daraus resultierenden Anarchie des Ressourcengebrauchs erfreuen sich die Enklaven ökonomischer Entwicklung mit ihrer elitären Minderheit eines unvergleichsmäßig hohen Zugangs zu Ressourcen. Das unsichtbare Hinterland der Unterentwicklung, die Heimat der schweigenden Mehrheit, wird dagegen dem schwindenden Zugang zu schrumpfenden Ressourcen überlassen.

Ökologische Bewegungen in Indien sind ein Ausdruck des Protestes gegen die Zerstörung der zwei lebenswichtigen Ökonomien, zum einen der Naturökonomie und zum anderen der Überlebensökonomie. Es überrascht nicht, dass diese Bewegungen den internationalen Kreditinstitutionen, deren Finanzmittel den Prozess der geld- und wachstumsorientierten ökonomischen Entwicklung auf Kosten der Ökologie und des Überlebens vorantreiben, sehr kritisch gegenüberstehen. So überrascht es auch nicht, dass diese internationalen Kreditinstitutionen und die Elite der Empfängerländer diese ökologischen Bewegungen als Blockierer und Fortschrittsfeinde wahrnehmen, weil sie sich dazu verpflichtet haben, die Umweltzerstörung zu verhindern und die Entwicklung zum Stillstand zu bringen, die einigen wenigen Fortschritt und viele in Not bringt. Der sprichwörtliche Kuchen schrumpft, während es in der eingeschränkten Perspektive der Marktökonomie kurzfristiges und nicht nachhaltiges Wachstum gibt. Einerseits werden Wasser und Biomasse wie Futtermittel und Öl immer knapper, und die Gefahr wächst, dass eine vorübergehende meteorologische Dürre zu einer großen und dauerhaften Desertifikation führt. Andererseits finden sich auf Stadtmärkten mehr abgefüllte Getränke, Milch und Milchprodukte, mehr Blumen und Gemüse für Stadt- und Exportmärkte.

Auf sich gestellt hätten die Entwicklungsprogramme der Dritten Welt bis heute die beiden lebenswichtigen Ökonomien, die Natur- und die Überlebensökonomie, verinnerlicht. Die großen internationalen Hilfsprojekte und Kredite stützen hingegen das klassische Modell einer wachstumsbasierten Entwicklung. Aus dieser Perspektive beurteilen ökologische Bewegungen die internationalen Kreditinstitutionen und ihre Hilfsprogramme sehr kritisch. In diesem Kontext wurde vor allem Kritik gegen Einrichtungen wie die Weltbank und ihre regionalen Gegenstücke laut. Es gibt drei wichtige Gründe, warum ökologische Bewegungen sehr kritisch gegen multilaterale Entwicklungsbanken (mulilateral development banks, MDB) eingestellt sind.

Erstens ist ein hoher Prozentsatz von Krediten dieser Banken für ökologisch sensible Bereiche wie Ackerbau, Forstwirtschaft, den Bau von Dämmen und die Bewässerungswirtschaft bestimmt. 1983 wurde die Hälfte der Projektkredite in Höhe von 22 Milliarden US-Dollar diesen Bereichen weltweit zugeführt. Obwohl diese Kredite nur einen kleinen Prozentsatz der gesamten Wirtschaftsinvestitionen ausmachen, haben sie doch einen sehr großen Einfluss auf das System natürlicher Ressourcen. Die Finanzierungsmethoden der Weltbank spielen im Allgemeinen die Rolle eines Katalysators bei der Entstehung von Konflikten um natürliche Ressourcen. Ob es die Forstwirtschaft, der Bau von Dämmen oder Bewässerungsprojekte sind, die Finanzierung der Weltbank hat den Rahmen geschaffen, natürliche Ressourcen nicht mehr zum Erhalt des ökologischen Gleichgewichts und der Bewahrung menschlichen Lebens zu verwenden, sondern zur Erwirtschaftung von kurzfristigen Profiten.

Zweitens: MDBs bestimmen die Entwicklungsmuster und den Ressourcengebrauch in Ländern der Dritten Welt ganz entscheidend. Das zeigt die Tatsache, dass die MDBs Regierungen brauchen, die Geld leihen, um zu beweisen, dass sie sich Projekten verschrieben haben, indem sie so genannte Counterpart-Fonds auflegen und ergänzende eigene Investitionen machen. Insbesondere die Weltbank hat durch ihre Länderprogramme, ihre Sektor-Politikanalysen und ihre Memoranden zur ökonomischen Situation einzelner Länder einen überwältigenden Einfluss auf die gesamte Entwicklungspolitik. Aber der größte Einfluss der MDBs liegt in der »strukturellen Anpassung« und ihrer Kreditausgabe in Sektoren, durch welche die Banken dauerhaften Einfluss auf die Wirtschaftspolitik nehmen und nicht nur auf einzelne Projekte einwirken. Die Stukturanpassungskredite der Weltbank schaffen langandauernde institutionelle

Veränderungen hin zur Privatisierung und der Annahme einer exportorientierten Wachstumstrategie, welche die Kontrollstrukturen über und den Gebrauch von natürlichen Ressourcen stark beeinflussen.

Der dritte Mechanismus, durch den die MDBs auf den Gebrauch der natürlichen Ressourcen einwirken, ist die Verbindung zwischen Auslandshilfe und Exportfinanzierung. Im Jahre 1978 bezeugte der stellvertretende US-Vize-Außenminister J. Johnston gegenüber dem US-Kongress, dass »jeder Dollar, den wir den MDBs zahlen, US-Firmen ungefähr drei Dollar einbringt«. Bushneil, stellvertretender Direktor für Entwicklungsländer des US-Finanzministeriums, erzählte am 16. März 1976 dem Unterausschuss für Auswärtige Angelegenheiten im Repräsentantenhaus: »Aus Sicht der Vereinigten Staaten ermutigen diese Banken Entwicklungsprojekte, die mit unserer eigenen Wirtschaft vereinbar sind. Sie unterstreichen die Rolle von Marktkräften in der wirkungsvollen Verteilung von Ressourcen und der Entwicklung von nach außen gerichteten Handelsökonomien. Unsere Beteiligung an internationalen Entwicklungsbanken wird zudem zu gesicherterem Zugang zu lebenswichtigen Rohstoffen und zu einem besseren Klima für US-Investitionen in Entwicklungsländern führen.«

Die massive Einmischung von internationalem Kapital in die ökonomische Entwicklung von Ländern der Dritten Welt verändert die Strategien zur Pflege der natürlichen Ressourcen auf drastische Weise. Rapides Wachstum von exportorientiertem Ressourcenverbrauch hat Länder in die Schuldenfalle geführt und dabei zunehmende ökologische Schäden verursacht. Der Zusammenhang zwischen Kreditaufnahme und wachsenden ökologischen Schäden kann am Beispiel des Sudan gezeigt werden: Vor ein paar Jahren entdeckten Institutionen wie die UN-Landwirtschaftsbehörde FAO im Sudan sehr großes landwirtschaftliches Potenzial für Exportweizen. Der Sudan hat seine Landwirtschaft mit viel geliehenem Geld »entwickelt«. Heute ist ein Kredit über 78 Millionen Dollar US-Hilfe und 213 Millionen Dollar Zinsen für den Sudan fällig, nachdem zehn Milliarden Dollar Auslandsschulden aufgeschoben werden konnten. Tausende von Afrikanern sterben, weil die Entwicklungshilfe zunächst ihre lebenswichtigen Grundlagen zerstört hat und die Rückzahlung der Schulden für diese Entwicklungshilfe sie zudem ihres Rechts auf Leben beraubt. Wenn die gesamte Wirtschaft tatsächlich zusammengebrochen ist, wird die ökologische Erholung Afrikas in weiter Ferne sein.

Es ist klar, dass Entwicklungshilfe notwendig ist, eine Entwicklungshilfe, die zu einem verbesserten Lebensstandard führt, statt ihn zu zerstören, die ökologische Stabilität und nicht Instabilität schaffen wird. Die Krise der Marktorientierung ökonomischer Entwicklungshilfe hat Reaktionen der lokalen Gemeinschaften und der ökologischen Bewegungen hervorgerufen. Der Beitrag der

Wer lange zuhört, muss auch schlafen – Bettenbörse bei McPlanet.com

internationalen Entwicklungshilfe und des Entwicklungskreditwesens zu der ökologischen Zerstörung der Lebensgrundlagen in der Dritten Welt hat die Plattform geschaffen für eine vereinte und weltweite Antwort der ökologischen Bewegungen im Norden wie im Süden.

Die weltweite Bewegung zur Rettung des Regenwaldes beispielsweise ist eine globale Allianz von Organisationen und Individuen, die sich um die Zerstörung der Wälder sorgen, und sie ist ein Versuch, diesen Prozess umzukehren. So stand sie dem acht Milliarden Dollar Tropical Forest Plan, einem Weltbankprogramm, das die Ausbreitung kommerzieller Forstnutzungsaktivitäten in Regenwaldregionen als einen Versuch darstellte, tropische Regenwälder »zu bewahren«, kritisch gegenüber. In der Markttheologie, die die Weltbank propagiert, ist die Kommerzialisierung der Forst- und Landnutzung das Ziel. Das wirtschaftliche Interesse zielt primär auf die Profitmaximierung auf dem Markt durch die Gewinnung von wirtschaftlich wertvollen Arten. Waldökosysteme werden dadurch auf Nutzholzminen von wirtschaftlich wertvollen Arten reduziert. Der Tropical Forest Action Plan, der auf Marktwirtschaft basiert, ist ein Plan zur zunehmenden Zerstörung tropischer Ökosysteme und der Verarmung lokaler Gemeinschaften.

In der Globalisierungslogik liegt die Zerstörung der Vielfalt und damit der ökologischen Stabilität, die das Ergebnis solcher Vielfalt ist, begründet. Nahrungskrisen und Hungersnöte leiten sich von der Globalisierung der Landwirtschaft durch die Grüne Revolution ab. Eine weitere Verschärfung der ökologischen Vernichtung tropischer Länder wird in der Zukunft der zweiten Grünen Revolution – der Globalisierung und totalen Kommerzialisierung der Waldnutzung inklusive ihres genetischen Erbes – entspringen. Erhaltung setzt die Bewahrung von Vielfalt voraus, und Vielfalt kann nur lokal bewahrt werden. Ein Aktionsplan zur Rettung der Regenwälder und der Regenwaldvölker kann nicht auf den Regeln des Marktes beruhen, sondern auf der Achtung der Natur und der Lebensbedürfnisse der Menschen. Er darf nicht auf einer Ideologie beruhen, die Bäume als »grünes Gold« ausbeutet und fällt, sondern auf einer Weltsicht, die sie als lebensunterstützende und schützenswerte Systeme wahrnimmt. Besonders muss er auf den Traditionen der Völker errichtet sein, die den Schutz der Natur und der lokalen Gemeinschaften sicherstellen und diesen nicht erlauben, zu Opfern der globalen Märkte und Pläne zu werden.

Ökologische Erholung kann nicht auf zentralisierter und globalisierter Kontrolle über Ressourcen gegründet sein. Sie muss auf der dezentralisierten Logik von Ghandis »immer weiter werdenden, niemals sich in Höhen versteigenden« Kreisen beruhen: »Leben wird keine Pyramide sein, die mit der Spitze auf dem Boden steht. Sondern es wird ein ozeanischer Kreis sein, dessen Zentrum das Individuum sein wird, immer bereit, für das Dorf zu sterben. Das Dorf ist wiederum bereit, für die Gruppe von Dörfern zu vergehen, bis schließlich alles ein einziges Lebendiges sein wird, das aus Individuen besteht, die niemals in aggressiver Arroganz verharren, sondern immer demütig sind, indem sie teilhaben an der Majestät des ozeanischen Kreises, deren integrale Bestandteile sie sind. Demnach wird der äußerste Umkreis nicht die Macht ausüben, den inneren Kreis zu zerstören, sondern wird allen in diesem Kreis Kraft geben und wird seine eigene Kraft vom inneren Kreis bekommen.«

(Aus dem Englischen von Peter Lysy)

Helena Norberg-Hodge

Den Traum von der Entwicklung platzen lassen

Die Sprache der Globalisierung enthält implizit die Vorstellung, die ganze Welt sollte letztlich auf den Lebensstandard des industrialisierten Westens gehoben werden. Das Gleiche gilt für herkömmliche Entwicklung, ein entscheidendes Rad im Gesamtgetriebe der Weltwirtschaft. Für beide ist der amerikanische Traum der Prüfstein, das Ziel, der offenkundige Schlusspunkt.

Abgesehen von der Frage, ob das westliche Leben eines solchen Nacheiferns wert ist, liegt in dieser Vorstellung ein Fehler, ja ein Betrug. Tatsache ist, dass der Verbrauch der Industrieländer an wichtigen Ressourcen es den weniger entwickelten Ländern unmöglich macht, in ihre Fußstapfen zu treten. Wenn ein Drittel der Weltbevölkerung zwei Drittel der weltweiten Ressourcen verbraucht und sich dann umdreht und den anderen sagt, sie sollten es ihnen gleichtun, ist das praktisch nichts geringeres als ein Schwindel.

Tatsächlich ist herkömmliche Entwicklung wenig mehr als ein Euphemismus für Ausbeutung, ein neuer Kolonialismus. Was sie bewirkt, ist, dass Menschen eine sichere Existenz hinter sich lassen und stattdessen einer Illusion nachjagen. Sie fallen dann in der Mehrzahl auf die Nase, materiell verarmt und psychologisch desorientiert. Jedes Jahr zieht es Millionen von Menschen von ihrem Land und aus ihrer lokalen Wirtschaft fort – oft eine nichtmonetäre Wirtschaft, innerhalb derer sie ihre Lebensmittel und Bekleidung selbst produzieren, ihre eigene Behausung bauen können – in städtische Slums, wo sie im Schatten eines urbanen Traums leben, der nie verwirklicht werden kann.

Von Ladakh lernen

Die verheerenden Auswirkungen herkömmlicher Entwicklung wurden mir ab 1975 klar, als ich zum ersten Mal Ladakh, oder »Klein Tibet«, besuchte, eine abgelegene Gegend im westlichen Himalaja. Bis dahin hatte ich nirgends so emotional gesunde und selbstsichere Menschen kennen gelernt wie in Ladakh. Konflikte waren äußerst selten, Armut existierte nicht. In Leh, der Hauptstadt, war die Luft frisch und rein und Kühe waren die wahrscheinlichste Ursache für Stau. In einer Entfernung von fünf Gehminuten in jeder Richtung vom Stadtzentrum lagen Gerstenfelder und große Bauernhöfe. Hier existierte eine Kultur, die vollkommen auf die Bedürfnisse der Menschen und der Umwelt abgestimmt war.

In den folgenden 20 Jahren jedoch sah ich Lehs Verwandlung in ein verschmutztes, wildwucherndes Stadtgebiet. Jetzt waren die Straßen vom Verkehr verstopft und die Luft stank nach Dieselabgasen. »Wohnkolonien« in Form von seelenlosen Betonklötzen breiteten sich in die staubige Wüste aus. Das Wasser der einstmals kristallklaren Bäche wurde ungenießbar. Zum ersten Mal gab es Obdachlose. Innerhalb weniger Jahre kam es zu Arbeitslosigkeit, Armut und Reibereien zwischen den verschiedenen Bevölkerungsgruppen. Mindestens 500 Jahre lang hatte es nichts dergleichen in Ladakh gegeben.

Grundlegend für diese negativen Veränderungen war der Wandel von einer Wirtschaft, die auf lokalen Ressourcen und lokalem Wissen basierte, hin zu einer globalen Wirtschaft auf der Basis von Kapital und Technologie von außen. Der lokale Markt wurde mit ausländischen Gütern aller Art überflutet, darunter subventionierte Lebensmittel, die die örtliche Produktion »unökonomisch« erscheinen ließen. In der neuen Wirtschaft waren Arbeitsplätze, Gesundheitsfürsorge und Ausbildungsmöglichkeiten in der Hauptstadt zentralisiert. Die Kinder wurden für die Arbeit im modernen Sektor ausgebildet, doch diese Jobs waren extrem knapp und die Konkurrenz griff um sich.

Mit diesen ökonomischen Veränderungen ging ein ebenso schädlicher psychologischer Druck einher. Die Medien und Werbebilder vom scheinbar unendlichen Wohlstand und Freizeitvergnügen der Konsumkultur, verstärkt durch flüchtige Blicke auf westliche Touristen, brachten Ladakhis dazu, ihre eigene Kultur als rückständig und minderwertig anzusehen. Diese Kombination aus ökonomischem und psychologischem Druck führte zu sprunghaft steigenden Spannungen zwischen Buddhisten, Moslems und Christen, die 1989 in gewaltsamen Konflikten kulminierten.

Bald wurde offensichtlich, dass das, was ich in Ladakh beobachtete, mit Kulturen überall auf der Welt geschehen war; nur weil die Veränderungen in Ladakh so schnell vor sich gingen – im Laufe mehrerer Jahrzehnte statt Jahrhunderte – waren ihre Ursachen so klar.

Money, Money, Money

Die Situation in Ladakh illustriert anschaulich, wie fragwürdig eine allein finanzielle Definition menschlichen Wohlergehens ist. Im Vergleich zu einem Großteil des Südens war der Lebensstandard in Ladakh vor der Entwicklung tatsächlich recht hoch. Die Menschen sorgten selbst für die Deckung ihrer Grundbedürfnisse, sie machten wunderschöne Kunst und Musik und hatten viel mehr Zeit für Familie, Freunde und Freizeit als die meisten Menschen im Westen. Doch nach konventionellen Maßstäben hätte man Ladakh als eine der ärmsten Regionen der Welt bezeichnet, einfach weil sein Bruttoinlandsprodukt (BIP) praktisch null war. Als Indikator für Wohlstand macht das BIP keinen Unterschied zwischen Obdachlosen auf den New Yorker Straßen von und wohlgenährten Bauern Ladakhs, die Land, ein schönes Zuhause und viele Tiere haben. Es mag in beiden Fällen kein Einkommen geben, doch die Wirklichkeit hinter den Statistiken unterscheidet sich wie Tag und Nacht.

Helena Norberg-Hodge: Betrug vom amerikanischen Traum

Ob in abgelegenen Subsistenzwirtschaften oder im Herzen der industrialisierten Welt, die Verwendung des BIP als Hauptmaßstab für sozialen Wohlstand ist offensichtlich problematisch. Wie die Dinge liegen, steigt das BIP jedes Mal, wenn Geld den Besitzer wechselt – ob beim Verkauf von Tomaten oder bei einem Autounfall – und wir betrachten uns als reicher. Das ist einer der Gründe dafür, trotz der negativen Auswirkungen auf die Umwelt oder das soziale Leben eine Politik zu betreiben, die das BIP steigen lässt. Die Bilanz einer Nation sieht beispielsweise besser aus, wenn all ihre Wälder gerade umgemäht worden sind, denn das Fällen von Bäumen bringt Geld. Und wenn die Verbrechensrate steigt und die Menschen mehr Vorhängeschlösser und Alarmanlagen kaufen, wenn wir die Kranken und Alten in teure Betreuungsinstitutionen stecken, wenn wir uns Hilfe holen bei emotionalen und stressbedingten Problemen, wenn wir Wasser in Flaschen kaufen, weil unser Trinkwasser so verschmutzt ist, so trägt all das zum BIP bei und wird als Zeichen wirtschaftlicher Gesundheit interpretiert.

Diese eindimensionale Sicht auf Fortschritt, die von Volkswirtschaftlern und Entwicklungsexperten weit und breit favorisiert wird, hat dazu beigetragen, die negativen Auswirkungen wirtschaftlichen Wachstums zu kaschieren. Überdies hat sie uns für den Wert lokaler Subsistenzwirtschaften blind gemacht. Das führte zu einem schwerwiegenden Missverständnis der Situation der Mehrheit der heute auf der Erde lebenden Menschen – der Millionen im ländlichen Süden – und verschleierte die Tatsache, dass Entwicklungsprogramme, weit davon entfernt, diesen Menschen zu nützen, in vielen Fällen nur dazu gedient haben, ihren Lebensstandard zu senken.

Vom Lokalen zum Globalen

Die Betonung der Geldwirtschaft bedeutet, dass man Bauern, die ein breites Spektrum von Feldfrüchten anbauen und ein paar Tiere halten, um sich zu versorgen – entweder direkt oder durch die lokale Wirtschaft – dazu ermuntert, eine einzige Cash Crop, eine geldbringende Feldfrucht, für ferne Märkte anzubauen. Dadurch macht man sie abhängig von außerhalb ihrer Kontrolle liegenden Kräften – riesigen Transportnetzwerken, Ölpreisen, den Schwankungen des internationalen Finanzwesens, sogar »Essensfimmeln« in reichen Ländern. Im Lauf der Zeit zwingt die Inflation sie dazu, immer mehr zu produzieren, allein um ihr Einkommen zu sichern, das sie jetzt brauchen, um zu kaufen, was sie früher selbst angebaut haben. Die Produzenten, deren Erträge zum Überleben nicht ausreichen, werden ganz von ihrem Land vertrieben.

Doch da selbst der spärlichste Verdienst in der Geldwirtschaft als Verbesserung angesehen wird, erscheinen der Anbau von Cash Crops und der sich daraus ergebende Anstieg in Handel und Transport als etwas eindeutig Gutes: als Einkommen. In Wirklichkeit *schafft* konventionelle Entwicklung oft Armut, wenn die Landbevölkerung vom Land weg in städtische Slums gelockt und in ein ökonomisches System eingebunden wird, das Ressourcen aus der Peripherie heraus ins Zentrum pumpt – aus der nichtindustrialisierten in die industrialisierte Welt, aus dem Land in die Stadt, von den Armen zu den Reichen.

Um diesen Prozess voranzutreiben, fließt Entwicklungsgeld reichlich in groß angelegte Projekte, die darauf abzielen, Börsengeschäfte zu steigern. Ohne öffentliche Debatte werden Milliarden von Dollars für den Bau von Straßen, Dämmen und Düngemittelfabriken ausgeschüttet, die alle dazu dienen, Abhängigkeiten von zentralisierten Systemen zu schaffen. Atomreaktoren und große Dämme werden stark subventioniert, während Technologien im kleinen Maßstab, die auf erneuerbaren Energien basieren, von keiner großen Hilfsorganisation nennenswerte Unterstützung erhalten. Einer der größten Skandale der Entwicklung ist, dass es trotz gewaltigen Potenzials keinem einzigen Entwicklungsland gelungen ist, sich mehr als nur pro forma für die klein angelegte dezentralisierte Nutzung von Solarenergie einzusetzen.

Dieselben Mächte, die Bauern von ihrem Land verdrängen, versuchen, sie durch die immer kapital- und energieintensiveren Methoden der industriellen Landwirtschaft zu ersetzen. Dabei geht man davon aus, dass der Wandel vom Landbau zur Land-Wirtschaft die Erträge steigert und dass gesteigerte Erträge notwendig sind, um die wachsende Weltbevölkerung zu ernähren. Industrielle

Landwirtschaft ist jedoch erwiesenermaßen nicht nachhaltig. Ihre Düngemittel und Pestizide verschmutzen das Wasser und zerstören den Boden, und nach einem anfänglichen Anstieg fallen die Erträge gewöhnlich. Außerdem macht die Monokultur die Früchte sehr anfällig für Schädlingsbefall, und chemische Pestizide stören natürliche Systeme der Schädlingskontrolle. So berichten auch Bauern in Ladakh, die man zum Gebrauch von Pestiziden überredet hat, von einem merklichen Anstieg von Schädlingen! Selbst in den USA sind die Verluste aufgrund von Schädlingen seit der Einführung von Pestiziden um 20% angestiegen.

Gleichzeitig eliminiert die industrielle Landwirtschaft die breite Palette des in bestimmten Umgebungen heimischen Saatguts und ersetzt sie durch standardisierte Sorten. Insbesondere dem Süden wird Saatgut gestohlen, und transnationale Agrarwirtschaftsunternehmen verwenden die genetische Information – die Jahrtausende der Anpassung an örtliche Bedingungen repräsentiert – um neue Kreuzungen und durch Gentechnologie geschaffene Sorten zu schaffen. Diese werden dann an Drittwelt-Bauern zurückverkauft, zusammen mit den chemischen Düngemitteln und Pestiziden, die die neuen Sorten benötigen. Zurückbehaltenes Saatgut dieser Sorten zeigt gewöhnlich nicht die gewünschten Eigenschaften, und Bauern werden in einen Kreislauf der Abhängigkeit gezwungen: Neues Saatgut sowie chemische Zusätze müssen jedes Jahr von den Gesellschaften gekauft werden, die sie besitzen.

Je mehr die Logik der industriellen Landwirtschaft in den Blick gerät, desto finsterer sieht sie aus. Mit der Revolution der Biotechnologie sehen wir uns einer wissenschaftlichen Manipulation im großen Stil gegenüber, die Produkte ohne Verbindung zu lebendigen lokalen Ökosystemen hervorbringt. Die Natur wird angepasst, um den Bedürfnissen der Industrie gerecht zu werden, und das Ergebnis ist eine noch weitergehende Standardisierung und Gleichförmigkeit. Die Nahrungsmittelversorgung der Welt wird immer anfälliger, da diese Technologien die Vielfalt untergraben und das Netz biologischer Interdependenzen auflösen.

Nicht dass wissenschaftliche Untersuchungen nicht ihren Platz hätten oder Technologie nicht nützlich sein könnte, doch Tatsache ist, dass beide mit den engen Zielen von kurzfristigen Profiten und Zweckdenken verknüpft wurden und man ihnen ungerechtfertigten Einfluss auf die Formung unserer Gesellschaft eingeräumt hat. Wir sind in Gefahr, Ethik und Werte vollkommen aus dem Blick zu verlieren.

Den Schwindel aufrechterhalten

Die Begriffe »Entwicklung«, »Modernisierung«, »Verwestlichung« und »Globalisierung« spiegeln alle dasselbe Phänomen wider – die Interaktion eines engen ökonomischen Paradigmas mit andauernden wissenschaftlichen und technologischen Innovationen. Dieser Prozess ist aus vielen Jahrhunderten europäischen Kolonialismus und industrieller Expansion erwachsen, die unsere vielfältige Welt zu einem immer stärker homogenisierten System umgeformt haben – einem, das dominiert wird von den Interessen der einflussreichen Industrienationen, von multinationalen Unternehmen und den Eliten der Dritten Welt.

Wenn Entwicklung ein Schwindel ist, wie wird er aufrechterhalten? Es ist verständlich, dass herkömmliche Entwicklung Menschen wie den Ladakhis attraktiv erscheint, denn ihnen wird sie als etwas präsentiert, das ohne sichtbare Kosten enorme Gewinne verspricht. Ladakhis können nicht wissen, dass beispielsweise ihr Verhältnis zu ihren Großeltern sich ändern wird, weil sie mehr Geld oder ein Auto besitzen. Aber wie kommt es, dass wir anderen, die wir die Auswirkungen der Entwicklung überall auf der Welt gesehen haben, weiterhin den Mythos befördern, jeder könne den amerikanischen Traum leben? Zumindest bis zu einem gewissen Grad lässt sich die Antwort in persönlichen Interessen finden. Ein vorrangiges Ziel der Industrienationen ist es, einen Markt für ihre eigenen Sachkenntnisse und Produkte zu schaffen, während Mitglieder der Drittwelt-Eliten routinemäßig Entwicklungsgelder »absahnen«.

Aber es steckt noch mehr dahinter. Schließlich liegt die Entwicklung nicht ausschließlich in den Händen von Menschen mit engen, selbstsüchtigen Motiven: Viele professionelle Entwicklungshelfer würden aufrichtig gerne eine gerechtere und ökologischere Art der Entwicklung sehen. Und doch ist die Tendenz der Entwicklung heute im Wesentlichen die, die sie schon immer war. Zwar sind die Begriffe *Selbsthilfe*, *Selbständigkeit* und *Nachhaltigkeit* in Mode gekommen, doch Abhängigkeit und Schulden steigen sprunghaft an und das Geld wird weiterhin vorrangig in groß angelegte Projekte investiert, die sich zerstörerisch auf Gesellschaft und Umwelt auswirken.

Man kann sich an die Illusion der Entwicklung klammern, solange man die Tatsache ignoriert, dass natürliche Ressourcen begrenzt sind. Über dieses Thema debattieren Volkswirtschaftler und Umweltschützer schon seit langem. Wirtschaftsfachleute und Technologieoptimisten gehen davon aus, dass uns Erfindungen den Weg aus jeglichem Mangel an Ressourcen ebnen werden, dass die Wissenschaft irgendwie die Gaben der Erde ins Unendliche strecken wird. Wer so denkt, leugnet die Tatsache, dass die natürliche Welt – darunter auch die Fähigkeit der Biosphäre, die Abfälle industrieller Fertigungsprozesse aufzunehmen – Grenzen hat, deren Verschiebung nicht in unserer Macht liegt. Doch der Glaube an die alles übersteigende Macht von Wirtschaftswachstum und

Technologie ist zweckmäßig, umgeht er doch die Notwendigkeit einer Umverteilung des Wohlstands. Wenn man glaubt, es wird ständig immer mehr im Umlauf sein, ist keine Veränderung der Weltwirtschaft nötig: die Völker des Südens müssen nur »ausgebildet« werden und auf den Weltmarkt treten, um eines Tages genau so zu leben wie ihre großen Brüder in den Industrienationen.

Dieser Denkweise zufolge sind Armut und Überbevölkerung die Hauptprobleme der Welt von heute und wirtschaftliche Entwicklung ist die Lösung. In Wahrheit jedoch sind diese Probleme zwar grundlegend und schwerwiegend, aber in hohem Maße die *Produkte* herkömmlicher Entwicklung. Die Urbanisation und Industrialisierung, die diese Entwicklung fördert, zusammen mit der sich daraus ergebenden Vernachlässigung des Landbaus und der ländlichen Wirtschaft, haben im großen und nie da gewesenen Maßstab Elend hervorgebracht. Meine Erfahrung in Ladakh lässt vermuten, dass zwar eine Reihe von wirtschaftlichen und psychologischen Stressfaktoren Auswirkungen auf das Bevölkerungswachstum haben, die Störung des direkten Verhältnisses der Menschen zu lokalen Ressourcen jedoch die Hauptursache ist. Tatsächlich gestehen Demografen ein, dass das Bevölkerungsniveau nach dem Kontakt mit der modernen Welt in die Höhe schießt.

An der Hauptsache vorbeigehen

Um sich greifende Umweltprobleme sowie wachsende Verschuldung und Hunger in der Dritten Welt sollten als Indikatoren dafür betrachtet werden, dass das momentane Entwicklungsmodell problematisch ist. In den letzten Jahren gab es denn auch eine intensive Debatte zu diesem Thema, aber sie geht nicht weit genug. Fast auf jeder Ebene, von multilateralen Behörden bis hinunter zu kleinen Organisationen an der Basis, spricht man von einem großen Wandel der Politik hin zu mehr ökologischen und nachhaltigen Projekten. Aber weil Entwicklung nicht als der breite systemische Prozess verstanden wird, der sie ist, werden viele ihrer zerstörerischen Folgen weiterhin als »Nebenwirkungen« abgetan oder irgendwie dem natürlichen Stand der Dinge zugeschrieben. Nur ein kleiner Teil der Literatur zur nachhaltigen Entwicklung nimmt direkt die zugrunde liegenden Ursachen für soziale und ökologische Zerstörung in Angriff.

Selbst kleine, idealistische Organisationen neigen dazu, statt der Diversifikation vor Ort und echter Selbständigkeit eine Politik zu unterstützen, die mehr und mehr Menschen in Abhängigkeit von der Weltwirtschaft bringt. Heute vertreten viele dieser Gruppen den Standpunkt, um die Armut abzuschaffen, müsste man einfach nur die westlichen Märkte für Güter aus dem Süden weiter öffnen. Und, ebenso wichtig, die Mehrheit unterstützt immer noch aktiv ein Bildungssystem, das die Menschen zu verwestlichten städtischen Konsumenten ausbildet, die vollkommen abhängig von der Weltwirtschaft sind. Wenig Aufmerksamkeit wird dem lokalen Wissen geschenkt, das die Menschen in die Lage versetzen würde, lokale Ressourcen innerhalb selbständigerer lokaler Wirtschaftssysteme optimal zu nutzen.

Sogar die Gruppen, die mit Technologie im kleinen Maßstab auf der Basis erneuerbarer Energien arbeiten, lassen häufig durchblicken, dass dies nur für die arme Landbevölkerung eine Option ist und dass die »echte«, stark subventionierte Entwicklung parallel weitergehen muss. Der größte Teil der Literatur zur angemessenen Technologie, in der typischerweise Menschen zu sehen sind, die neben ein paar rostigen Metallteilen kauern, lässt diese Haltung erkennen. Darüber hinaus preist die große Mehrheit der Projekte zur angemessenen Technologie die Technologie isoliert an, ohne ihren weiteren wirtschaftlichen und kulturellen Kontext zu berücksichtigen. Unter diesen Umständen ist angemessene Technologie zum Scheitern verurteilt. Doch bis sie richtig wieder eingeführt wird, gibt es keine Hoffnung auf die Erhaltung ökologischer und kultureller Vielfalt. Stattdessen wird der nie endende Kreislauf aus Schulden und Abhängigkeit weiter anhalten, während Entwicklungsländer miteinander um Devisen konkurrieren, um hochentwickelte »effiziente« Technologie zu erwerben.

Von der Monokultur zur Vielfalt

Aus einer eurozentristischen Wissenschaft geboren und durchgeführt von Menschen aus dem Westen und verwestlichten Eliten ist Entwicklung eine Schlüsselmethode, durch die Globalisierung die vielfältigen Kulturen der Welt auf eine einzige Monokultur reduziert. Wie die Globalisierung selbst beruht sie auf der Annahme, dass Bedürfnisse überall gleich sind, dass alle die gleichen Lebensmittel essen, in der gleichen Art Haus leben, die gleiche Kleidung tragen sollten. Was zur Folge hat, dass die gleichen Betongebäude, die gleichen Spielsachen, die gleichen Filme und Fernsehprogramme ihren Weg in die abgelegensten Ecken der Welt finden. Sogar die Sprache wird homogenisiert, denn es ist notwendig, Englisch zu lernen, um Teil der modernen Welt zu sein.

Die Weltwirtschaft wird von dem unablässigen Drang zu weiterer Ausbeutung von Ressourcen, mehr technologischer Innovation, mehr Märkten, mehr Profiten angetrieben. Wirtschaftlicher und psychologischer Druck treibt die Menschen in den Entwicklungsländern ebenso wie den Industrienationen der Welt zu einem blinden Konsumdenken. Das Motto ist »wirtschaftliches Wachstum zum Besten des Menschen«. Die Werbung und die Medien sagen den Menschen, was sie tun sollen – ja, sie sagen ihnen, was sie *sein* sollen: modern, zivilisiert und reich.

Wir müssen uns dringend auf ein anderes Entwicklungsmodell verlagern – auf eines, das auf dem Respekt für kulturelle Vielfalt, dem Erhalt natürlicher

Wissenstransfer von Süd nach Nord: Lernen von Ladakh

Ressourcen und der Stärkung lokaler Wirtschaft beruht. Beispiele für positivere Formen der Entwicklung existieren bereits reichhaltig rund um den Globus. In Ladakh arbeitet die International Society for Ecology and Culture (ISEC) daran, den Entwicklungsmythen etwas entgegenzusetzen, die Selbständigkeit wieder aufzubauen und die kulturelle Integrität zu erhalten. Unsere Projekte beruhen auf internationaler Zusammenarbeit – was auch Informationsaustausch einschließt, der den Ladakhis hilft, den Wert ihrer eigenen Kultur zu erkennen, den Menschen aus dem Westen hilft, den Preis der globalen Monokultur zu sehen und beiden hilft, Alternativen zu erkennen, die zu einer gerechteren und nachhaltigeren Welt führen. In den letzten Jahren wurde ich Zeugin äußerst positiver Resultate aus diesem Ansatz und ich bin überzeugt, würden diese Techniken im globalen Maßstab angewandt, könnten wir uns alle auf eine friedlichere und blühendere Zukunft freuen.

(Aus dem Englischen von Britta Dutke)

Eine andere (Um-)Welt ist möglich

Michael Moore hat es doch nicht nach Berlin geschafft, dafür wird er von der BUND-Vorsitzenden Angelika Zahrnt zitiert: »Shame on you, Mister Bush«, ruft Zahrnt unter dem Applaus der rund 1.500 Kongressteilnehmer aus. Es sei eine Unverforenheit, wie Bush die Armen in der Welt instrumentalisiere, um letztlich nur die Interessen der Konzerne in seinem Land durchzusetzen.

Zum Abschluss des Kongresses schauen alle Redner sowohl zurück als auch nach vorne. Die unterschiedlichen Bewegungen bräuchten viel mehr politische Orte wie McPlanet.com, auf denen kontrovers über Strategien debattiert werden könne, sagt die Vorsitzende der Heinrich-Böll-Stiftung, Barbara Unmüßig. Ökos, Attacies und Dritte-Welt-Bewegung hätten zusammengefunden. Und das sei notwendiger denn je, nur in breiten Bündnissen werde es möglich sein, einen politischen und gesellschaftlichen Wechsel herbeizuführen.

Einen langen Atem dabei mahnt Sven Giegold von Attac an. Andererseits beweise die Geschichte: Große gesellschaftliche Änderungen seien stets von sozialen Bewegungen bewirkt worden. Dabei solle man vor der eigenen Haustür beginnen: Aufgabe sei es etwa, für ein soziales und ökologisches Europa zu streiten – und sich gegen die geplante Militarisierung zur Wehr zu setzen.

Silvia Ribeiro lenkt den Blick zum Abschluss nach Cancùn. Die Wissenschaftlerin arbeitet für die mexikanische etc.-Group und ruft zu breiten Aktionen während der WTO-Ministerkonferenz im September 2003 auf. Es müsse verhindert werden, so Ribeiro, dass sich die Macht der WTO weiter ausdehne. Eine undemokratische und gestärkte WTO werde dazu führen, dass mit Handelsargumenten alle anderen Belange wie der Umweltschutz endgültig marginalisiert würden. Es sei gemeinsame Aufgabe von Umweltschützern und Globalisierungskritikern, eine solch gefährliche Entwicklung zu verhindern.

Marc Engelhardt

Barbara Unmüßig

Ein Kongress zeigt den Weg in die richtige Richtung

Nie zuvor haben sich die globalisierungskritische und die Umweltbewegung in dieser Intensität ausgetauscht wie auf dem Kongress McPlanet.com. Das bestätigt einmal mehr, dass NGOs und soziale Bewegungen eigene soziale und politische Orte für den Wissensaustausch, die kontroverse Debatte und die Strategiebildung brauchen. Zu oft ziehen sie den Karawanen der UN-Konferenzen, der Weltbank- und WTO-Tagungen hinterher und lassen sich ihren eigenen Zeitplan von deren Tagesordnungen vorschreiben.

Sicher, wir brauchen spezialisiertes Wissen. Sonst hätte McPlanet.com den Wissenshunger nicht bedienen können. Sonst könnten NGOs und Bewegungen keine ernst zu nehmende Medien- und Lobbyarbeit machen. Doch ab und an müssen wir uns Zeit nehmen, den Kopf zu lüften und den Blick auf das politisch Ganze zu richten. Denn Globalisierungsprozesse sind komplex und multidimensional. Wer sich mit ihnen beschäftigt, wer sie politisch beeinflussen will, braucht viel Wissen über die ökonomischen, sozialen, kulturellen und ökologischen Zusammenhänge, über die gesellschaftspolitischen Kontexte und über die Interessen- und Machtgefüge zwischen Regierungen und ihren Institutionen. Mit dem Weltsozialforum im brasilianischen Porto Alegre hat die globalisierungskritische Bewegung bereits vor Jahren begonnen, sich unabhängig von den Themen der offiziellen Institutionen und deren Regierungen zu machen. Sie begann, eigene Fragen zu stellen und nach Antworten für eine soziale und ökologisch gerechte Zukunft zu suchen. McPlanet.com hatte teilweise den Charakter eines deutschen Sozialforums.

McPlanet.com war überfällig. Denn die »junge« globalisierungskritische Bewegung und die schon etwas »ältere« Umweltbewegung gehören zusammen. Sie haben eine gemeinsame normative Bezugsgröße – die »Gerechtigkeit«. Die politische Kernfrage beider »Bewegungen« lautet: Wie lassen sich Entwicklungsprozesse politisch so gestalten, dass sie nicht große Teile der Bevölkerung ausschließen und nicht den Ressourcen verschwendenden Produktions- und Lebensstil des Nordens fortführen?

Differenzen gibt es also weniger in der normativen Orientierung. Umstritten sind vielmehr die Instrumente und Wege für »Eine andere Welt«. So hat sich beispielsweise Attac Deutschland im September 2002 kaum oder gar nicht für den UN-Weltgipfel für Nachhaltige Entwicklung in Johannesburg interessiert. Die deutschen und internationalen Umwelt-NGOs sind hingegen nach Johannesburg gefahren. Dort haben sie die Weltöffentlichkeit genutzt, um auf ihre

Applaus zum Abschluss: »McPlanet.com war überfällig«

politischen Anliegen aufmerksam zu machen und den offiziellen Verhandlungsprozess zu beeinflussen.

Mehr denn je braucht der Kampf um soziale und ökologische Gerechtigkeit starke gesellschaftliche Bündnisse, neue Kooperationsformen, viele soziale Unterstützerinnen und Unterstützer. Es ist deshalb mehr als bedauerlich und selbstkritisch anzumerken, dass der TrägerInnenkreis von McPlanet.com kaum oder viel zu wenig die Geschlechterperspektive in die Programmgestaltung einbezogen hat. Das sollten wir uns in Zukunft nicht mehr leisten. Denn nur gemeinsam und mit den verschiedensten NGOs, alten und neuen sozialen Bewegungen lässt sich der Reformdruck auf Regierungen für eine weltweite ökologische und soziale Gestaltung der Globalisierung erhöhen.

Es stimmt, dass besonders transnationale Unternehmen und der technologische Fortschritt die jüngste Globalisierungswelle der letzten 20 bis 30 Jahre ausgelöst und vorangetrieben haben. Für ihre Expansionsstrategie brauchen die Konzerne aber die Unterstützung der Politik. Denn sie setzt die (weltweiten) Regeln und bestimmt die Instrumente, die etwa die Liberalisierung der US-amerikanischen und europäischen Außenwirtschaftspolitik beschleunigt haben. Vor allem die nördlichen Industrieländer sind es, die diesen umfassenden politischen Prozess gestalten. In den internationalen Institutionen, dem Internationalen Währungsfonds, der Weltbank und der WTO spiegelt sich die formale und informelle Machtasymmetrie zwischen Nord und Süd wider. So ist beispielsweise zu erklären, warum die USA und die EU noch immer handelsverzerrende Subventionen für Agrargüter sowie hohe Zölle auf Zucker, Textilien und Stahl aufrecht erhalten – trotz aller Beschwörungen des freien und ungehinderten Welthandels. Maßnahmen, die nicht in das ökonomische Kalkül der Industrieländer passen, setzen sich in diesem System nicht durch.

Doch die Zeiten des »Hurra-Globalismus« scheinen vorbei zu sein. Es ist das Verdienst der weltweiten sozialen Bewegungen, der NGOs, der Frauenorganisationen und der Gewerkschaften, den Mythos der Globalisierung – durch Freihandel überall auf der Welt Wohlstand zu schaffen – ins Wanken gebracht zu haben. Aber die Leitbilder der Globalisierung – die Kommerzialisierung und Privatisierung öffentlicher Güter und elementarer Daseinvorsorge leben weiter. Die Freihandelslogik wird noch immer den Gesellschaften und Ökonomien des globalen Südens verordnet. Standort- und Wettbewerbsinteressen bestimmen mehr und mehr die politischen Entscheidungen auf lokaler, regionaler und internationaler Ebene. In dieser Situation reicht der politische Wille und ein starkes normatives Verständnis allein nicht aus. Um dem deregulierten Kapitalismus soziale und ökologische Fesseln anzulegen, um Machtasymmetrien und neoliberale Paradigmen abzulösen, brauchen wir eine Doppelstrategie:

Erstens müssen wir radikale Fragen an unser gesellschaftspolitisches Modell stellen. Die Verantwortung kann nicht allein den politischen Entscheidungsträgern überlassen werden. Denn mit ihrem Konsumverhalten sind die Bürgerinnen und Bürger eines reichen Landes wie der Bundesrepublik Deutschland eng mit einem nicht zukunftsfähigen Produktions- und Lebensstil verwoben. Francisca Rodriguez, Mitglied der unabhängigen chilenischen Bauernbewegung Via Campesina, hat uns bei McPlanet.com daran erinnert, als sie sagte: »Der Sommer in Chile dient als Obstgarten für den Winter im Norden«.

Zweitens brauchen NGOs und soziale Bewegungen viele Verbündete. Dazu gehören auch Parlamente und politische Parteien – wo immer sie durch demokratische und freie Wahlen über eine entsprechende Legitimation verfügen. Bislang haben die Ministerialbürokratien – ob in Brüssel oder Berlin – weitgehend unkontrolliert von der Legislative die internationalen Handels- und Finanzabkommen verhandelt. Und dabei haben sie regelmäßig auf massive Liberalisierung und Deregulierung gesetzt. Nun haben die globalisierungskritische Bewegung und die NGOs es geschafft, Zweifel an der Wohlfahrtsorientierung der neoliberalen Globalisierung zu säen. Diese Zweifel haben auch die Parlamente in vielen Ländern erreicht. Erstmals beginnen sie, Forderungen an die Verhandlungspositionen ihrer Regierungen bei WTO, IWF und Weltbank zu formulieren. So haben etwa die Regierungsfraktionen im Deutschen Bundestag kurz vor der Ministerkonferenz der WTO im mexikanischen Cancùn von der Bundesregierung gefordert, dass sie sich für einen massiven Abbau der Agrarsubventionen einsetzen möge. Auch solle ein Investitionsabkommen nur dann in die WTO integriert werden, wenn die laufenden Verhandlungen zufriedenstellende Ergebnis für die Entwicklungsländer gebracht hätten.

Dies bedeutet zwar keine Abwendung von der Freihandelsdoktrin. Aber wenigstens signalisiert der Bundestag den Wunsch nach einer Entschleunigung des Liberalisierungskarussells. Es bleibt offen, ob sich das Wirtschaftsministerium, das für die Bundesregierung die Federführung in den WTO-Verhandlungen hat, überhaupt an Bundestagsbeschlüsse hält. Dennoch: Es ist ein wichtiger Schritt eines Parlaments, überhaupt Verhandlungsvorgaben zu formulieren.

Die Organisatorinnen und Organisatoren von McPlanet.com eint die Überzeugung, dass die ökonomische Globalisierung soziale und ökologische Widersprüche und Probleme verschärft. Klare Regeln, Standards und Grenzen für die internationalen Märkte sind daher notwendig. Dafür brauchen wir neben einer Normen- und Wertediskussion auch eine Auseinandersetzung über die Frage, welche Institutionen wir benötigen und welche wir wollen. Die UNO hat in letzter Zeit einen großen Bedeutungsverlust erlitten. Das Konzept des Multilateralismus, auf dem besonders in den 1990er Jahren große Hoffnungen ruhten, ist durch den US-amerikanischen Unilateralismus in eine große Krise geraten. Die UNO wurde zum Reparaturbetrieb degradiert – sei es in sozialen, friedenspolitischen oder ökologischen Fragen.

In dieser Situation sehen viele plötzlich die WTO, die formal ebenso wie die UNO dem Prinzip »ein Land, eine Stimme« folgt, als einen Ort multilateralen Konsenses an. Um die weltweite Armut und die gravierende Umweltzerstörung zu bekämpfen, reichen entwicklungspolitische »Trostpflaster« und eine Abfederungspolitik negativer sozialer und ökologischer Globalisierungseffekte, wie sie die WTO vertritt, aber nicht aus. Doch die Frage nach den Zielen und Werten internationaler Institutionen und Organisationen sollte die Leitfrage für die zukünftige Ausgestaltung des Multilateralismus sein.

Soziale und ökologische Gerechtigkeit sind eng miteinander verwoben. Demokratie, Menschenrechte und Frieden sind ohne die politische Bearbeitung der sozialen und ökologischen Frage nicht zu haben. Politik ist vor allem ein gesellschaftlicher Aushandlungsprozess. Einmischung ist ihr Elixier. Potenziale der Einmischung und der Diskussion um Alternativen gibt es überall – auf der regionalen und mehr denn je auch auf der internationalen Ebene. Mit McPlanet.com wollten wir dazu ermutigen und Lust auf Einmischung und Gegenmacht machen. Ich meine, dies ist den Veranstalterinnen und Veranstaltern wahrlich geglückt.

Sven Giegold — Gemeinsamkeiten, Differenzen und Perspektiven

Als wir uns den Kongress McPlanet.com ausgedacht haben, stand am Anfang die Idee, zwei Bewegungen zusammenzubringen – allerdings ohne sich einfach nur zu feiern oder festzustellen, wo die Übereinstimmungen liegen. Wir wollten ganz bewusst offene Fragen ansprechen; die Fragen, in denen wir nicht einer Meinung sind. Meines Erachtens hat das gut geklappt – sowohl die Unterschiede offen zu legen als auch immer wieder zu spüren, dass diese Unterschiede nichts daran ändern, dass wir in der Grundrichtung, in den Leitbildern eigentlich einer Meinung sind.

Einer dieser Unterschiede wird vielleicht am Beispiel des Umgangs von sozialer Bewegung mit der Politik deutlich. Es ist sicherlich sehr erfreulich, wenn im Parlament im Vorfeld der großen internationalen Verhandlungen Themen wie GATS auf die Tagesordnung gesetzt werden. Wir als soziale Bewegung aber müssen Politik daran messen, wie sie die Verhandlungen führt, nicht daran, was in einer Deklaration von Rot-Grün beschlossen wird. Und diese Verhandlungsführung liegt in Deutschland eben in der Federführung des Wirtschaftsministeriums. Der Wirtschaftsminister vertritt Deutschland in diesen Fragen bei der EU, die in den Welthandelsrunden die Verhandlungen führt. Und was die EU mit deutscher Unterstützung vertritt, ist etwas ganz anderes als die rot-grünen Parlamentsbeschlüsse. Dort wird dann eben vertreten: Wir fordern von den Entwicklungsländern im Rahmen der GATS-Verhandlungen die Öffnung des Wassersektors; wir können uns leider nicht vorstellen, auf Agrarexportsubventionen zu verzichten, und ähnliches.

Die reale Verhandlungsführung unterscheidet sich eben von den Wohlmeinenden, die es in der SPD und bei den Grünen fraglos gibt, und deshalb müssen wir die reale Politik unter Druck setzen und dürfen uns nicht mit Deklarationen zufrieden geben.

Die neben der WTO schlimmste internationale Organisation, der IWF, wird von einem Deutschen geleitet und im Direktorium wird ebenfalls von Deutschen mitentschieden. Über 80 Länder werden weiterhin neoliberaler Strukturanpassungspolitik ausgesetzt, auch wenn man es nun anders nennt. Die Entscheidungen der Deutschen, die dort in unserem Namen das Zepter in der Hand halten, die gehören in die Parlamente, deren Entscheidungen müssen dort abgestimmt werden.

Ich habe auf diesem Kongress viel Positives erlebt, habe auch viel gelernt. Überall war Wissensdurst zu spüren. In vielen Panels und mehr noch in den

Seminaren und Workshops gab es echte Fortschritte. Viele Diskussionen fanden auf hohem Niveau statt. Trotz alledem möchte ich einige kritische Punkte ansprechen.

Sven Giegold: Die reale Politik unter Druck setzen

Für meinen Geschmack gab es hier deutlich zuviel Amerika-Bashing. Es ist leicht, die Amerikaner zu kritisieren. Es ist ja auch wahr, dass die noch ungezügeltere Nutzung ihrer hegemonialen Stellung ein großes Problem für die Welt ist. Aber wir sollten nicht vergessen, dass auch Europa und die EU auf Ausbeutung basieren. Unsere Aufgabe ist es natürlich, die sozialen Bewegungen in Amerika zu unterstützen. Aber vor allem müssen wir vor der eigenen Haustür kehren und die Politik hier in Europa verändern, und da haben wir wirklich große Aufgaben vor uns.

In Europa droht eine Aufrüstung. Das müssen wir verhindern! Bezahlen für diese Aufrüstung würden all die Bereiche, die dann angesichts höherer Militäretats nicht mehr finanziert werden können: der soziale Bereich, die Umweltetats. Wir wollen ein Europa, das ein sozial-ökologisches Entwicklungsmodell voranbringt, und kein militärisches Europa!

Auf diesem Kongress haben wir viel voneinander gelernt. Die Umweltbewegung und die globalisierungskritische Bewegung sind dichter zusammengekommen.

Wir haben die jeweiligen Defizite, also das begrenzte wirtschaftspolitische Interesse in großen Teilen der Umweltbewegung und umgekehrt die ökologischen Blindheiten in der globalisierungskritischen Bewegung sicher nicht völlig beseitigt, aber wir sind vorangekommen. Jetzt wird entscheidend sein, diesen Impuls in unsere lokalen Gruppen, ob bei Attac, beim BUND, bei Greenpeace oder in den vielen anderen Initiativen mitzunehmen und dort das Thema Globalisierung und Ökologie hineinzutragen. Und wir als Trägerorganisationen werden einen Referentenpool zusammenstellen, um die Diskussionen vor Ort voranzubringen.

Die globalisierungskritische Bewegung konnte einiges von der Umweltbewegung lernen. Das erste ist, dass die Umweltbewegung schon seit langem international kampagnenfähig ist: Greenpeace, aber auch Friends of the Earth International können internationale Kampagnen durchführen. Das ist etwas, was die globalisierungskritische Bewegung erst noch richtig lernen muss. Ein anderer Punkt ist, die KonsumentInnenmacht zu organisieren. In Zeiten, in denen es schwieriger wird, dem Staat Fortschritte für das Gemeinwohl abzuringen, wird KonsumentInnenmacht immer wichtiger. Das heißt natürlich nicht, dass wir unsere Ansprüche an den Staat aufgeben sollten. Trotzdem ist die Nutzung der Macht der KonsumentInnen eine wichtige Ressource für unsere Bewegungen. Und auch hier ist die Umweltbewegung der globalisierungskritischen Bewegung, zumindest in Deutschland, weit voraus.

Was die globalisierungskritische Bewegung ebenfalls zu lernen hat, ist die Tatsache, dass soziale Gerechtigkeit nur in den Grenzen eines begrenzten Planeten stattfinden kann. Die Übernahme einer platten, undifferenzierten Wachstumsstrategie wäre wirklich ein schlechter Rat, und die Widersprüche, die daraus folgen, muss die globalisierungskritische Bewegung von diesem Kongress mitnehmen.

Aber auch die Umweltbewegung konnte von der globalisierungskritischen Bewegung einiges lernen. Zwei Punkte möchte ich hervorheben: Angesichts der vielen und langanhaltenden Kampagnen im Umweltbereich ist die Vision eines radikalen Umbaus in unseren konkreten Aktivitäten kaum noch sichtbar. Das ist fatal, weil schon aus ökologischen Gründen ein wahrhaft radikaler Umbau der Gesellschaft notwendig ist. Die Fakten werden in Form trockener Zahlen auch in der Umweltszene diskutiert, nur die Vision auszumalen, traut sich kaum noch jemand. Die globalisierungskritische Bewegung benennt Machtverhältnisse und geht auf die wirtschaftlichen Probleme in einer eigenen Sprache ein. Sie lässt sich dabei nicht auf die technokratische Sprache der Gegenseite ein. Eine Anpassungsstrategie in der Umweltbewegung hat zwar in einzelnen Punkten Vorteile gebracht, aber im Ganzen – sowohl im Bewusstsein der Mitgliedschaft vor Ort, als auch im Image nach außen – zahlt sich das nicht aus. Es kommt darauf an, Ross und Reiter zu nennen. Die neoliberale Globalisierung, die Macht der transnationalen Unternehmen und die zerstörerische Kraft unseres Wirtschaftssystems, sie müssen beim Namen genannt werden, auch in den Gruppen vor Ort.

Ein zweiter Punkt ist mir persönlich besonders wichtig. In einer von wirtschaftlicher Unsicherheit und Ungleichheit geprägten Gesellschaft werden wir es niemals schaffen, die Menschen von den tiefgreifenden Veränderungen zu überzeugen, die ein ökologischer Umbau, eine nachhaltige Gesellschaft, letztlich beinhaltet. Und deshalb kommt es darauf an, dass wir soziale Gerechtigkeit und ökologischen Umbau immer gemeinsam denken müssen, sowohl international als auch hier bei uns. Deshalb darf die Umweltbewegung zum laufenden Sozialabbau nicht schweigen, denn er untergräbt langfristig die Chance zum ökologischen Umbau. Ohne soziale Sicherheit wird es tiefe Umbauprozesse für Gemeinwohlziele wie Ökologie nicht geben. Ohne social peace wird es kein Greenpeace geben!

Schließlich gibt es auch etwas, was die Umweltbewegung von sich selber lernen kann: Sie braucht so etwas wie den Kongress McPlanet.com. Sie braucht einen Ort, an dem alle Gruppen zusammenkommen, von der Projektwerkstatt Saasen bis zu Greenpeace, von BUND bis hin zur Heinrich-Böll-Stiftung und den vielen anderen Umweltgruppen. Es gab seit über zehn Jahren keinen Kongress dieser Art mehr, zu dem die ganze Umweltbewegung zusammengekommen ist. Es liegt in der Verantwortung der Leitungsgremien in der Umweltbewegung, dafür zu sorgen, dass es nicht wieder zehn Jahre dauert, bis es das nächste Mal passiert.

Auf dem Kongress sollte vor allem über schwierige, offene Fragen geredet werden. Leider ist dadurch vielleicht die Orientierung auf die Alternativen, auf Lösungen etwas zu kurz gekommen. Fragen wie: Welche multilateralen Institutionen wollen wir? Wie bekommen wir ein Wirtschaftssystem, das die Grenzen des Planeten achtet? Wie viel Welthandel passt zur nachhaltigen Entwicklung? Was ist ein gesundes Verhältnis zwischen Parteien und Bewegung? – all dies sind große Fragen, mit denen sich soziale Bewegungen zum Teil schon seit 100 Jahren beschäftigen. Insofern war nicht zu erwarten, dass wir bei ihrer Beantwortung Einigkeit erzielen. Vielmehr ist auch auf diesem Kongress deutlich geworden, dass es in einer pluralen Bewegung zu solchen Fragen verschiedene Positionen gibt. Was wir gelernt und bereits praktiziert haben, ist, uns gegenseitig zu akzeptieren, ohne gleichzeitig die Differenzen zu überdecken.

Daher ist es nützlich, auf ein paar Alternativen und Gemeinsamkeiten zu schauen. Bei der Suche nach ihnen geht es um zwei Ebenen:

Zum einen geht es um konkrete umsetzbare Alternativen, und zwar solche, bei denen Umweltbewegung und globalisierungskritische Bewegung gut zusammenpassen. Zum anderen geht es um die großen Entwürfe einer sozial gerechten und ökologischen Gesellschaft. Gerade bei diesen großen Entwürfen gibt es viele offene Fragen. Wir müssen uns eingestehen, dass wir keinen umfassenden Entwurf für eine gerechte, alternative Ökonomie aus der Tasche ziehen können. Aber es ist entscheidend, dass wir auch bei der Konzentration auf Kampagnen nicht vergessen, darüber zu reden, und auch Arbeit und Zeit damit verbringen, über diese großen Alternativen zu beraten und zu streiten.

Gleichzeitig ist die Übereinstimmung als Basis für gemeinsame Aktionen zwischen den beiden Bewegungen enorm groß. Und der Kern dieses Konsenses – und das gilt nicht nur für Umweltbewegung und globalisierungskritische Bewegung, sondern auch für die kritischen Stimmen aus Gewerkschaften, Kirchen und vielen anderen Organisationen – liegt darin, dass der Markt demokratische, soziale und ökologische Regulierungen braucht. Aus sich heraus kann er weder Ökologie noch Demokratie oder soziale Gerechtigkeit herstellen. Alle, die in diesen Bewegungen sind, meinen, dass die Globalisierung nicht der Macht des Profitinteresses alleine unterworfen werden kann, sondern dass wir nur mit Regulierungen eine Chance haben, unsere Ziele zu erreichen. Das ist die Basis für alles Weitere. Leider haben wir gerade in Deutschland Schwierigkeiten, dieses Grundkonzept der Bevölkerung zu vermitteln. Egal ob ich auf die Steuerkonzepte von Attac schaue – Stichwort Vermögenssteuer, höhere Besteuerung von Kapitaleinkünften – oder die Ökosteuer der Umweltbewegung: In beiden Fällen muss man zugeben, dass wir das nicht überzeugend rübergebracht haben. Wir haben nicht die Bild-Zeitung erobert. Wir müssen uns selbstkritisch eingestehen, dass wir große Schwierigkeiten haben, gegen die neoliberalen Elemente des Zeitgeistes anzugehen. Sie sind leider tief im Alltag und Alltagsbewusstsein verankert. Und deshalb ist es eine zentrale Aufgabe auch von Kirchen, Gewerkschaften und anderen Organisationen, zu diskutieren, was öffentlich gemacht werden muss, und was privat über den Markt organisiert werden kann. Wenn wir es nicht schaffen, die auch in der Bevölkerung weitverbreiteten neoliberalen Grundannahmen zu brechen, dann wird es uns auch nicht gelingen, unsere Umbaupläne umzusetzen.

Neben dieser Übereinstimmung in der großen Linie gibt es regelmäßig einen großen Vorwurf an die globalisierungskritische Bewegung: Wir hätten ja nur Kritik, aber keine wirkliche Alternative. Das ist falsch. Es gibt viele gut ausgearbeitete Konzepte, deren Problem lediglich darin liegt, dass sie nicht umgesetzt werden, weil der politische Wille fehlt. Ich will die wichtigsten Projekte, bei denen wir übereinstimmen, kurz benennen: Wir wollen den Konzernen Fesseln anlegen, wir wollen einklagbare, verbindliche soziale und ökologische Standards. Wir wollen die Abschaffung der Agrarexportsubventionen und ein Ende der ständigen Störung der Agrarmärkte des Südens durch Subventionen. Wir lehnen das neoimperiale TRIPS-Abkommen zum Schutz geistigen Eigentums ab. Es sichert vor allem hohe Renditen für transnationale Unternehmen, sowohl beim Wissen über industrielle Prozesse als auch beim Saatgut, bis hin zur High-Tech-Solarzelle, und dieses Wissen soll den Entwicklungsländern vorenthalten werden. Wir lehnen den GATS-Vertrag ab, weil er ökologisch und sozial üble Folgen haben wird. Wir wollen, dass die Dienstleistungsabkommensverhandlungen in der WTO beendet werden. Wir streiten für die Demokratisierung der lokalen öffentlichen Dienstleistungen, wir wollen nicht ihre Privatisierung; wir wollen, dass sie in ihren Zielen auf sozialen und ökologischen

Umbau umgesteuert werden und nicht zu einem Objekt von Profit und Rendite werden. Die Forderung nach globalen Steuern auf Finanztransaktionen und globale Güter eint uns genauso wie der Ruf nach einem Ende der neoliberalen Strukturanpassungspolitik, die dazu führt, dass soziale Verelendung und ökologische Zerstörung gleichermaßen in Entwicklungsländern verbreitet wird.

Die wichtigste strategische Übereinstimmung: Wir wollen eine Ökonomie, die nicht bestimmt wird von multinationalen Konzernen, sondern eine demokratische Ökonomie, also eine Ökonomie, in der Menschen selbst bestimmen können, ob sie genmanipulierte Lebensmittel verzehren wollen oder besser nicht. Eine Ökonomie, in der demokratische Entscheidungen die Politik bestimmen und nicht scheinbare Sachzwänge durch globale Wettbewerbsfähigkeit. Wir wollen einen Umbau, weg von den fossilen Brennstoffen, weg von der Atomenergie hin zur Solarwirtschaft und zu erneuerbaren Energien; letztlich wollen wir eine dezentrale und weniger vermachtete Ökonomie!

Diese Forderungen durchzusetzen, ist ein langer Weg, weil wir mächtige Gegner haben. Es wird nur unter mindestens zwei Bedingungen gelingen: Wir brauchen einen sehr langen Atem, soziale Bewegungen brauchen immer einen langen Atem. Wenn man jedoch in die Geschichte schaut, dann wird deutlich, dass sich der lange Atem der Arbeiter-, Umwelt- und Frauenbewegungen gelohnt hat. Unsere Gesellschaft wäre ohne sie, trotz all der schrecklichen Defizite, so viel weniger menschlich. Soziale Bewegungen sind unverzichtbar für die Durchsetzung von Veränderungen in der Gesellschaft.

Zum zweiten wird dies unter den Bedingungen von Globalisierung nicht mehr auf nationalstaatlicher Ebene alleine funktionieren. Es kann nur funktionieren, wenn wir ein breites gesellschaftliches Bündnis von Kirchen, Gewerkschaften, Sozial- und Umweltverbänden zusammenbringen, und dies gleichzeitig international tun. Nur wenn wir das schaffen, können wir dem auch international organisierten Kapital etwas entgegensetzen.

Eine Chance dafür ist die Sozialforumsbewegung, die nun auch in Deutschland angekommen ist. Sie ist die Basis, auf dem das breite gesellschaftliche Bündnis zusammenwachsen kann – im Herbst 2003 in Paris auf dem Europäischen Sozialforum und im Januar 2004 auf dem Weltsozialforum in Mumbai. Gleichzeitig bilden sich in vielen Städten der Welt Sozialforen, in denen ganz unterschiedliche Menschen zusammenkommen. Die Umweltbewegung sollte sich mit ihrer breiten Basis dort ein- und ihre Anliegen noch stärker vorbringen, als sie es bis jetzt schon getan hat. Auf den Sozialforen wächst die Zivilgesellschaft der Welt in ihrer Unterschiedlichkeit zusammen, ohne dabei ihre Unterschiede zu überdecken. Hier wächst also auch die Machtbasis für tiefgreifende Veränderungen. Das ist die Chance für die weitere Entwicklung der Bewegung. Eine andere Welt ist möglich. Now, let's make it!

Soziale Bewegung und Politik

Soziale Bewegungen wie die Umwelt- und die globalisierungskritische Bewegung entstehen aus dem Protest gegen herrschende Verhältnisse. Das bringt sie in einen natürlichen Gegensatz zur »etablierten« Politik. Zugleich brauchen sie auch Ansprech- und Bündnispartner im institutionalisierten politischen Raum, zumindest da, wo sie real staatliches Handeln verändern wollen. Das Beispiel der Friedensbewegung der 1980er Jahre zeigt, dass auch Massenprotest von den Regierenden ausgesessen werden kann.

In verschiedenen Ländern sind aus sozialen Bewegungen heraus Parteien und Personen in Regierungsämter gekommen. Selbst wenn sie manche Ziele sozialer Bewegungen teilen, stehen sie dort in einer anderen Handlungslogik, mit anderen Möglichkeiten, aber auch anderen Zwängen.

Wie kann das Verhältnis von sozialen Bewegungen und institutionalisierter Politik für eine bessere Welt politisch produktiv werden? Welche Anforderungen haben soziale Bewegungen an institutionalisierte Politik? Wie wird soziale Bewegung aus Politikersicht wirksam? Benötigt die Politik soziale Bewegungen? Braucht soziale Bewegung die Politik?

Diese Fragen standen am Beginn des »Late Night Talk«: Zwei prominente VertreterInnen sozialer Bewegungen aus dem Süden sollten mit dem deutschen Umweltminister Jürgen Trittin diskutieren. Ganz kurzfristig musste er jedoch absagen, weil der Kanzler zur Kabinettsklausur rief. Für ihn sprang Hans-Christian Ströbele ein, das einzige direkt gewählte grüne Mitglied des Bundestages.

Klare Meinungen: Auf die letzte Frage des Abends, ob es denn ein Beispiel gibt, wo soziale Bewegungen und Regierungen gut zusammengearbeitet haben, folgt ein langes Schweigen. Zögernd antwortet Ricardo Navarro, Präsident von Friends of the Earth International aus El Salvador, dass es dafür nur sehr wenige Beispiele gibt und diese sich auf lokaler Ebene abspielen.

Das Ende des »Late Night Talks« war dann auch symptomatisch für das gesamte Gespräch zwischen Navarro und Vandana Shiva, der bekannten indischen Globalisierungskritikerin, auf der einen Seite und Hans-Christian Ströbele auf der anderen. Zu verschieden sind die politischen Kontexte der Bewegungsvertreter aus dem Süden und des Politikers aus Deutschland.

Die Positionen sind anfangs schnell klar, als die Moderatorin Anna Engelke vom NDR die Frage stellt, ob sich Navarro und Shiva vorstellen könnten, Regierungsverantwortung zu übernehmen. Navarro: »Nein, denn einen aufrech-

ten Politiker kann es nicht geben!« Für ihn sind diese lediglich Vertreter der Konzerninteressen. Auch Shiva verneint und erläutert, dass der Sinn der sozialen Bewegungen ja gerade wäre, Druck auf Regierungen und internationale Organisationen auszuüben und nicht Teil von diesen zu sein. Ströbele, auf die umwelt- und friedensbewegten Ursprünge seiner Partei verweisend, hat sich für den Gang in die Parteipolitik entschieden, weil er als engagierter Bürger dafür sorgen will, dass Ideale und Ziele auch in reale Politik umgesetzt werden.

Navarro und Shiva berichten von ihren unterschiedlichen Erfahrungen mit dem etablierten Politiksystem aus Lateinamerika und Indien. Sie betonen die wichtige Funktion der Bewegungen auch für die Politik, weil nur diese soziale Kraft Innovationen in die Parlamente einbringt, Entscheidungen vorantreibt und wichtiger Gegenpol zu den Interessen der Konzerne ist. Die Kritik einiger Regierungen an den sozialen Bewegungen, dass diese nicht durch Wahlen legitimiert seien, weisen sie ebenso zurück wie die Vermutung, dass die Bewegungen von der Politik als schmückendes Beiwerk integriert werden würden. Beide finden zudem deutliche Worte auf die Frage, was sie von Multinationalen Unternehmen halten und wie sie die sehr zögerliche Politik der Bundesregierung zu Globalisierungsfragen beurteilen.

Ströbele stimmt Navarro und Shiva in vielen Bereichen zu, gibt aber zu bedenken, das natürlich auch die Regierungen abhängig von den Global Playern sind. »Selbst die rot-grüne Regierung hat große Probleme, sich gegen die Interessen der Wirtschaft durchzusetzen«, so der Politiker. Aber es gäbe auch Erfolge der Grünen, wie der beschlossene Atomausstieg, das Dosenpfand oder der Verzicht auf die Unterstützung des umstrittenen Multilateralen Investitionsabkommens MAI.

Im folgenden Abschnitt dokumentieren wir zwei Beiträge zu dieser Debatte, die nach dem Kongress geschrieben worden. Ricardo Navarro zeigt die Wirksamkeit von internationalen Kampagnen am Beispiel Friends of the Earth auf und formuliert Forderungen an die deutsche grüne Politik. Jürgen Trittin erkennt die Relevanz nichtstaatlicher Akteure auch auf internationaler Ebene an und wünscht sich mehr Engagement von Attac in Umweltfragen und für multilaterale Ansätze.

Der Verlauf des »Late Night Talk«, aber auch diese Beiträge zeigen, dass die Gräben zwischen inner- und außerparlamentarischer Politik tief sind und wir erst am Anfang einer wirklichen Debatte über produktives Zusammenwirken stehen. Dennoch glauben die Autoren dieser Zeilen, dass wir es uns im Interesse der »anderen Welt, die möglich ist«, nicht erlauben können, auf eine der beiden Strategien politischen Handelns zu verzichten.

Jörg Haas und Matthias Fischer

Jürgen Trittin

Umweltpolitik und globale Gerechtigkeit

Ökologie ist die wesentliche Grundvoraussetzung für globale Gerechtigkeit. Es wird keine Beseitigung der Armut in der Welt ohne Ökologie geben. Das Ziel, bis zum Jahre 2015 die Zahl der Menschen, die weltweit in absoluter Armut leben, zu halbieren – eins der so genannten Milleniumsziele –, wird nur zu erreichen sein, wenn die Menschen Zugang zu sauberem Wasser haben und wenn sie über Energie verfügen. Dabei gilt, dass die Entwicklung des reichen Nordens nicht das Modell für die globale Entwicklung sein kann.

Der Satz von Indira Gandhi – *Armut ist das schlimmste Gift für die Umwelt* – muss heute durch die Erkenntnis komplettiert werden, dass Reichtum mindestens ebenso giftig ist. Die Verschwendung natürlicher Ressourcen durch die globale Oberschicht vor allem des Nordens bedroht die absolute Leistungsfähigkeit der einen *WeltUmWelt*.

Eine andere Welt ist möglich – aber sie wird nur wirklich werden, wenn sie eine nachhaltige Entwicklung global sicher stellt. Nichts tangiert die unmittelbaren Lebensbedingungen und Chancen von Mensch, Tier und Pflanze so sehr wie das Klima. Tag für Tag zerstören wir mutwillig die Atmosphäre, das Dach der Erde, durch fossile Energieerzeugung, unsinnige Energieverschwendung und die Methangase aus Land- und Abfallwirtschaft. Der Klimawandel wird wesentlich von den Emissionen der reichen Gesellschaften des Nordens verursacht – die Hauptleidtragenden der Häufung von Wetterextremen wie Fluten, Dürren, Stürmen und des ansteigenden Meeresspiegels sind die armen Gesellschaften des Südens. *Angesichts der rasch fortschreitenden Globalisierung muss die Umweltbewegung stärker global mobil machen. Die globalisierungskritischen Bewegungen sollten Ökologie stärker einbeziehen.*

Die Kompetenz und das Engagement der Umweltbewegung sind für jeden Nachhaltigkeitspolitiker die notwendige Basis, um ökologische Politik gegen Industrie-, Landwirtschafts- und Verkehrspolitiker alten Schlags durchzusetzen. Hierbei gilt es, Stärken und Schwächen von Politik in Bewegungen und in den Institutionen zu beachten und im Sinne einer ökologisch verantwortlichen und sozial gerechten Politik zu optimieren. Dabei kann es von Vorteil sein, wenn sich die Positionen von Regierung und Bewegung nicht allzu sehr angleichen, sondern die politischen Bewegungen umfassendere, progressivere und radikalere Forderungen erheben.

Die rasant beschleunigte Globalisierung tangiert alle Lebensbereiche – vom Abkommen über *Trade Related Intellectual Property Rights* (TRIPS) über die

H.-C. Ströbele, A. Engelke, R. Navarro, V. Shiva (v.l.): Kann es aufrechte Politiker geben?

Liberalisierung der Dienstleistungsmärkte (GATS) – bis zum World Wide Web und zur rasanten Zunahme des Flugverkehrs. Der Blaue Planet wurde innerhalb von zehn Jahren zum globalen Dorf.

Das gilt für die Dörfer im wörtlichen Sinne – zum Beispiel in den Alpen. 2003 ist das Internationale Jahr der Berge. Aufgrund des Klimawandels sind sichere Schneelagen in den Alpen nicht mehr dort, wo ein Dorf beispielsweise vor Jahren die Lifte gebaut hat. Neue Investitionen sind nötig – falls überhaupt technisch möglich. Da die Gletscher schmelzen und Permafrostböden auftauen, ist die Trinkwasserversorgung des Dorfs gefährdet. Zufahrtsstraßen werden durch Erdrutsche blockiert oder zerstört. Das Dorf wird für Bewohner, Touristen und Geschäftsleute zunehmend unattraktiv.

Mit lokalen Strategien kann der Skiort lediglich die Schäden begrenzen. Selbst wenn er die Anstrengung unternimmt, mit diversen technischen Mitteln und Dienstleistungsangeboten mittelfristig CO_2-neutral zu leben und zu wirtschaften, wird das Dorf trotzdem Objekt des Klimawandels bleiben, den andere verursachen.

Das Alpendorf ist in einer ähnlichen Situation wie die Anrainerstaaten der Sahara, die Menschen in Bangladesh, auf Südseeatollen und im Himalaja: Sie sind nicht die Hauptverursacher, aber die am schlimmsten betroffenen Opfer des Klimawandels.

Dieser Skiort sollte deshalb global handeln: auf seine Situation aufmerksam machen, mobilisieren, z.B. in Partnerschaft mit einem großen Umweltverband. Die Zukunft dieses Dorfs hängt wie die Zukunft der Siedlungen im Delta von Brahmaputra und Ganges in Bangladesch davon ab, ob es gelingt, die globale Erwärmung in diesem Jahr unter zwei Grad Celsius zu halten.

Dafür ist es notwendig, den Kyoto-Vertrag in Kraft zu setzen – aber das ist nicht hinreichend. Wir müssen für die folgenden Verpflichtungsperioden weitere ehrgeizige Reduktionen von Treibhausgasen durchsetzen. Die USA müssen auf strikten Klimaschutz verpflichtet werden. Wir müssen beim globalen Ausbau der erneuerbaren Energien rasch vorankommen.

Der Skiort muss Druck auf Politiker in allen klimarelevanten Bereichen ausüben. Deshalb könnte dieses Alpendorf mit einem Skiort in den Rocky Mountains oder den Anden eine strategische Partnerschaft für gemeinsames Lobbying eingehen. Kenianische und tansanische Umweltgruppen und Tourismusfirmen könnten sich anschließen, denn sie verlieren mit der Schneekuppe auf dem Kilimandscharo nicht nur ein Wahrzeichen, sondern auch den Garanten vielfältiger Ökosysteme und eine wichtige Einkommensquelle. Die Expertise der lokalen Umweltinitiativen muss mehr in globale Politikprozesse einfließen. Klimapolitik muss in die lokalen Medien, und lokale Umweltveränderungen müssen in überregionalen Medien nach vorne, um Druck für politische Veränderungen zu erzeugen. Das kann nur im Zusammenspiel von lokalen Initiativen und großen Umweltverbänden gelingen.

Solches Lobbying ist für die Politik unverzichtbar. Ohne das großartige Engagement der Umweltverbände im Rücken wäre es in 2001 in Bonn nicht gelungen, den internationalen Klimaschutz über die nächste Hürde zu bringen. Die Klimaarche des BUND war unübersehbar und bestimmte die Bilder der Presse. Die Politiker konnten diesen Bildern nicht zuwider handeln. Jetzt brauchen der Kyoto-Prozess und der globale Ausbau erneuerbarer Energien solchen politischen Druck.

NGOs spielen auf der internationalen Ebene eine wichtige Rolle. Manche Umweltabkommen verdanken ihnen wesentlich ihr Zustandekommen, z.B. CITES. Der WWF versucht zur Zeit ein *»Golden Standard«*-Label im Bereich des *Clean Development Mechanisms* einzuführen. Das NGO-nahe Forschungsinstitut FIELD berät die AOSIS-Staaten in der Klimapolitik. An der Vorbereitung der Weltkonferenz RENEWABLES im Juni 2004 in Bonn ist die feministische NGO Energia beteiligt, um sicherzustellen, dass der Ausbau der erneuerbaren Energien Frauen im Süden zugute kommt, die bisher vielfach ein Drittel ihrer Lebenszeit damit verbringen, Holz und Wasser nach Hause zu schleppen.

Die beginnende Verbindung zwischen Umweltverbänden und globalisierungskritischen Bewegungen wie Attac wird solches Engagement noch verstärken.

Unsere Antwort auf die Globalisierung: Globalisierung von unten

Attac ist bekannt als Gegner des Neoliberalismus, als Gegner der WTO, als Kritiker der Globalisierung – andererseits gibt es innerhalb von Attac auch Gruppen, die sich für eine Stärkung multilateraler Umweltabkommen und -institutionen einsetzen. Ich hoffe, dass die engere Verbindung mit Umweltverbänden und -initiativen dazu führt, in der einflussreichsten Protestbewegung der Gegenwart den Sinn dafür zu schärfen, dass die Antwort auf die Globalisierung nicht der Rückzug in Abkopplungsstrategien sein kann. Eine stärkere Regionalisierung wird allerdings die Konsequenz sein, wenn wir über multilaterale Abkommen Preise im Güterverkehr durchsetzen können, die die wirklichen Preise spiegeln.

Um dies zu erreichen, brauchen wir starke multilaterale Umweltinstitutionen. Statt eines kleinen UN-Umweltprogramms mit gerade mal 530 Mitarbeitern (zum Vergleich: die US-amerikanische Umweltagentur hat mehr als 18.000) brauchen wir eine UN-Umweltorganisation, die so stark ist, dass sie der WTO Paroli bieten kann. UNEP braucht mehr Kompetenzen und zusätzliche Mittel – wie z.B. Einnahmen aus Nutzungsentgelten oder der Tobinsteuer.

Tatsache ist doch, dass die Wirtschaft sich in jedem Fall weiter globalisiert, wenn nicht via WTO, dann über Initiativen wie das Multilaterale Investitionsschutzabkommen (MAI) oder bilaterale Abkommen. Folglich müssen sich die gesellschaftlichen und politisch-institutionalisierten Protagonisten des Umweltschutzes und globaler Gerechtigkeit ebenso globalisieren. Nur dann werden wir durchsetzen können, dass die WTO multilaterale Umweltabkommen respektiert, statt sie mit einer vorgeblichen Priorität für freien Handel auszuhebeln.

Nur dann werden wir durchsetzen können, dass die WTO die Vorrangigkeit von Klimaschutz akzeptiert und Anlagen für erneuerbare Energien, Effizienztechnologien und andere Umweltgüter von Zöllen befreit, damit sie sich schneller weltweit verbreiten. Nur dann können wir erreichen, dass die WTO globale Umweltstandards respektiert.

Zur Zeit versuchen starke Staaten, multilaterale Vereinbarungen auszuhebeln. Die vielen bilateralen Verträge der USA zur Nichtauslieferung von US-Soldaten an den Internationalen Gerichtshof in Den Haag sind nur ein besonders bekanntes Beispiel unter vielen. Auch für Gegner der WTO-Politik stellt sich die Frage, ob man die WTO nicht als Schutzschild gegen Aushöhlungen multilateraler Vereinbarungen braucht.

Die USA vergeben in großem Stil Exportkredite und kaufen Agrarüberschüsse auf, um die einheimische Agroindustrie zu unterstützen und zugleich – mit dem Aufdruck Nahrungsmittelhilfe – gentechnisch manipulierten Mais global zu exportieren. So werden Produzenten im Süden aus dem Rennen geschlagen. Mittelfristig werden Regionen, die sich selbst versorgen könnten, künstlich importabhängig gemacht. Oder: Das Freihandelsabkommen der EU mit Südafrika führt dazu, dass Tausende Frauen in der Kap-Region ihre Arbeitsplätze verlieren, weil von der EU subventionierte Pfirsichkonserven aus Griechenland dort billiger sind als südafrikanische – obwohl sie allein in der Produktion 10% teurer sind. Vom Transport gar nicht zu reden.

Es ist den sozialen Bewegungen zu verdanken, dass sie solche Skandale immer wieder publik machen und Gegenöffentlichkeit organisieren. Aber nur in seltenen Fällen können NGOs den Machtmissbrauch starker Staaten oder transnationaler Konzerne verhindern. Und wenn, dann nur im Einzelfall. Dies grundsätzlich zu verhindern, dürfte ohne eine multilaterale Organisation aussichtslos sein. Würde sich die WTO mit ihrem Subventionsverbot gegen die USA und gegen die EU durchsetzen, bekämen die Produzenten in Ländern des Südens reelle Absatzchancen. Deshalb wäre es in diesem Fall lohnenswert, wenn Attac und andere sich für eine WTO-Regelung engagieren würden.

Das glücklich noch abgewendete MAI sah eine *Stand-still-* und eine *Roll-back-*Klausel für Sozial- und Umweltstandards vor. Politisches Ziel wäre dagegen, über die WTO solche Standards bei Direktinvestitionen zur Pflicht zu machen, sodass globale Akteure wie internationale Petrolfirmen Länder des Südens nicht mehr über den Tisch ziehen können. Damit Aquakultur-Firmen nicht mehr vergiftete Küstenabschnitte zurücklassen können. Das Ziel sollte nicht sein, die WTO zu bekämpfen, sondern sie auf den Grundsatz der Nachhaltigkeit zu verpflichten, sie also zum Bollwerk gegen bilaterale Abkommen und die Umweltpiraterie transnationaler Konzerne zu nutzen.

Ricardo Navarro — Politik braucht Bewegung – Bewegung macht Politik!

Für mich besteht überhaupt kein Zweifel, dass soziale Bewegungen – gerade soziale Bewegungen – gesellschaftliche Veränderungen erreichen. Wer oder was denn sonst? Das Ende der Apartheid in Südafrika ist ohne den massenhaften Widerstand der Bevölkerung genauso wenig denkbar wie beispielsweise die Beseitigung des gesetzlich verbrieften Rassismus in Amerika ohne das Civil Rights Movement in den 60er Jahren des 20. Jahrhunderts. Die extrem ungerechte Verteilung von Land in Zentral- und Lateinamerika ist nur deshalb auf der politischen Tagesordnung, weil soziale Bewegungen sie dort hingebracht haben – durch Widerstand, Landbesetzungen, internationale Solidarität und Kampagnen. Bewegungen wie die brasilianische MST (die landlose Arbeiterbewegung) agieren als Motoren gesellschaftlicher Veränderung. Sie weisen auf Probleme hin – auch wenn sie nicht immer Lösungen anbieten können. So wird ein gesellschaftlicher Lernprozess in Gang gesetzt – der zu Verbesserungen, manchmal sogar zur Überwindung von Problemen führt.

Wege zur Veränderung

Wie Bewegungen Politik machen und beeinflussen, ist sehr unterschiedlich – und das ist auch gut so. Wir von Friends of the Earth International setzen auf Vielfalt. Vielfalt ist gut für die Natur – und sie ist gut für soziale Bewegungen. Unser Ziel ist es, langfristig einen globalen Bewusstseinswandel zu schaffen. Wir wollen eine neue Ethik durchsetzen – ein neues Lebensgefühl, sodass jeder nur soviel von der Um-Welt nimmt, wie ihm zusteht. Wir wollen den Reichtum dieser Welt miteinander teilen – jeder Mensch soll nur den Umweltraum beanspruchen, den er auch benötigt.[1] Heute erleben wir Umwelt*un*gerechtigkeit. Die Armen leben zum Beispiel an den breiten Straßen, auf denen die Reichen mit ihren BMWs vorbeirasen – auch in Deutschland.[2] Weltweit verbrauchen 20% der Weltbevölkerung 80% der Ressourcen. Heute werden mehr Umweltgüter von den so genannten Entwicklungsländern in die Industrieländer exportiert als noch zur Zeiten des Kolonialismus! So führt etwa der Anbau von Bananen für den deutschen Markt in riesigen Plantagen in Lateinamerika dazu, dass

---

[1] Was eine faire Verteilung des Umweltraumes für Deutschland bedeutet, hat das Wuppertal Institut im Auftrag von BUND-Friends of the Earth Germany und MISEREOR ermittelt: BUND/ MISEREOR, Zukunftsfähiges Deutschland, Birkhäuser, Basel, 1996

[2] Mehr zu Friends of the Earth-Kampagnen zu Umweltgerechtigkeit gibt es unter: www.foe-scotland.org.uk oder www.foe.co.uk

den Armen das Land fehlt, das ihnen ein menschenwürdiges Leben ermöglichen könnte. Durch diese Ausbeutung – die Übernutzung der Ressourcen des Südens durch den ressourcenhungrigen Norden – haben die Industrieländer riesige ökologische Schulden angehäuft.[3] Wenn man sie auf Heller und Pfennig berechnen würde, wären die ökologischen Schulden der Industriestaaten um ein Vielfaches höher als die 355 Billionen US-$, die die Entwicklungsländer angeblich den Finanzinstitutionen des Nordens schulden. Aber wovon hören wir ständig? Von den Schulden des Südens! Diese Schulden müssen endlich erlassen werden, denn sie zwingen Entwicklungsländer dazu, in einem teuflischem Kreislauf immer mehr zu exportieren, um sie zu bezahlen. Mehr exportieren heißt oft: Mehr Wälder abholzen, mehr Goldminen zulassen, mehr Land für die Exportlandwirtschaft statt für die eigene Versorgung in Anspruch nehmen. Das ist kein Rezept für eine nachhaltige Entwicklung!

Friends of the Earth will einen radikalen Bewusstseinwandel erreichen. Dafür kann man Aufklärungsarbeit machen. Aber ein Bewusstseinswandel entsteht nicht nur durch Seminare oder Kongresse wie McPlanet.com, so wichtig diese sind. Er entsteht auch durch kontinuierliche politische Arbeit und Kampagnen. Soziale Bewegungen brauchen einen langen Atem, um gesellschaftliche Wirkung zu entfalten. So ist zum Beispiel der weit verbreitete Glaube, die Proteste gegen die Welthandelsorganisation (WTO) in Seattle 1999 seien völlig spontan gewesen, falsch. Sicher, viele sind erst an diesem Tag dazugekommen – das ist auch gut so. Aber die Koalition von gesellschaftlichen Kräften –von lateinamerikanischen Kleinbauern über amerikanische Gewerkschaften bis hin zu uns Umweltschützern – hat sich langsam entwickelt. Diese Koalition ist über Jahre gewachsen; sie wurde aufgebaut, als noch nicht Hunderte von Fernsehkameras zuschauten. Ohne diese Vorarbeit wäre Seattle nicht so gut organisiert, so vielfältig, so beeindruckend gewesen. Friends of the Earth International hat schon 1991 eine weltweite Kampagne zu Handel, Umwelt und Nachhaltigkeit gestartet.[4] Wir haben auf allen Kontinenten eigenständige, sehr unterschiedliche Aktivitäten an der Schnittstelle von Handel und Umwelt begonnen. So wuchs die Basis, die uns in Seattle in die Schlagzeilen brachte. Die erfolgreichen Proteste dort waren also ein Resultat dieses langfristigen – und häufig frustrierenden – Engagements.[5] Der Erfolg in Seattle war hart erarbeitet. Er ist uns nicht, wie

---

[3] Mehr zu dem Konzept der ökologischen Schulden unter: http://www.foei.org/ecodebt/index.html

[4] Mehr zu dieser Kampagne unter: http://www.foei.org/trade/index.html

[5] Siehe Daniel Mittler, Globalisierung und Nachhaltigkeit, Friends of the Earth International als umweltpolitischer Teil der globalisierungskritischen Bewegung, in: Heike Walk/Nele Boehme (Hrsg.), Globaler Widerstand, Münster 2002

Ricardo Navarro: Nur soziale Bewegungen verändern die Gesellschaft

manche glauben, einfach in den Schoß gefallen. Durch langfristige Kampagnen kann man also Probleme aufzeigen und langsam das gesellschaftliche Bewusstsein verändern. Eine machthungrige Organisation wie die WTO lässt sich auf diesem Weg langfristig delegitimieren.

Die Macht der Konzerne beschränken

Soziale Bewegungen können aber auch kurzfristiger und direkter politische Ereignisse beeinflussen. Friends of the Earth International hat dies zuletzt beim Weltgipfel für Nachhaltige Entwicklung 2002 in Johannesburg bewiesen. Wir haben uns gefragt: Was ist das größte Problem zehn Jahre nach dem Erdgipfel von Rio 1992? Als wir uns die Probleme – den Klimawandel, die unfaire Verteilung der weltweiten Ressourcen, die Vertreibung vieler Menschen, um den Ressourcenhunger der wenigen zu stillen – anschauten, stellten wir fest, dass diese auf die zunehmende Macht und die mangelnde Kontrolle der großen globalen Konzerne zurückgehen. 200 Unternehmen teilen ein Drittel des Welthandels unter sich auf. Sie machen dabei riesige Profite. Aber wenn Konzerne, wie etwa Shell in Nigeria, das Land und das Wasser der Bauern verseuchen, dann kann man sie für diese kriminellen Taten nicht vor Gericht stellen. Konzerne können die Lebensgrundlagen vieler Menschen zerstören, ohne dafür belangt zu werden. Das ist absurd! Wir brauchen globale Regeln für diese »Global Player«. Globale Konzerne müssen in ihren Heimatländern haftbar gemacht werden können. Lokale Gemeinschaften (»communities«) müssen das Recht bekommen, gegen geplante wirtschaftliche Projekte auf ihrem Gebiet ein Veto einzulegen.[6]

Wie kann man diese Forderungen umsetzen? Dazu braucht es eine UN-Konvention zur globalen Unternehmensverantwortung. Der Gipfel in Johannesburg bot die ideale Möglichkeit, eine solche Konvention auf den Weg zu bringen. Wenn wir aber nur als Lobbyisten durch die Korridore der Vereinten Nationen geeilt wären, dann hätten wir es sicherlich nicht geschafft, in Johannesburg unserem Ziel auch nur einen Schritt näher zu kommen. Regierungen hätten uns angelächelt und darauf verwiesen, dass es keinen gesellschaftlichen Druck für unsere Forderungen gibt. Also galt es, die Kräfte sozialer Bewegungen zu entfalten. Wir schmiedeten breite Koalitionen, die von Regierungsvertretern aus Schweden und einigen arabischen Ländern über viele Gewerkschaften bis hin zu anderen Nichtregierungsorganisation wie dem Third World Network oder Greenpeace reichten. Wir organisierten weltweit Proteste. Ein fünf Meter hoher Konzerngigant reiste durch ganz Europa. Lokale Friends of the Earth-Gruppen sammelten bei diesen Aktionen Tausende Postkarten, die globale Regeln für globale Multis forderten. Friends of the Earth entwickelte auch eine eigene Radiostation: Radio Earth Summit. Hier konnten Menschen aus aller Welt berichten, wie Konzerne mit ihnen vor Ort umspringen. Beeindruckende, teilweise bestürzende Augenzeugenberichte kamen so aus allen Erdteilen.[7] Zum krönenden Abschluss veranstalteten wir während des Gipfels in Johannesburg eine große Aktion. Durch eine Kunstinstallation setzten wir sowohl die Übermacht der Konzerne wie die vielen Tausend Forderungen, die wir gesammelt hatten, ins Bild. 6.000 Pappmachéfiguren forderten mit weit geöffneten Mündern: »Regierungschefs handelt! Rettet uns vor der Übermacht der Konzernriesen!« Unsere Aktion wurde eines *der* Medienbilder des Gipfels. Damit konnten wir genau einen Tag vor der Ankunft der Regierungschefs in Johannesburg den politischen Druck für unsere Forderungen noch einmal erhöhen.

Die Kunstinstallation leistete aber schon bei ihrer Entstehung einen kleinen Beitrag zur zukunftsfähigen Entwicklung. Wir arbeiteten mit informellen Siedlungen und Townships in der Region Johannesburg zusammen. Künstler aus Soweto produzierten einen sechs Tonnen schweren Konzerngiganten aus In-

---

[6] Die Forderungen von Friends of the Earth International im Detail in: Friends of the Earth International, Towards Binding Corporate Accountability, http://www.foei.org/corporates/towards.html

[7] Diese Augenzeugenberichte sind zu hören unter: www.radioearthsummit.org

dustrieschrott. Und einige der Ärmsten der Armen in Johannesburg bastelten die Pappmachéfiguren, die unsere Forderungen symbolisierten.[8] Das Ergebnis all dieser Bemühungen kann sich sehen lassen: In Johannesburg wurde zumindest die *Möglichkeit,* globale Regeln für internationale Konzerne zu entwickeln, geschaffen. Dieses Ergebnis gelang trotz der intensiven Gegenwehr der USA und der in Johannesburg sehr prominent vertretenen Konzernlobbies.[9]

Wo bleibt die Unterstützung der Politik?

Möglich war dies nur durch eine breite, weltweite gesellschaftliche Allianz von Gruppen, durch vielfältige und intensive Pressearbeit, durch viele Proteste auf der Straße – und schließlich auch durch erfolgreiche Lobbyarbeit. Diese Kombination war es, die zum Erfolg führte. Ohne die soziale Bewegung, ohne den gesellschaftlichen Druck, wäre diese Kampagne, die unter dem Motto »Don't let big business rule the world« stand, sicherlich vor die Wände der globalen Bürokratie gelaufen! In Johannesburg haben wir die Tür geöffnet für das, was wir wollen: eine UN-Konvention, die zum Beispiel ein globales Haftungsrecht für Konzerne einführt. Ob das Ergebnis von Johannesburg genutzt wird, um Konzernen verbindliche Pflichten aufzuerlegen, wird davon abhängen, ob und wie es uns gelingt, den globalen Druck aufrechtzuerhalten. Im Jahr 2002 war Unternehmens*un*verantwortung durch Enron und Co. bereits in den Schlagzeilen. Die Frage ist, ob wir in den nächsten Jahren Unternehmensverantwortung ebenso populär machen können. Wir werden noch viel Kraft brauchen, um hierbei voranzukommen.

Hilfreich wäre dabei die Unterstützung progressiver Politiker. Deutschland – immerhin mit grünen Politikern in der Regierung – hat uns aber in Johannesburg bei der Forderung nach verbindlichen Regeln für Konzerne nicht unterstützt. Auch in Deutschland scheinen die Konzerne also die Politik zu bestimmen. Ich hoffe, das werden starke soziale Bewegungen bald ändern können! Der Druck muss erhöht werden – und grüne Politiker müssen sich auf die Seite der sozialen Bewegungen stellen. Ich höre deshalb mit Befremden, dass dies nur wenige von ihnen tun. Mir wird erzählt, dass die grüne Partei in Deutschland häufig aggressiv oder beleidigt auf Kritik an der Regierungspolitik aus

---

[8] Eine farbige Dokumentation der Aktion und der Johannesburg-Kampagne von Friends of the Earth International kann kostenlos beim BUND bestellt werden: BUND, Am Köllnischen Park 1, 10179 Berlin, bundladen@bund.net; Tel 030 275 86- 480; Fax -466

[9] Siehe Daniel Mittler: Globale Regeln für »Global Players« – Unternehmensverantwortung war das Überraschungsthema von Johannesburg, in WEED, DGB Bildungswerk und terre des hommes: Auslandsinvestitionen und Unternehmensverantwortung, Berlin, 2003, www.weed-online.org

den sozialen Bewegungen reagiert. Das kann ich nicht verstehen: Über Kritik müssten sie sich freuen! Sie müssten diesen gesellschaftlichen Druck doch nutzen, um ihren eigenen Forderungen mehr Gewicht zu verleihen! Ich jedenfalls erwarte, dass die deutschen Grünen sich hinter die Forderung für eine UN-Konvention zur Unternehmensverantwortung stellen. Nutzen Sie den öffentlichen Druck, der dafür existiert – und der bei McPlanet.com in verschiedenen Panels und Workshops zum Ausdruck kam –, um auch den »Genossen der Bosse«, wie der deutsche Bundeskanzler Schröder genannt wird, zu überzeugen!

Soziale Bewegungen können also auch auf die Tagespolitik Einfluss nehmen. Darauf dürfen sie sich aber nie beschränken! Soziale Bewegungen müssen Alternativen und Visionen entwickeln – so wie das Leitbild von Friends of the Earth: eine faire und zukunftsfähige Weltordnung. Um diese weitergehenden Politikentwürfe voranzutreiben, um die Koalitionsbildung zwischen verschiedenen gesellschaftlichen Gruppen, die alle unter der Globalisierung leiden – von Kleinbauern zu Frauen oder ArbeiterInnen – sicherzustellen, für all diese Dinge brauchen soziale Bewegungen auch ihre eigenen Orte und Veranstaltungen. Deswegen ist es so wichtig, dass wir uns alle aktiv an den Sozialforen – die wir allerdings lieber »Umwelt- und Sozialforen« nennen würden – beteiligen! Es ist wichtig, dass wir zusammenkommen, um gemeinsame Strategien zu entwickeln und uns gegenseitig mit unseren Ideen zu befruchten. Friends of the Earth International wird deshalb auch in den nächsten Jahren viel Energie und Zeit in die weitere Entwicklung der globalen sozialen Bewegungen investieren. Wir werden weiter daran arbeiten, dass wir Zeit und Raum haben, um uns über die andere Welt, die wir alle anstreben, auszutauschen; um uns auch gegenseitig Mut zu machen, dass diese andere Welt erreichbar ist. Wir wollen dabei auch sicherstellen, dass unsere Treffen selber ökologisch und sozial vorbildlich sind. So haben wir ein Projekt zur Begrünung des Weltsozialforums 2003 durchgeführt. Irgendwann soll es so sein, dass alle unsere Treffen wie McPlanet.com sind: mit einem Komplettangebot an ökologischem und fair gehandeltem Essen und Trinken!

Soziale Bewegungen sind der Motor sozialer Veränderung. Sie können auf sehr vielfältige Art und Weise Politik machen und beeinflussen. Wir können mit etwas Glück kurzfristige Erfolge genauso durchsetzen wie tiefgreifende gesellschaftliche Veränderungen. Letztere sind weniger messbar – aber dafür um so wichtiger. Hierfür brauchen wir einen langen Atem. Diesen wünsche ich auch den sozialen Bewegungen in Deutschland, deren Vitalität McPlanet.com für mich eindrücklich unter Beweis gestellt hat. Lasst uns gemeinsam für eine andere Welt streiten!

(Deutsch von Daniel Mittler)

Ein- mischen streng erwünscht

Das Thema lautet »Lebensstil light: Gut leben statt viel haben?« 40 Leute sitzen in einem Raum, reden und hören zu. Mit schnellen Clips und Slogans wie »Reclaim your brain« wollen etwa Albert Heiser und seine Aktionsgruppe »Nachhaltiger Filmblick« jugendliche Konsumenten erreichen. In den internationalen Gärten von Christa Müller bauen 300 Menschen aus 19 Nationen Obst und Gemüse an – wenn sie wollen, ganz nach heimatlicher Tradition. Angelika Zahrnt plädiert für No Logo ganz praktisch: Jeder kann mit seinem Lebensstil beginnen, das System zu verändern. Andere steuern mehr Ideen bei, die Diskussion beginnt.

Nur eins von fast hundert Seminaren, Workshops oder Foren bei McPlanet.com. Die »kleinen« Veranstaltungen machen die Hälfte des Kongresses aus. In vielen Seminarräumen diskutieren Referenten und Teilnehmer, bis die Köpfe rauchen. In anderen wird im »Fishbowl« auf spannende Art und Weise nach Lösungen gesucht. Wieder woanders wird Wissen weitergegeben. Oder es werden Transparente gemalt, Filme geguckt, Geschichten erzählt. Bei fast 100 Seminaren und Foren findet jeder eines, das ihm gefällt. Im kleinen Rahmen mischt man sich auch mal ein – anders als bei den großen Panels.

Vielfalt ist garantiert, weil im Rahmen von McPlanet.com mehr als 50 Gruppen oder Einzelpersonen ihre eigenen Workshops anbieten. Einzige Bedingung: Die Veranstaltung muss dem Anspruch des Kongresses, Umwelt- und Globalisierungsthemen zu verknüpfen, gerecht werden. ASEED, Brot für die Welt, BUKO, FIAN, Germanwatch, Mehr Demokratie e.V., Oxfam, die taz, Urgewald oder ZERI: nur einige der Veranstalter, die McPlanet.com mit ihren Veranstaltungen so bunt gemacht haben.

Neben den Workshops und Seminaren ergänzen 20 Foren das Kongressprogramm. Themen aus den Panels werden hier vertieft, neue Einzelaspekte betont. Mit den vielen Gästen aus dem Süden etwa können die Teilnehmer noch einmal auf Tuchfühlung gehen, nachfragen. Und so ihr ganz eigenes Kongresserlebnis mit nach Hause nehmen.

Marc Engelhardt

Alexandra Wandel/ Daniel Mittler

Die WTO im Dienste der Konzerne – Beispiele und Alternativen

Politiker behaupten häufig, dass es keine Alternative zu einer neoliberalen Politik gäbe. Dies ist Unsinn.[1] Gerade für den Bereich der Konzernkontrolle und Unternehmensverantwortung gibt es Alternativen – und sogar einen Auftrag der internationalen Staatengemeinschaft, diese umzusetzen. Bevor wir hierauf näher eingehen, werden wir zunächst die Probleme beschreiben, die der übermäßige Einflusses der Welthandelsorganisation (WTO) und der Konzerne bei der WTO mit sich bringt. Denn multinationale Konzerne sind nicht nur die Hauptnutznießer der WTO. Sie spielen auch eine treibende Rolle, wenn es darum geht, die Regeln der internationalen Handelsabkommen weiterzuentwickeln. Vielfach haben Konzerne versucht, umwelt- und entwicklungspolitische Zielvorgaben durch WTO-Streitfälle zu Fall zu bringen. Die Lobby der Großindustrie beispielsweise, die internationale Handelskammer (*International Chamber of Commerce),* nutzt die WTO bewusst und geschickt, um scharfe Regulierungen für Umwelt und Gesundheit »einzufrieren«. Da viele Regierungen eine Klage fürchten, beschließen sie erst gar keine weitgehenden Regelungen, die vor der WTO vielleicht angreifbar wären. Darüber hinaus droht uns eine Schutzcharta für Konzerne, die vor allem westliche Regierungen über das Dienstleistungsabkommen und ein geplantes Investitionsabkommen in der WTO anstreben.

Die WTO wurde bei ihrer Gründung 1995 mit einem sehr mächtigen Streitschlichtungsverfahren ausgestattet: dem Dispute Settlement Body (DSB). Über diesen Mechanismus kann sie nationale und lokale Regelungen zu Umwelt- und Sozialstandards aufheben bzw. angreifen. Hier einige Beispiele:

Gentechnik

Angefeuert von den Gentechnik-Konzernen hat die amerikanische Regierung am 13. Mai 2003 einen Handelsstreit mit der EU vom Zaun gebrochen, den sie im August weiter eskalieren ließ, als sie eine Sondersitzung des DSB anbe-

[1] Friends of the Earth International hat Alternativen zur neoliberalen Globalisierung vorgelegt. Der BUND hat diese unter dem Titel: »Zukunftsfähig Wirtschaften: Alternativen zu einer wirtschaftlich dominierten Globalisierung« veröffentlicht. Siehe: www.bund.net/lab/reddot2/pdf/hintergrund_welthandel.pdf.

raumte.[2] Stein des Anstoßes ist das seit 1998 existierende *de facto* Gentechnik-Moratorium der EU. Die EU hatte Genehmigungsverfahren für neue gentechnische Produkte auf Eis gelegt, um zunächst Richtlinien zum Testen, Vermarkten, Kennzeichnen und Nachvollziehen von gentechnisch verseuchtem Saatgut in der Nahrungskette zu verabschieden. Nach eigener Auffassung hat sie dieses Ziel im Sommer 2003 erreicht. Umweltschützer sind mit den neuen Richtlinien allerdings nicht zufrieden. So bleiben etwa Haftungsfragen bei gentechnischer Verseuchung ungeklärt, was gerade für die ökologische Landwirtschaft eine wichtige Rolle spielt.

Alexandra Wandel: Druck der Großindustrie

Trotz dieser neuen Regelungen ließen sich die USA nicht von einer Klage bei der WTO abhalten. Die USA nutzen die WTO bewusst als Druckmittel, um die EU zu zwingen, das Moratorium so schnell wie möglich aufzuheben. Sie setzen darauf, Verbraucherinnen und Verbrauchern in der EU Gentechnik per Zwangsverordnung aufdrücken zu können. Aber auch den Weltmarkt haben die Amerikaner dabei im Blick. Ihre Attacke gegen die EU ist ebenso ein symbolischer Schritt: Sie wollen denjenigen Regierungen in der Welt Angst machen, die für die lokale Kontrolle von Landwirtschaft und Ernährung eintreten. So hat etwa in den letzten Jahren die Weigerung einiger südafrikanischer Länder – allen voran Sambia – gentechnisch verseuchte Ernährungshilfe zu akzeptieren, den USA gar nicht geschmeckt.[3] Dadurch scheiterte der Plan der Bush-Administration, den auf den Weltmärkten unverkäuflichen US-Genmais unter

[2] Siehe dazu auch die gemeinsame Pressemitteilung von BUND und Attac: http://www.attac.de/presse/presse_ausgabe.php?id=229

[3] Siehe Friends of the Earth International: Playing with Hunger, the reality of shipping GMOs as food aid, http://www.foei.org/publications/gmo/playing_with_hunger.pdf

dem Deckmantel humanitärer Hilfe elegant zu entsorgen. Der US-Handelsbeauftragte Zoellick schoss sich daher auf das EU-Gentechnikmoratorium ein. Seines Erachtens würden die Europäer nicht nur grundlos den freien Warenverkehr behindern, sondern darüber hinaus den Hungertod von zahlreichen Afrikanern in Kauf nehmen.

Laut einem EU-Kommissionsvertreter wurden die US-Stellungnahmen zur Gentechnik von Mitarbeitern des Gentechnikkonzerns Monsanto geschrieben. Das ist glaubhaft. Denn Monsanto beherrscht nicht nur 80% des Gentechnik-Weltmarktes, das Unternehmen hat auch direkten Zugang zur amerikanischen Regierung. So sitzen Monsanto-Vertreter beispielsweise in dem »Agricultural Policy Advisory Committee for Trade« und in dem »US Drug Administration Biotech Advisory Council« – beides Institutionen, die die amerikanische Landwirtschaftspolitik entscheidend prägen. Darüber hinaus ist Monsanto in den Gentechnik-Lobbygruppen sehr aktiv. Eine davon, BIO, beschwerte sich, kurz bevor die USA bei der WTO aktiv wurden, dass das EU-Gentechnikmoratorium »die Vitalität des globalen Handelssystems gefährdet.« Zwei weitere Lobbygruppen, der *US Grains Council* und die *National Corn Growers Association* nannten derweil die EU-Gentechnikpolitik »hysterisch«. Monsanto, die US-Regierung und die WTO verstehen sich aber auch deshalb besonders gut, weil sie das selbe Personal haben! So ist der ehemalige US-Handelsminister Michael Kantor mittlerweile Aufsichtsrat von Monsanto.[4] Und Monsantos ehemaliger »Chefberater«, Rufus Yerxa, ist heute Stellvertreter des WTO-Generaldirektors. Die Financial Times kommentierte daher bereits im August 2002: »Yerxa ist genau der Mann, den der Generalsekretär gebrauchen kann, sollten die USA je die EU vor der WTO wegen ihrer Gentechnikpolitik angreifen.«[5] Dem ist wohl nichts hinzuzufügen.

Noch ist nicht entschieden, ob die USA im Gentechnik-Streitfall Recht bekommen werden. Eines aber ist jetzt schon klar: Es ist absurd, dass ausgerechnet die WTO über die Zukunft unseres Essens entscheidet. Müsste über Gentechnik nicht eher die Weltgesundheitsorganisation entscheiden können? Außerdem regelt das Cartagena-Protokoll zur Biologischen Sicherheit den internationalen Handel mit gentechnisch veränderten Organismen. Nur sind die USA kein Vertragspartner dieses Abkommens. Was ist das für eine absurde Welt, in der über 70% aller Europäer keine Gentechnik wollen – dies aber nicht ins Gewicht fällt, wenn einige wenige Handelsexperten bei der WTO über das Thema entscheiden?!

---

[4] Für weitere Beispiele der Einflussnahme großer Unternehmen und ihrer Verbände bei der WTO siehe FOEI: Business rules: Who pays the price? Amsterdam 2003, http://www.foei.org/cancun

[5] Financial Times, 10. August 2002

Hormone im Rindfleisch

Monsanto spielte auch bei der amerikanischen Attacke auf die europäische Vorsorgepolitik beim Verkauf von Rindfleisch eine entscheidende Rolle. In den USA werden Rinder häufig mit Hormonen gespritzt, die viele Wissenschaftler mit Brustkrebs in Verbindung bringen und die zu erheblichen Beeinträchtigungen der Lebensqualität der Rinder führen. Die EU hat die Einfuhr von Hormonrindfleisch aus den USA deshalb verboten. Doch der bereits erwähnte Michael Kantor hat 1996 – nachdem Monsanto und der Produzent des Hormons massive Lobbyarbeit betrieben hatten – einen Streitfall bei der WTO angestrengt. Unterstützt wurden die USA dabei von Kanada. Die EU hat diesen Streitfall 1999 verloren und den USA wurde erlaubt, 116,8 Mio. US-Dollar Strafzölle pro Jahr auf diverse EU-Produkte zu erheben.

Bananen-Klagen

Auch Sozialstandards sind durch die WTO gefährdet. So haben beispielsweise die USA und Kanada 1999 die EU vor der WTO verklagt, weil diese Bananen von Kleinbauern aus der Karibik bevorzugte. Sie hatten mit der Klage Erfolg: Die WTO verhängte Strafzölle in Höhe von 191 Millionen Dollar, woraufhin die EU ihre Einfuhrbestimmungen für Bananen änderte. Der Preisvorteil für die karibischen Kleinbauern entfiel. Tausende verloren dadurch ihre Arbeit. Die großen Bananenkonzerne, wie Chiquita, übernahmen die Anbauflächen, legten riesige Plantagen an und zerstörten damit lokale Gemeinschaften und die Umwelt. Pikant: Kurz bevor die USA bei der WTO aktiv wurden, erhielt die US-Administration eine Spende über eine halbe Million Dollar von Chiquita. Das Ziel des Bananenmultis war klar: Er wollte den Zugang zum europäischen Markt für seine eigenen Bananen. Umwelt und soziale Gerechtigkeit haben wieder einmal das Nachsehen.

Die WTO als Drohkulisse

Einige Regierungen nutzen die Drohung mit einer WTO-Klage gezielt als Waffe, um Umwelt- und Gesundheitsregelungen zu blockieren. Ein Beispiel ist die EU-Chemikaliendirektive, die momentan erarbeitet wird.[6] Zwar ist der EU-Entwurf aus Sicht des Gesundheitsschutzes unzureichend – ein Resultat der Lobbyarbeit der deutschen Chemieindustrie, die Bundeskanzler Schröder auf ihre Seite ziehen konnte. Immerhin würde er aber sicherstellen, dass Chemikalien in Zukunft registriert und genehmigt werden müssten, bevor sie in Umlauf gebracht werden können. Dagegen läuft die Industrie Sturm. Der ewige Helfer der Konzerne, die USA, haben bereits einen WTO-Handelskrieg angedroht, da

---

[6] Siehe www.chemicalreaction.org

die EU-Vorschläge ihres Erachtens ein »teueres, umständliches und zu komplexes Regulierungsverfahren bedeuten«. Der Chef der US-Handelskammer nannte die EU-Vorschläge »verkappten Protektionismus«.[7]

Sollte es Industrie und USA glücken, die positiven Elemente der EU-Chemikalienpolitik zu kippen, dann wäre es nicht das erste Mal, dass allein die Drohung mit der »WTO-Keule« ausreicht, um umweltpolitische Fortschritte zu blockieren. In einem anderen Fall hatten die USA Bolivien und Sri Lanka erfolgreich daran gehindert, Gentechnikverbote einzuführen. Auch Kroatien, Thailand und Südkorea gaben Pläne für strikte Regulierungsverfahren daraufhin auf. Sie alle hatten Angst vor möglichen WTO-Strafzöllen.[8] Im Fall von Sri Lanka wurde beispielsweise mit Strafzöllen in der Höhe von 190 Millionen Dollar gedroht – eine finanzielle Überforderung für ein derart kleines Land.

Auch bei Verhandlungen über multilaterale Umweltabkommen, wie dem Kyoto-Protokoll zum Klimaschutz, ist es dasselbe Spiel. Regierungen – allen voran die »Achse des ökologischen Bösen« aus den USA, Kanada und Australien – drohen regelmäßig damit, schärfere Bestimmungen durch die WTO wieder verbieten zu lassen.[9] Viel zu selten lassen es andere Länder darauf ankommen, zu oft nehmen sie stattdessen ihre fortschrittlichen Vorschläge für mehr Schutz von Mensch und Umwelt zurück. Wenn doch einmal ein strenges multilaterales Umweltabkommen verabschiedet wurde, dann zücken die USA in der Regel den WTO-Joker. So ist es sicherlich kein Zufall, dass sie den Gentechnikstreitfall (s.o.) kurz vor dem Inkrafttreten des Cartagena-Protokolls (im September 2003) anstrengten. Denn das Cartagena-Protokoll zur Biologischen Sicherheit regelt den internationalen Handel mit Genprodukten und erlaubt explizit, Gentechnikeinfuhrverbote zu verhängen. Die US-Attacke gegen die EU ist somit auch ein Versuch, diese internationalen Regeln zu unterlaufen – und alle Länder zu warnen, die Bestimmungen des Cartagena-Protokolls für Gentechnik-Importverbote zu nutzen.

Auch EU und Bundesregierung stärken die Konzerne: GATS und Investitionsabkommen

Als könnten die Konzerne und die ihnen hörigen Regierungen nicht schon genügend Schaden anrichten – momentan werden ihnen immer weitere Rechte zugestanden. Eine besondere Rolle spielen dabei das Dienstleistungsabkom-

---

[7] Chemical and Engineering News, June 11, 2003.

[8] Siehe Lopez, Resisting Unilateralism: Biosafety proponents vs the US; in: Friends of the Earth International, Fertile resistance, unter http://www.foei.org/publications/biodiversity/agro_eng2.pdf.

[9] Siehe Friends of the Earth International, Dirty deals: cases of corporate influence over global environmental negotiations, http://www.foei.org/publications/biodiversity/deals_eng.pdf .

men in der WTO (General Agreement on Trade in Services, GATS) und das geplante Investitionsabkommen.

Das GATS zielt darauf ab, durch bindende Verpflichtungen der Einzelstaaten den Dienstleistungssektor weltweit zu liberalisieren. Noch steckt dieser Prozess in den Anfängen, doch es ist absehbar, dass das GATS fast jeden Aspekt unseres Lebens betreffen wird. Vielfach wird behauptet, dass Dienstleistungen umweltfreundliche Güter seien, weil sie keine Ressourcen verbrauchen und keine Schadstoffe ausstoßen würden. Dieser Glaube entbehrt leider jeder Grundlage!

Die Liberalisierung des Dienstleistungshandels kann sehr wohl massive negative Auswirkungen auf die Umwelt und die Arbeitsbedingungen der Menschen haben. So könnte es beispielsweise zu einer Verlagerung der Transporte von der Schiene auf die Straße oder den Flugverkehr kommen – wodurch sich die klimaschädlichen Effekte erhöhen würden. Beim Personenfernverkehr ist dieser Trend schon deutlich zu beobachten. Das GATS bedroht aber auch nationale Gesetze in umweltsensitiven Bereichen wie der Öl- und Gasförderung, Wasserver- und -entsorgung oder dem Tourismus.

Obwohl das GATS Auswirkungen auf allen Ebenen – von der Stadtverwaltung bis zum EU-weiten Wettbewerb – haben wird, finden die Verhandlungen hinter verschlossenen Türen statt. Das ist schlimm, weil GATS-Regeln, wenn sie einmal abgeschlossen sind, so gut wie irreversibel sind. Ist ein Umweltgesetz als »mehr handelseinschränkend als nötig« definiert, dann kann ein Land, das trotzdem an diesem Gesetz zum Schutz der Umwelt festhält, vor dem DSB der WTO verklagt werden. Und es wird diesen Streit mit Sicherheit verlieren. Zwar kann ein Land Gesetze anmelden, die dann auch unter dem GATS zulässig sind. Dies geht allerdings nicht rückwirkend. Und gerade Entwicklungsländern fehlt häufig die Expertise, um zu wissen, welche Gesetze sie anmelden sollten, bevor sie einen Sektor liberalisieren – und welche Gesetze sie in Zukunft noch benötigen könnten.

Der Hauptmotor der GATS-Verhandlungen ist die EU. Im Juli 2003 hat sie Marktöffnungsforderungen an 109 Länder gestellt – auch in ökologisch bedeutenden Bereichen wie Energieversorgung, Wasser, Verkehr und Tourismus. Hinter der EU steht die Industrielobby, die sich im European Services Forum zusammengefunden hat. So wollen sich beispielsweise Europäische Wasserkonzerne wie Vivendi oder RWE über das GATS lukrative Märkte in den Entwicklungsländern sichern. Der Deutsche Bundestag hat zwar am 3. Juli 2003 einen kritischen Beschluss zu den GATS-Verhandlungen gefasst.[10] Eine Rücknahme der EU-Forderungen – etwa im Wasserbereich, wo die Liberalisierung bereits heute zu Preiserhöhungen und schlechterer Wasserqualität führt – hat er aber nicht

---

[10] Siehe Bundestagsdrucksache 15/1317 unter www.bundestag.de

verlangt. Und das Bundesministerium für Wirtschaft und Arbeit hat im August 2003 klargestellt, dass sich an seiner Liberalisierungspolitik – Bundestagsbeschluss hin oder her – nichts ändern wird.

Zusätzlich zum GATS droht derzeit eine weitere Machtausweitung der WTO im Dienste der Konzerne: ein Investitionsabkommen. In den 1990er Jahren hat die OECD (Organisation for Economic Cooperation and Development) bereits versucht, ein Multilaterales Investitionsabkommen (MAI) zu verabschieden. NGOs bekamen damals aber Wind von dieser geheim verhandelten »Investorencharta« und konnten sie durch öffentlichen Druck stoppen. Nun gibt es einen zweiten Anlauf, dieses Mal bei der WTO. Auch hier übernimmt die EU die Rolle des Motors – und arbeitet dabei Hand in Hand mit den Konzernen. So hat die EU beispielsweise in den Jahren 1999 und 2000 mit ca. 10.000 großen Konzernen Rücksprache gehalten, um deren Prioritäten für ein Investitionsabkommen zu erfahren. Auch die internationale Handelskammer (International Chamber of Commerce, ICC) hat sich für ein WTO-Investitionsabkommen stark gemacht. Der ehemalige Leiter der Handelsarbeitsgruppe der ICC, Stefan Bertasi, stellte treffend fest: »Wir hatten immer schon, seit vielen Jahren, eine enge Beziehung zur WTO... Die ICC war immer schon ein direkter Weg, um die WTO zu beeinflussen.« Und die ICC ist nicht allein: Auch die europäische Arbeitgeberorganisation UNICE, der Transatlantische Wirtschaftsdialog (TABD) und das European Services Forum machen sich sowohl formell als auch informell für ein Investitionsabkommen stark.[11]

Ein Investitionsabkommen innerhalb der WTO würde auf den Grundprinzipien Marktzutritt, Meistbegünstigung und Inländerbehandlung aufbauen. Dadurch würde das Recht der Staaten, soziale und ökologische Auflagen zu machen, beschnitten.[12] Einige Länder schränken zum Beispiel aus Umweltschutzgründen den Zugang ausländischer Firmen zu öffentlichem Land oder Wäldern ein. Oder sie schließen ausländische Firmen von gefährlichen Wirtschaftsbereichen, wie der Beseitigung von Sondermüll, aus. Das widerspricht aber der »Inländerbehandlung« die festlegt, dass ausländische und einheimische Firmen gleich zu behandeln sind. Gleichzeitig würde ein WTO-Investitionsabkommen bedeuten, dass ausländische Konzerne nationale Umweltgesetze angreifen könnten, die sie als handelshemmend empfinden. Dies könnte beispielsweise die gesetzlich vorgeschriebene Nutzung der neuesten und ökologisch vorteilhaftesten Technologie betreffen.

---

[11] Siehe Corporate Conquistadors in Cancun: The EU offensive for WTO investment negotiations; InvestmentWatch Brief, July 2003, www.investmentwatch.org

[12] Eine detaillierte Begründung, warum ein WTO-Investitionsabkommen schädlich wäre, findet sich in: BUND: Kein Investitionsabkommen in der WTO, Keine neuen Rechte für Konzerne in Cancun, http://www.bund.net/lab/reddot2/pdf/investitionsabkommen.pdf

Besonders bedrohlich wäre es, wenn ein »investor to state«-Streitschlichtungsverfahren in der WTO eingeführt werden sollte. Dann könnten Konzerne Regierungen direkt bei der WTO verklagen. Würden beispielsweise die Vorschläge der OECD zum Thema »direkte und indirekte Enteignung« in der WTO zur Anwendung kommen, dann wäre es Nationalstaaten praktisch verboten, ihre Umwelt zu schützen. Umweltgesetze könnte sich schier niemand mehr leisten. Das Nordamerikanische Freihandelsabkommen NAFTA ist eine ernst zu nehmende Warnung.[13] Dort haben Streitschlichtungsverfahren gegen Staaten, viele davon zu Umweltthemen, bereits zu Strafzöllen von über 13 Milliarden Dollar geführt! Die US-Firma Metalclad verklagte beispielsweise das Land Mexiko auf 90 Millionen Dollar. Metalclad hatte in Mexiko Land gekauft, um eine Sondermüllanlage zu errichten. Wegen eines Naturschutzgebietes in der Gegend der geplanten Anlage und einiger planerischer Auflagen konnte Metalclad die Sondermüllanlage aber nie in Betrieb nehmen. Dies definierte Metalclad als indirekte Enteignung und forderte die ursprünglichen Investitionskosten zurück. Das NAFTA-Streitschlichtungsverfahren gab dem Unternehmen Recht!

Ein WTO-Investitionsabkommen ist gefährlich, weil es Konzernen weitere Rechte zugestehen, aber keinerlei Pflichten auferlegen würde. Deswegen formiert sich gegen ein solches Abkommen eine weltweite Opposition, die von Entwicklungsländern, wie Indien, bis hin zu Umwelt- und Entwicklungs-NGOs, Attac und vielen Gewerkschaften reicht. Die WTO ist der falsche Ort, um Regeln für die globalisierte Wirtschaft aufzustellen. Globale Regeln für die »Global Players« sind dringend notwendig.

Die Alternative: Rechte für Menschen – Pflichten für Konzerne

Die Vereinten Nationen sollten deshalb eine Konvention verabschieden, die Rechte und Pflichten von Investoren gleichermaßen festlegt. Eine UN-Konvention zur globalen Unternehmensverantwortung und Unternehmenshaftung (»corporate accountability including liability«) sollte mindestens die folgenden Elemente enthalten:[14]

1. Berichtspflicht für Firmen über die *gesamten* ökologischen und sozialen Folgen ihres Tuns.

2. Konsultationspflicht mit Betroffenen, die dem geplanten Projekt zustimmen und für Beeinträchtigungen gerecht entschädigt werden müssen. Ausweitung der Haftpflicht auf Firmenchefs, sollte gegen nationale oder internationale Gesetze und Vereinbarungen verstoßen werden.

---

[13] Siehe z.B. Friends of the Earth US und Public Citizen: NAFTA Chapter 11, Investor to State Cases: Bankrupting Democracy, www.citizen.org/documents/ACF186.PDF

[14] Für eine detaillierte Position siehe Friends of the Earth International, Towards Binding Corporate Accountability, http://www.foei.org/corporates/towards.html

3. Globales Klagerecht für alle, die von Unternehmensaktivitäten betroffen sind. Betroffene müssen zu den Gerichten der »Heimatländer« der Konzerne Zugang bekommen und – wenn nötig – für ihre Klagen finanzielle Unterstützung erhalten.

4. Ein Gemeinschaftsrecht auf Ressourcen. Gemeinschaften (»communities«) sollen ein verbrieftes Recht auf diejenigen Ressourcen – wie Wälder oder Bodenschätze – erhalten, die sie für eine gesunde und nachhaltige Lebensweise brauchen.

5. Hohe Standards für Unternehmensverhalten auf der Basis von existierendem internationalem Recht (wie den Standards der International Labour Organisation) müssen festgelegt und umgesetzt werden.

6. Dazu braucht es ein klares Strafmaß für Verstöße gegen die neue Konvention, wie etwa die Suspendierung einer Firma von den globalen Aktienmärkten. Ein ausreichend ausgestattetes Kontrollorgan ist notwendig.

Die Forderung nach einer UN-Konvention zur Unternehmensverantwortung ist nicht so illusorisch, wie sie zunächst klingen mag. Seit dem Weltgipfel für nachhaltige Entwicklung, der 2002 in Johannesburg stattfand, gibt es einen klaren Auftrag der globalen Staatengemeinschaft, Regeln zur Unternehmensverantwortung zu schaffen.[15] Leider ignorieren die meisten Regierungen, auch die Bundesregierung und die EU, diesen Auftrag bisher. Nur breiter gesellschaftlicher Druck kann daran etwas ändern. Die Vereinten Nationen könnten wieder stärkere gesellschaftliche Akzeptanz gewinnen, wenn sie verbindliche Regeln zu den ökologischen und sozialen Pflichten der Wirtschaft formulieren und somit klar eine Alternative zur WTO darstellen würden. Daran gilt es zu arbeiten.

---

[15] Paragraph 49 des in Johannesburg verabschiedeten Aktionsplans besagt: »[Es] braucht sofortiges Handeln auf allen Ebenen um: basierend auf den Rio-Prinzipien aktiv die Unternehmensverantwortung voranzutreiben. Auch durch die Entwicklung und wirksame Umsetzung von zwischenstaatlichen Vereinbarungen und Maßnahmen«.

Angelika Zahrnt

Lebensstil light: Gut leben statt viel haben?

Ökologie und Gerechtigkeit müssen zusammen gedacht werden. Denn die natürlichen Ressourcen, die wir zur Verfügung haben, um Wohlstand für alle Menschen in der Welt zu schaffen, sind endlich. Bereits heute verbrauchen wir mehr Ressourcen, als die Natur regenerieren kann. Und nur 20% der Weltbevölkerung nutzen 80% dieser Ressourcen. Eine globale Gerechtigkeit ist jedoch nicht auf dem Niveau des heutigen westlichen Wohlstandes denkbar. Fünf Planeten wären notwendig, wollten die Länder des Südens dem Entwicklungspfad des Nordens folgen. Es ist also höchste Zeit umzudenken: wir brauchen einen verantwortungsvollen Umgang mit der Natur und zugleich einen zukunftsfähigen Weg, den Bedürfnissen der Menschen weltweit gerecht zu werden. Wolfgang Sachs spricht davon, einen »ressourcenleichten Wohlstand zu erfinden, der es erlaubt, mit den Grenzen der Ressourcen zu leben«. »Leicht auftreten«, ist das Stichwort.

In diesem Sinne muss umgesteuert werden in der internationalen Politik, vor allen Dingen aber in der Wirtschafts- und Verkehrspolitik, im Klimaschutz und der Energiepolitik der Industrieländer. Darüber hinaus bedeutet »leicht auftreten« eine Veränderung im Lebensstil der Bevölkerung in den Ländern des Nordens. Das betrifft direkt auch unseren persönlichen Lebensstil.

Spätestens seit Mitte der 1990er Jahre thematisieren Verbraucher- und Umweltorganisationen, wie wichtig der private Konsum für ein zukunftsfähiges Deutschland ist. Das Umweltbundesamt stellte fest, dass ein mindestens ein Drittel aller Umweltprobleme direkt oder indirekt konsumbedingt seien.

Ein verändertes Konsumverhalten ist mittlerweile in vielen Feldern selbstverständlich geworden. Niemand würde mehr ein Auto ohne Katalysator kaufen, die meisten achten bei einer neuen Waschmaschine auf Wasser- und Stromverbrauch. Doch die Veränderungen liegen zumeist auf der Effizienzseite. Auch im Bereich der Herstellung ist mit Effizienzstrategien einiges erreicht worden, um z.B. den CO_2-Ausstoß zu verringern. Dabei bleiben die Wachstumskonzepte aber ungebrochen, als ob Verteilungsproblemen und der Begrenztheit der Ressourcen mit Wirtschaftswachstum und Effizienzgewinnen begegnet werden könnte.

Auch sind die Verbesserungen im Konsum nicht durchgängig: Mit dem jüngsten Boom der Billigflüge ist das Fliegen für viele noch attraktiver geworden; und der Staat unterstützt das mit seiner Subventionspolitik wie der fehlenden Besteuerung von Flugbenzin.

Ein grundlegender Wechsel der Lebensweisen in den Industrieländern und im Verhalten der Einzelnen hat nicht stattgefunden. Und nach wie vor ist es schwierig, Lebensstilfragen zu thematisieren, obgleich die internationale Perspektive klar bedeutet, dass unser überhöhter Ressourcenverbrauch weniger eine »Privatsache«, sondern vielmehr ein Politikum ist.

Dabei wird eines sicherlich oft übersehen: Ein anderer Lebensstil bedeutet nicht nur, sich politisch einzubringen, durch ein bewusstes Verbraucherverhalten zum Beispiel, sondern er kann zugleich auch bedeuten, sich selbst etwas Gutes zu tun. Ein anderer Lebensstil wäre nicht nur ressourcenleichter, sondern auch ein Beitrag zu Lebensqualität und Gesundheit.

Gut und gesund leben: Vom pfleglichen Umgang mit sich und der Welt

Geht es uns gut? Der internationale Vergleich sagt eindeutig: Ja, es geht uns gut. Es geht uns sehr viel besser als der großen Mehrheit der Menschen auf dieser Erde. Wir werden erheblich älter als die Bewohnerinnen und Bewohner armer südlicher Regionen. 20 Jahre mehr Lebenszeit haben wir im Durchschnitt zur Verfügung. Aber wir spüren auf vielfältige Weise, dass Statistiken allein wenig über unser Wohlbefinden aussagen.

Gesundheit: Das bedeutet körperliches und seelisches Wohlbefinden. Ein Zustand also, der sich nur teilweise messen lässt – anhand von Blutwerten, Sehschärfe oder Gewicht. Ein Zustand, der auch stark auf der persönlichen Wahrnehmung gründet und beeinflusst wird von dem, was vielleicht dem einen besonders fehlt, während die andere den Mangel gar nicht spürt.

Das ist bei Umwelt und Gesundheit ähnlich. Ihre Belastung lässt sich messen, ihr Verlust auch. Aber die wahren Konsequenzen des Verlustes sind vor allem zu spüren. »Der stumme Frühling« hieß das Buch von Rachel Carson, mit dem alles begann. Ein emotionaler Titel, der die Menschen daran erinnerte, dass Vögel nicht nur Teil der Ökosysteme sind, sondern früh morgens tschilpen, zwitschern, so die wärmeren Tage ansagen und in uns Frühlingsgefühle wecken.

Umwelt und Gesundheit haben gemeinsam, dass man sie lange belasten kann, dass sie erstaunlich regenerationsfähig sind, bevor der Punkt kommt, an dem die Systeme zusammenbrechen. Wenn zum Beispiel Seen umkippen oder das Immunsystem nicht mehr funktioniert. Bei seiner Umwelt wie bei seiner Gesundheit muss der Mensch lernen, Warnzeichen ernst zu nehmen, Gefahren vorsorglich zu begegnen und nicht abzuwarten, bis die Grenzen der Belastbarkeit überschritten sind.

Sehr häufig ist die Belastung der Umwelt unmittelbar mit Gesundheitsgefahren verbunden. Aus dieser Sorge erwuchs in den 1970er Jahren der Widerstand gegen Atomkraftwerke und Müllverbrennungsanlagen. Daraus entwickelten sich die Auseinandersetzungen um Schadstoffe in Holzschutzmitteln und Lebensmitteln. Das Engagement für eine andere Verkehrspolitik warb für bessere Luft und weniger Lärm, mehr Sicherheit für Fußgänger, Radfahrer und vor allem Kinder. Aus Sorge um die eigene Gesundheit und die der Kinder, aus eigener Betroffenheit entstanden Selbsthilfegruppen – wie »allergiekrankes Kind« oder »Interessengemeinschaft der Holzschutzmittelgeschädigten« –, Bürgerinitiativen und Umweltgruppen.

Angelika Zahrnt: Langsamer, weniger, besser, schöner

Aus privater Sorge erwuchs politisches Engagement. Dieses Motiv ist eine der starken Wurzeln der Umweltbewegung, wie die aktuellen heftigen Auseinandersetzungen um die Gefahren des Mobilfunks zeigen. Die Erfahrung, wie sehr unser Körper von Außeneinflüssen bestimmt wird, zeigt unsere begrenzten Möglichkeiten rein individueller Gesundheitsfürsorge.

»Wir haben keine Körper, wir sind Körper«, erinnerte der Begründer der Gestalttherapie Fritz Perls vor Jahrzehnten schon an eine Banalität, die wir in unserer Überheblichkeit leicht vergessen. Ähnlich überheblich – aber unumkehrbar eingebürgert – ist es eigentlich, wenn wir von »Um-Welt« sprechen. Wir suggerieren damit, der Mensch sei autonom. Doch Menschen sind nur ein Teil ihrer »Mit-Welt«. Wir sind Teil des steten Wechselspiels von Gestalten und Geprägt-werden. Alles, was wir tun, wirkt in diese Mitwelt hinein und auf uns zurück.

Gut leben: Lassen wir es uns und der Umwelt gut gehen

Langsamer, weniger, besser und schöner

»Heute bedroht eher der Überfluss an Optionen unsere Orientierungsfähigkeit und unsere Unabhängigkeit. Die Begrenzung ist die Chance«, meint Hans Glauber, Vorsitzender des Südtiroler Öko-Instituts und Initiator der »Toblacher Gespräche«. Dort suchte man schon 1992 eine Zukunftsvision des »langsamer, weniger, besser, schöner« zu fassen.

»Zeitwohlstand statt Güterwohlstand« propagierte 1996 die Studie »Zukunftsfähiges Deutschland« von BUND und Misereor. »Gut leben statt viel haben« wurde zum BUND-Motto. Doch der Weg zu diesem entschleunigten Lebensstil, zur Eleganz der Einfachheit, zu einer zukunftsfähigen Gesellschaft mit nachhaltiger Lebensweise ist beschwerlich. Denn er verlangt, dass wir in großem Umfang das Private ändern, um einen Beitrag zu internationaler Gerechtigkeit zu leisten und das Politische zu beeinflussen. »Das Private ist politisch.« Dieser Spruch aus den 1968er Zeiten bleibt gültig.

Doch so direkt die Verbindung vom Privaten zum Politischen in vielen Biografien von Umweltaktiven ist, so wichtig ist es, immer wieder innezuhalten, zu überlegen und nachzuspüren, ob die Inhalte und Ziele des eigenen politischen Engagements sich auch in der eigenen Lebensweise widerspiegeln. Hier geht es zum einen um unsere persönliche Gesundheit und Ausgeglichenheit, aber auch um die Auswirkungen auf Markt und Politik, die unser eigenes Alltagshandeln haben kann.

Würden alle fünf Millionen Mitglieder des Deutschen Naturschutzrings sich mit Bio-Lebensmitteln versorgen, welche Marktmacht entstünde daraus? Würden sich mehr Menschen zu ökologisch und sozial verantwortlichen Geldanlagen entschließen, welche Lenkungsfunktion hätte dies?

Diese Ansprüche – zu kaufen, was ökologisch und sozial gerecht hergestellt wurde, zu reparieren, was nicht gleich ersetzt werden muss, zu verzichten auf das, was gar nicht notwendig ist – empfinden viele als Überforderung. Zurück bleibt oft ein Gefühl der Hilflosigkeit und damit Grund genug, nichts zu ändern.

Dabei lohnte es sich, über Veränderungen des Lebensstils, über die eigenen Wünsche (über den Konsum hinaus) nicht nur nachzudenken, sondern umzudenken und zu handeln, weil es unserer Gesundheit und Umwelt gleichermaßen gut bekommen würde.

Es lohnte sich, einmal mehr Heinrich Bölls Geschichte von dem Fischer zu lesen, der nach seinem erfolgreichen Fang am Strand sitzt und auf die Wellen schaut. Auf die Frage des Touristen, warum er denn nicht noch einmal hinausfahre, um mehr Geld zu machen, sich ein größeres Boot zu kaufen und irgendwann soviel Geld zu haben, dass er den ganzen Tag am Strand sitzen könne, fragt er verständnislos: »Aber das tue ich doch gerade, oder?«

Es lohnte sich. Denn unser Arbeitsstress, der daraus folgende Freizeitstress, gepaart mit dem ständigen Mangel an Zeit, hinterlässt auch eine gestresste Natur. Oder mit den Worten von Beate Seitz-Weinzierl: »Glückliche Menschen machen weniger kaputt.«

Einen anderen Lebensstil vermitteln: Internationale Gärten und Nachhaltiger Filmblick

Was lässt sich daraus für den BUND und für die individuelle Arbeit der politisch Aktiven in der Umweltbewegung (und darüber hinaus) ableiten? Verbraucherfragen und Lebensstil, Gesundheit und Umwelt sind wichtige Facetten unserer Themen auf Bundesebene, eng verknüpft mit unseren politischen Zielen.

Die Arbeit von politischen Initiativen und Umweltgruppen vor Ort und die Lokale Agenda in Städten und Gemeinden ist – da mag sie noch so zäh sein – ein wichtiger Schritt in die richtige Richtung. Angebote zu entwickeln, die die Sehnsüchte der Menschen nach Ruhe, nach Natur aufgreifen, schulen deren Blick für das naheliegende Schöne, für wiederkehrende, natürliche Rhythmen. Kinder, die Natur kennen- und schätzen lernen, die mit dem Fahrrad zum Training oder zur Musikschule fahren, die zu Fuß in die Schule gehen, auf deren Dach eine Solaranlage installiert ist, werden von diesen Erfahrungen ihr Leben lang begleitet werden.

Wie das Wiederentdecken der Natur eine interkulturelle Bedeutung gewinnen kann, zeigt das Projekt der Internationalen Gärten in Göttingen. Das Projekt wurde 1996 von deutschen Frauen und Flüchtlingsfrauen ins Leben gerufen, heute sind mehr als 300 Menschen aus 20 Ländern an den Gärten beteiligt. Ausgangspunkt war der Wunsch, das eigene Leben auch im Exil wieder in die Hand zu nehmen: »Über die Berührung von elementaren Dingen wie Erde und Pflanzen entstanden neue Verbindungen und Verwurzelungen und ein Konzept, das den biologischen Gartenbau mit handwerklichen, ökologischen und umweltbildenden Aktivitäten verknüpft«, schreibt die Soziologin Christa Müller. »Erfinden, wiederfinden und neu verorten«, so lassen sich die kreativen und nachhaltigen Prozesse beschreiben, für die die internationalen Gärten Raum bieten.

Das Experiment, einen anderen Lebensstil über Bilder zu vermitteln, wagt das Projekt Nachhaltiger Filmblick. Mit ganz unterschiedlichen Filmspots wird versucht, vorrangig junge Leute anzusprechen und unsere Verantwortung gegenüber der nächsten Generation zu thematisieren – der Bumerang, den der Vater in die Luft schleudert, kommt nach langer Reise zurück und trifft den kleinen Sohn am Kopf. Gleichzeitig steht bei den Videos die Lebensqualität im Mittelpunkt, die ein Leben jenseits vom Automobilverkehr und Güterkonsum ausmacht: Ein anderer, nicht-materialistischer Lebensstil ist angesagt und attraktiv. Es lässt sich sicherlich darüber streiten, wie angebracht die Mittel der klassischen Werbung für diese Botschaft sind. Und wie der Medienmacht der Werbung für Konsumgüter wirklich etwas entgegengehalten werden kann. Doch in jedem Fall fügt sich das Projekt in eine vielfältige Landschaft, es geht darum, auf möglichst vielen Wegen möglichst viele Menschen anzusprechen.

Zeigen, wie es geht: Verbraucherinfos wie der Münchner Agenda-Internetdienst www.lifeguide-muenchen.de und Initiativen wie das Berliner ökumenische Projekt »Aufbruch – anders besser leben« unterstützen die Suche nach einem Weg aus den Mechanismen unserer Wachstums- und Konsumgesellschaft in eine nachhaltige Zukunft.

Mag sein, dass die alten Wachstumsrezepte noch lange in den politischen Kochbüchern ganz vorn zu finden sind. Doch wer sich für die Verlangsamung und für den Zeitwohlstand engagiert, pflegt sich, hilft anderen und arbeitet an einer zentralen Herausforderung: Eine Lebensart zu entwickeln, die unserer Verantwortung gegenüber der Mehrheit der Menschen heute und zukünftigen Generationen gerecht wird. Lassen wir es uns und anderen – und der Umwelt – gut gehen. Wirklich gut gehen. Ein anderer Lebensstil ist möglich.

Martin Kaiser Ja Logo! Internationale Öko- und Soziallabel

Lebensmittel im Supermarkt, Möbel im Baumarkt und der Strom aus der Steckdose sind fast immer anonym. Der Verbraucher erfährt über die meisten Produkte auf dem Weltmarkt nicht, wo sie herkommen, mit welchen Methoden und unter welchen Bedingungen sie produziert wurden. Die Anonymität der Produkte kaschiert gegebenenfalls sozial und ökologisch unakzeptable Produktionsmethoden. Label – etwa Biosiegel in der Landwirtschaft, Handelslabels wie Fair Trade oder weltweit anerkannte Zertifikate wie das FSC-Siegel für Holz – bieten Konsumenten und politischen Entscheidungsträgern hingegen Orientierung bei ihren täglichen Kaufentscheidungen. Die ordnungspolitische Kontrolle und Regulierung der Produktionsmethoden ist durch die Entkoppelung von Produktions- und Marktstandorten und deren Verlagerung in andere Länder vielfach verloren gegangen oder existiert nicht. Die Globalisierung führt zum Abbau von Umwelt- und Sozialstandards. Durch Zertifizierung wird eine Kontrolle von glaubwürdigen Standards und Kriterien wieder eingeführt und besser kommunizierbar gemacht.

Logos: Transparenz auf dem Markt und Machtinstrument für KonsumentInnen

Verbraucherinnen und Verbraucher vergleichen überwiegend die Preise bei gleicher technischer Qualität. Sorge vor Gesundheitsgefährdung, eine ethische Verantwortung für den Umwelt- und Naturschutz sowie sozialer Gerechtigkeitssinn lassen diese auch nach teureren Produktalternativen nachfragen.

Logos wie der Blaue Engel sind längst bekannt und in den Köpfen der Menschen als eine umweltfreundlichere Alternative verankert. Zur Zeit der Hochphase der BSE-Krise ist die Nachfrage nach Produkten aus dem ökologischen Landbau deutlich angestiegen. Mit dem Biosiegel hat dann auch die Bundesregierung ein Zeichen geschaffen, das Vertrauen in gesunde Nahrungsmittel beim Endabnehmer schaffen soll.

KonsumentInnen können über die Logos gleich doppelt auf den Markt einwirken: Zum einen können sie diejenigen Produkte im Regal lassen, für die Urwälder zerstört wurden, massenweise Pestizide eingesetzt wurden, die Luft mit giftigen und klimaschädlichen Abgasen belastet wird, Arbeiter nur Minilöhne erhalten haben oder die in Kinderarbeit produziert wurden. Im Extremfall können KonsumentInnen durch Kaufverzicht sogar eine Änderung der Unternehmenspolitik erzwingen. Auf der anderen Seite können sie durch den Kauf von Produkten mit glaubwürdigen Öko- oder Soziallabeln solche Betriebe und

Beispiel Strom: Logos als Machtinstrument für KonsumentInnen

Unternehmen fördern, die ihre Produkte in sozial und/oder ökologisch nachhaltiger Weise produzieren.

Organisationen wie die Verbraucherinitiative, die Verbraucherzentralen, das Greenpeace-Einkaufsnetz oder Foodwatch versuchen zunehmend, die VerbraucherInnen zu mobilisieren und ihnen ihre Macht bewusst zu machen. Firmen sind durch Kaufverzicht am verwundbarsten. So hat sich beispielweise IKEA, der Global Player des Möbelmarktes, der immense Mengen an Holz für seine Produkte braucht, bereits 1999 aus Angst vor KonsumentInnenkampagnen verpflichtet, kein Holz aus den letzten großen Urwaldgebieten der Erde zu kaufen. Die Ausnahme bildet Holz, das nach dem glaubwürdigen FSC-Zertifikat geprüft wurde.

Gerechter sozialer Handel

Die Produktion unserer Güter ist durch die Entkoppelung von Produktions- und Konsumptionsstandorten untrennbar mit ökologischen und sozialen Fragen und Problemen verbunden. Zwar profitiert die Volkswirtschaft eines Entwicklungslandes von der Produktion von Rohstoffen für die Weltmärkte, aber nur viel zu selten die betroffene Bevölkerung. Die Nähe zum Rohstoff, katastrophale Arbeitsbedingungen mit niedrigsten Löhnen und marginalen Umweltauflagen reduzieren die Kosten für transnationale Konzerne in vielen Entwicklungsländern erheblich und machen sie deshalb als Produktionsstandort so interessant. Zeichen wie Fair Trade stehen dafür, dass Konsum in den Ländern des Nordens und durch die Eliten den Südens nicht zu Lasten der produzierenden Menschen in den Entwicklungsländern geht. Klare, überprüfte Kriterien und ein glaubwürdiges Logo garantieren einen Nord-Süd-gerechten Konsum.

Einige Label – wie z.B. FSC – verstehen sich als Umwelt- und Soziallabel, da beide Komponenten untrennbar für eine nachhaltige Entwicklung sind. Auch Fair Trade ist eine Kooperation mit Ökolabeln eingegangen, um einen umfassenderen Ansatz befördern zu können.

Einige Regierungen von Entwicklungsländern sehen in Öko- und Soziallabeln eine neue Form der Marktabschottung durch die reichen Länder und damit eine Benachteiligung des Südens. Sie werfen dem Norden »Ökoprotektionismus« vor. Doch die Ressourcenknappheit, der Schutz der Umwelt und der Menschenrechte machen eine Ausweitung von Umwelt- und Sozialstandards auch im Süden unausweichlich.

Stromlabel stecken noch in den Kinderschuhen

Ökolabel für Strom stehen noch am Anfang ihrer Entwicklung. Strom, ob aus Windkraft, Solaranlagen, Wasserkraft oder Atom- und Kohlekraftwerken, ist an der Steckdose physikalisch gleich. Die Art und Weise der Produktion unterscheidet sich jedoch stark. Entscheidend ist, welche Energiequelle (Atom, Kohle, regenerative Quellen) und welcher Betreiber das Geld vom Verbraucher bekommt. Neben dem Strompreis interessiert die VerbraucherInnen, aus welchen Kraftwerken der Strom eingespeist wird, welchen zusätzlichen ökologischen Nutzen der Bezug von Ökostrom hat und wie glaubwürdig und transparent der Anbieter ist. In der Diskussion über Strom-Labelling werden drei verschiedene Instrumente angeführt:

- Label für Ökostromprodukte/-unternehmen,
- handelbare Zertifikate für regenerativ eingespeisten Strom (RECS) und
- Kennzeichnung der Stromherkunft (EU-Richtlinie).

Bei der Entwicklung von Ökostromlabeln ist noch ungeklärt, ob das Produkt »Strom« gelabelt werden soll, oder der Anbieter. Wie bei jedem glaubwürdigen Ökolabel muss auch hier Transparenz bezüglich des Energiemixes, der Kriterien und Kriterienänderungen, der Ausnahmeregeln sowie der Bezugs-Kraftwerke hergestellt werden. Auch die Finanzierung des Anbieters muss transparent gemacht werden.

Die handelbaren Zertifikate für regenerativ eingespeisten Strom beruhen auf dem Prinzip, dass der Betreiber einer regenerativen Anlage den Strom zu Marktpreisen an Abnehmer verkauft bzw. ins Netz einspeist. Den Umweltnutzen bietet er per Zertifikat an Dritte zum Kauf an. Der Versorger kauft physikalisch (grauen) Strom z.B. an der Strombörse an und dazu für die gleiche Menge Zertifikate aus einer regenerativen Anlage. Diesen Strom kann er dann als »Ökostrom« anbieten.

Die Vorteile des bereits erfolgreich getesteten Zertifikatshandels liegen in der Vereinfachung des Ökostromhandels, dem verbesserten Marktzugang von neuen Anlagen sowie der größeren Unabhängigkeit der Anlage von gesetzlichen Vergütungssystemen. Nachteilig ist die fehlende physikalische Verbindung zwischen regenerativer Anlage und dem Versorger, weshalb mit dem Kauf von grauem Strom weiterhin physikalisch Atom- und Kohlestrom abgenommen und angeboten wird.

Nach der für 2004 angekündigten EU-Richtlinie zur Stromkennzeichnung müsste der Anbieter verpflichtend die Zusammensetzung des Strommixes in seinen Publikationen, auf der Website und auf der Stromrechnung angeben. Auch die diesem Mix zugrunde liegenden CO_2-Emissionen sowie die Menge an entstehendem Atommüll müssten aufgeführt werden, was im Sinne einer Bewusstseinsbildung beim Verbraucher sehr zu begrüßen wäre.

Das Ökostrom-Labeln steckt somit noch in den Kinderschuhen, wäre aber nach der Öffnung der Strommärkte ein wichtiger Beitrag für den Verbraucherschutz. Die Zertifikate für regenerativen Strom können die Marktanteile der verschiedenen Energieformen kaum verschieben. Es wird sich zeigen, ob es auch internationale Öko-Labels geben wird. Strom wird zwar grenzüberschreitend, jedoch nur regional gehandelt.

Waldzertifizierung nach FSC ist mehr als ein Marktinstrument

An Holz- und Papierprodukten lassen sich die negativen Auswirkungen der Globalisierung sehr deutlich machen. Zunehmend wird die Produktion von Rohholz, Halbfertigprodukten sowie Zellstoff für die Papierproduktion in die letzten Urwaldregionen der Erde verlagert. Dies führt nicht nur zu einer der größten ökologischen Katastrophen der Erde mit über 150.000 Quadratkilometer Waldflächenverlust jährlich, sondern auch zu sozialen Tragödien. Mit dem Verlust der letzten Urwälder, ob im Norden oder im Süden, werden ganze Kulturen indigener Völker ihrer Wurzeln beraubt. Billigste Produktion in Entwicklungsländern ohne ArbeitnehmerInnenrechte oder hochtechnisierte, umweltzerstörende Forstwirtschaft sowie Gesundheitsprobleme durch schlechte Umwelttechnologien wie z.B. bei der Papierbleiche sind die häufige Praxis. Nicht die Brandrodung durch Landlose, wie das oft von der Forstindustrie behauptet wird, ist die Hauptursache der Urwaldzerstörung, sondern die industrielle Abholzung unserer natürlichen Waldressourcen.

Die Rahmenbedingungen für ein Öko- und Soziallabel sind nicht einfach: Holzprodukte haben oft einen langen transkontinentalen Weg vom Wald über die Verarbeiter bis hin zum Endverbraucher. Ordnungspolitische Rahmenbedingungen zur Verhinderung des Raubbaus existieren in vielen Ländern (sowohl in Norden als auch im Süden) nicht. Die lokal betroffene Bevölkerung hat kaum Mitspracherechte. Die Industrie attestiert sich selbst in vielen Scheinzertifikaten die ökologische und soziale Unbedenklichkeit – zum Teil im Verbund mit Regierungen waldreicher Länder.

Umwelt- und Menschenrechtsorganisationen, Gewerkschaften und einige Holzproduktanbieter und Waldbewirtschafter setzten sich Anfang der 1990er Jahre zusammen, um Kriterien für ein internationales Öko- und Soziallabel für gute Waldbewirtschaftung zu erarbeiten. Ziel des 1993 als gemeinnützige Nichtregierungsorganisation gegründeten Forest Stewardship Councils (FSC) ist die Förderung von umweltverträglicher und sozial gerechter, aber auch wirtschaftlich vernünftiger Nutzung des Waldes und seiner Produkte mit einem Label. Dazu wurden die Interessengruppen gleichberechtigten Kammern (Umwelt, Soziales und Wirtschaft) zugeordnet, sowie diese zusätzlich in gleichberechtigte Nord- und Südkammern unterteilt. Keine der Kammern kann von einer anderen überstimmt werden. Das soll eine Dominanz der Wirtschaft verhindern. Regierungen dürfen nicht Mitglied werden.

Der FSC hat international gültige Rahmenstandards festgelegt, die Raum lassen für regionale und nationale Anpassungsprozesse. Breite Beteiligungs- und Mitbestimmungsprozesse in den Ländern sollen Konsens bei der Entwicklung von nationalen Standards mit den Betroffenen erzielen. Akkreditierte Zertifizierer übernehmen die Kontrolle der bereits über 300.000 Quadratkilometer FSC-zertifizierter Waldfläche. Diese Kontrolle wird auf dem gesamten Verarbeitungsprozess bis zum Endprodukt fortgesetzt.

Im Bereich der Waldzertifizierung hat der FSC es nicht nur geschafft, eine glaubwürdige Produktalternative zu Raubbauholz und -papier aufzubauen und weltweit anzubieten. Die FSC-Zertifizierungs- und Beteiligungsprozesse werden zunehmend auch für die staatliche Entwicklungszusammenarbeit bedeutsamer. Mit deren Hilfe werden Projekte gefördert, in denen die sonst oft völlig unzureichend beteiligte Zivilgesellschaft plötzlich eine wichtige Rolle spielt. Solche Prozesse schaffen auch Bewusstsein für den Wert des Waldes. Dieses Bewusstsein kann auch zu einer Mobilisierung gegen die Interessen der Industrie und der Regierungen führen und ist somit auch ein Beitrag zur Demokratisierung in Urwaldländern.

FSC hat längst die Grenzen eines Öko- und Soziallabels als Marktinstrument gesprengt. Der ganze zivilgesellschaftliche Prozess der FSC-Zertifizierung hat den seit Rio 1992 äußerst schleppend verlaufenden multilateralen UN-Regierungsprozess zu Wäldern längst überholt und maßgeblich beeinflusst. Die Forst- und Holzindustrie wehrt sich: Sie baut eine Reihe von Scheinzertifikaten auf (PEFC, SFI, CSA, MTCC u.a.), die einen grünen Anstrich vermitteln sollen.

Produzentenländer können durch glaubwürdige Zertifizierung bessere Chancen auf internationalen Märkten haben. Das zeigt folgendes Beispiel: In Amazonien werden nach Regierungsangaben über 80% des Holzes illegal abgeholzt, das heißt unter Verstoß gegen das nationale Waldgesetz. Alle Regierungen haben sich im Rahmen der Konvention über Biologische Vielfalt (CBD) sowie in Johannesburg 2002 verpflichtet, sofort gegen den illegalen Holzeinschlag gemeinsam vorzugehen. Auf Basis der CBD und auf Druck internationaler Marktkampagnen hat die brasilianische Regierung ein Einschlags- und Exportmoratorium für Mahagoni verhängt. Ausnahme: Mahagoni aus FSC-zertifizierten Waldbetrieben. Somit setzen auch Regierungen auf marktwirtschaftliche Instrumente, um ihre Ordnungspolitik umzusetzen.

Ohnmacht der Regierungen

Nationalstaatliche Ordnungspolitik ist durch die zunehmende Globalisierung der Wirtschaft und der immer knapper werdenden Staatshaushalte zusehends an ihre Grenzen gestoßen. Während früher durch Gesetze und Verordnungen ordnungspolitische Rahmenbedingungen für eine umweltverträgliche und sozial gerechte Produktion geschaffen werden konnten, ist durch die Verlegung der Produktion in Länder mit niedrigen Umwelt- und Sozialstandards der Handlungsspielraum der Regierungen geschrumpft. Die Politik sitzt im Schwitzkasten der Globalisierung.

Aufgrund ihrer Ohnmacht, selbst auf die Produktionsmethoden in anderen Ländern Einfluss nehmen zu können, setzt sie zusehends auf indirekte Instrumente wie freiwillige Zertifikate (Blauer Engel, FSC, Bio-Siegel in der Landwirtschaft) und verpflichtende Produkt-Kennzeichnungen (Gentechnik-Kennzeichnung, geplante Stromkennzeichnung). Doch mit Labeln und Kennzeichnungen kann die Politik Urwaldzerstörung, Gen-Food oder Niedriglöhne nicht verhindern. Statt dessen verlangt sie nur noch, den Verbraucher darüber zu informieren. Die Entscheidung über die mit dem Kauf verbundenen Produktionsstandards soll damit nicht mehr die Politik, sondern der Verbraucher treffen.

WTO: Öko- und Soziallabel auf der Abschussliste?

Doch auch dieser bescheidenen Art von Ordnungspolitik könnte bald ein Riegel vorgeschoben werden. Denn im Rahmen der Welthandelsorganisation (WTO) ist es fraglich, ob freiwillige Öko- und Soziallabel, aber auch die EU-Verordnungen zur Produkt-Kennzeichnung als Handelshemmnisse angesehen und damit verboten werden können.

Am Beispiel der Gentechnik zeigt sich, dass nationalen Regierungen, gar ganzen Wirtschaftsräumen wie der Europäischen Union, durch die WTO die Hände für den Verbraucherschutz gebunden werden. Seit 1999 hat die EU keine genmanipulierten Organismen mehr für den Anbau zugelassen. Für die USA und ihre Gentechnik-Industrie ist dieses De facto-Moratorium ein Handelshemmnis. Doch die EU will den Anbaustopp für genmanipulierte Pflanzen ohnehin durch eine Kennzeichnungspflicht für Lebensmittel und Tierfutter ersetzen. Eine Krücke für den Verbraucherschutz. Doch auch die 2004 in Kraft tretende Kennzeichnungsverordnung der EU ist den USA ein Dorn im Auge. Die Bush-Regierung zieht in Erwägung, vor der WTO auch gegen diese Kennzeichnungs-Verordnung zu klagen.

Nach dem Willen der Industrie sollen Holz aus Urwaldzerstörung und FSC-zertifiziertes Öko-Holz im Handel gleichwertig sein. Ein Land, das Öko-Holz beim Import bevorzugt, riskiert einen Streitfall vor der WTO.

Selbst bei der öffentlichen Beschaffungspolitik sowie bei öffentlichen Ausschreibungen, also der Verwendung unserer Steuergelder, wird eine konsequente Ausrichtung auf ökologische und sozial gerechte Konsumption nicht konsequent umgesetzt. Mit dem Argument der Nichtkonformität mit der WTO versucht die Industrie, jeden Schwenk in Richtung nachhaltige Entwicklung zu verhindern.

Blick nach vorn

Öko- und Soziallabel können einen Beitrag zur Entkoppelung von Welthandel und Wirtschaftswachstum auf der einen und Ressourcenverbrauch auf der anderen Seite leisten, wenn beide Aspekte in internationalen Standards eine Überprüfung finden. Internationale Umwelt- und Sozialabkommen dürfen nicht durch die WTO ausgehebelt werden. Die Preise der nicht-zertifizierten Produkte müssen zukünftig die externen Kosten und Folgekosten für Umweltreparaturleistungen, Naturzerstörung und soziale Maßnahmen internalisieren. Der Import von Produkten, die nachweislich illegal produziert wurden oder zur Umweltzerstörung beigetragen haben, muss verboten werden. Produkte mit Öko- oder Soziallabeln müssen im Handel bevorzugt werden dürfen.

Wenn die Ordnungspolitik der Regierungen die Rahmenbedingungen entsprechend gestalten würde, könnten internationale Öko- und Soziallabel auch eine Chance für Produzentenländer darstellen, nachhaltige Produktionsweisen aufzubauen und ihren Absatz am Weltmarkt zu behaupten. Damit wäre dann ein qualitatives Wirtschaftswachstum möglich – ja logo!

Herrmann E. Ott

Umweltpolitik im Zeitalter der Hegemonie

Als am Morgen des 11. September 2001 zwei Passagierflugzeuge in das New Yorker World Trade Center rasten und beide Türme zum Einsturz brachten, da hielt die Welt den Atem an. Ein vergleichbares globales (Medien-)Ereignis hatte es noch nicht gegeben. Bange Fragen über die zukünftige Weltordnung folgten. Inzwischen haben der kollektive Waffengang in Afghanistan und die militärische Unterwerfung des Irak das einseitige Handlungsmuster US-amerikanischer Außen- und Sicherheitspolitik verdeutlicht und die Konturen der Welt im 21. Jahrhundert sichtbar werden lassen.

Während die Implikationen der US-Hegemonie und ihrer Sicherheitsdoktrin auf die Außenpolitik seit einiger Zeit in den politischen Journalen und den Feuilletons der großen Zeitungen diskutiert werden, sind die Wirkungen auf die internationale Umweltpolitik und die Nachhaltigkeit noch nicht eingehend untersucht worden. Der Hegemonieanspruch der USA und der neue Fokus auf nationaler Sicherheit haben für die globale Umwelt- und Nachhaltigkeitspolitik mindestens drei Wirkungen.

Erstens, durch die Terroranschläge des 11. September ist ein gewisser Primat »harter« Politik auf die Weltbühne zurückgekehrt. Während die 1990er Jahre – mit Ausnahme der Kriege im ehemaligen Jugoslawien – von wirtschaftlichen Prozessen und »weichen Themen« beherrscht gewesen waren, sind zu Beginn des neuen Jahrhunderts eher traditionelle Fragen von Krieg bzw. Terror und Frieden auf der Agenda prominent vertreten. Die ideologischen und sicherheitspolitischen Herausforderungen, die aus der Konfrontation mit dem militanten Islam (und anderen realen oder vermuteten Bedrohungen) entstehen, werden die wirtschaftlichen, sozialen und kulturellen Entwicklungen des letzten Jahrzehnts nicht unterbinden und die Agenden der Zivilgesellschaft nicht beiseite drücken, sie werden jedoch auf diese erheblich ausstrahlen.

Zweitens, durch den neu akzentuierten Primat der Politik wird der Prozess der wirtschaftlichen Globalisierung teilweise gebremst (vgl. Simon 2002) oder in andere Bahnen gelenkt werden. Die Terroranschläge auf das World Trade Center und das Pentagon (sowie andere vorher und seitdem) zeichneten sich dadurch aus, dass sie sich erfolgreich der mit der Globalisierung verbundenen migratorischen, technologischen und ökonomischen Freiheiten bedienten. Diesen Freiheiten werden Grenzen gezogen werden, bereits sichtbar in der verstärkten Aufsicht über die Finanzmärkte (vgl. The National Security Strategy of the United States of America, September 2002). Die Transaktionskosten für grenzüberschreitende Aktivitäten werden also steigen, und die neuen Bedrohungen werden eine subtile Wirkung auf die Ideologie und Praxis (neo-)liberalen Denkens ausüben.

Schließlich haben, drittens, die hegemoniale Stellung der USA, deren Strategie einseitiger Interessenverfolgung und ihre sicherheitspolitischen Bedürfnisse Einfluss auf die Strategie, mit deren Hilfe eine global nachhaltige Entwicklung verfolgt werden kann. Unabhängig von der jeweiligen Regierung werden sich die USA in den nächsten Jahrzehnten nur wenig in multilaterale, mehrseitige Prozesse und Organisationen einbinden lassen. Vermutlich ist wenig mehr als ein »Multilateralismus à la carte« zu erwarten, so der Leiter des Planungsstabs im State Department, Richard Haass. Diese Analyse wirft die Frage auf, inwieweit die Strategieentwicklung für eine effektive Umwelt- und Nachhaltigkeitspolitik dieser Diagnose angepasst werden muss. Denn die bisher erarbeiteten Vorschläge für eine globale Umwelt- und Nachhaltigkeitspolitik beruhen auf der Annahme einer multipolaren, vernetzten, rational und zunehmend kooperativ handelnden Staatengemeinschaft (vgl. z.B. WBGU 2001).

Wie kann auf diese Entwicklung reagiert werden – waren doch schon bisher die Voraussetzungen für internationale Umweltpolitik nicht gerade rosig? Zwar hatten die 1990er Jahre nach der Beendigung der Blockkonfrontation enorme Fortschritte in den internationalen Verhandlungen gebracht: Eine Vielzahl an internationalen Verträgen wurde geschlossen, und dem Erdgipfel in Rio 1992 ist eine große Zahl universeller Konferenzen zu drängenden Problemen der Weltgesellschaft gefolgt. Doch waren die Konferenzen praktisch folgenlos; die Abkommen waren zumeist inhaltlich ungenügend, wurden vielfach nur unzureichend umgesetzt und waren zudem »zahnlos«, also ohne Verfahren zur Durchsetzung der Verpflichtungen. Die Grenzen der globalen »Zivilgesellschaft«, die in den 1990er Jahren immer stärker zum Motor und »watchdog« der Entwicklung geworden war, wurden schmerzhaft deutlich.

Umweltpolitik in Zeiten der Globalisierung war also bereits geprägt von einer klaffenden Diskrepanz zwischen dem ökologisch Erforderlichen und dem realpolitisch Machbaren. Höhe- bzw. Tiefpunkt dieser Entwicklung war der Johannesburger Weltgipfel für Nachhaltige Entwicklung im September 2002 (vgl. WEED 2002). Keines der wirklich wichtigen Themen ist von dieser Konferenz ernsthaft angegangen worden – nicht einmal die Stärkung von Umwelt- und Nachhaltigkeitsinstitutionen ist gelungen, die von Kofi Annan, Klaus Töpfer und einigen europäischen Staaten angestrebt worden war. Der größte Fortschritt war tatsächlich die Vermeidung größerer Rückschritte – ein Rio minus 10 konnte mit viel Engagement verhindert werden.

Dabei standen die 1990er Jahre noch unter den Vorzeichen einer »wohlmeinenden« Hegemonie der USA. Die Vereinigten Staaten vertraten ihre Interessen zwar sehr nachdrücklich und prägten die Inhalte internationaler Vereinbarungen. Aber sowohl die erste Bush- als auch die Clinton-Aministration hielten andere Staaten nicht davon ab, ihre eigenen Interessen zu verfolgen.

Dies hat sich nach dem 11. September 2001 geändert. Zuvor hatte Präsident Bushs Außenpolitik keine klaren Konturen und wurde noch stark vom relativ liberalen Colin Powell geprägt. Seit jenem schicksalhaften Tag jedoch steht das Programm dieser Administration fest – Sicherheit durch Stärke und »America First«. »Hegemonie«, also eindeutige Vorherrschaft im 21. Jahrhundert, das ist das Ziel. Erst die große Verwundung und Demütigung durch die Terroranschläge gab den imperial denkenden Mitgliedern der Regierung Bush – Cheney, Rumsfeld, Wolfowitz, Perle – die Chance, ihr Programm in die Tat umzusetzen: »At present the United States faces no global rival. America's grand strategy should aim to preserve and extend this advantageous position as far into the future as possible.« (Rebuilding America's Defenses). Diese Verfolgung einseitiger Interessen strahlt auf andere Politikbereiche aus. So versucht die US-Administration nicht nur, mit Hilfe bilateraler Nichtauslieferungsverträge die Arbeit des Internationalen Strafgerichtshofs zu unterlaufen. Eine ähnliche Strategie bilateraler Vereinbarungen wird auch verfolgt, um einen Erfolg des Kyoto-Protokolls zu verhindern.

Klemmt die internationale Umweltpolitik also zwischen Baum und Borke? Während einerseits die mächtigen Kräfte wirtschaftlicher Expansion die Ökosphäre irreparabel schädigen und die politischen Bemühungen zur Stärkung von Umwelt und Nachhaltigkeit eher hilflos ausfallen, scheint andererseits ein hegemonial angereicherter Unilateralismus der USA die Basis für eine kooperative Lösung dieser Problematik zu zerstören. Wie soll unter diesen Bedingungen eine an den Bedürfnissen der kommenden Generationen orientierte globale Umwelt- und Nachhaltigkeitspolitik erfolgreich konzipiert werden? Ist sie vielleicht gar am Ende?

Es gilt auf jeden Fall, sich auf die neue Situation einzustellen. Wie kann global auf eine Weise gehandelt werden, welche die Bedrohungen der Ökosphäre durch Globalisierung und Ressourcenzerstörung strategisch in den Blick nimmt und gleichzeitig der unipolaren Weltordnung Tribut zollt? Denn kein Zweifel kann daran bestehen, dass weiterhin auch auf internationaler Ebene gehandelt werden muss. Politik findet in Mehrebenensystemen statt, mit vielfältigen Wechselbeziehungen zwischen dem Lokalen, dem Nationalen und dem Internationalen. Deshalb muss einerseits auf potentiell gefährliche internationale Entwicklungen reagiert werden, zum Beispiel auf Verhandlungen für ein multilaterales Investitionsabkommen oder Entwicklungen in der Welthandelsorganisation (WTO). Andererseits ist es sinnvoll, bestimmte Anliegen international abgestimmt zu verfolgen – zum Beispiel, wenn die Probleme grenzüberschreitender Natur sind, wie der Ozon- bzw. Klimaschutz oder das Verbot des Handels mit gefährdeten Tier- und Pflanzenarten. Internationale Regeln sollen ferner vermutete wirtschaftliche Nachteile einzelner Staaten vermeiden. Denn viele Regierungen fürchten, strenge Umwelt- oder Sozialstandards könnten die Kosten für die eigenen Unternehmen in die Höhe treiben und ausländische Wettbewerber bevorzugen (sog. free riding). Deshalb sollen Belastungen möglichst gleichmäßig verteilt werden.

Was also kann getan werden? Zunächst einmal erzwingt die Weigerung der USA gegen kooperatives Vorgehen vermutlich eine Abkehr von dem in den 1990er Jahren herrschenden »Universalismus«. Das heißt, auch bei der Lösung echter globaler Probleme müssen nicht alle Staaten an Bord sein. Das bedeutet wahrscheinlich auch, dass die UN als Forum an Bedeutung verlieren werden. Andererseits kann der Zusammenschluss einer gewissen Anzahl von Staaten in vielfältiger Weise die Umwelt- und Nachhaltigkeitspolitik voranbringen. Die von Eurosolar vorgeschlagene Internationale Agentur für Erneuerbare Energien (IRENA), die auch der Bundestag unterstützt, könnte hier Schrittmacher sein: Es braucht nicht mehr als eine Hand voll Staaten, um eine Organisation zur Förderung der erneuerbaren Energien aufzulegen. Die Johannesburg Renewable Energy Coalition, ein Resultat der Initiative von Bundeskanzler Schröder auf dem Weltgipfel, könnte ein weiteres Beispiel werden – vielleicht das einzige vorzeigbare Ergebnis dieser Konferenz. Vielleicht hat ja das Scheitern global-universeller Regelung wenigstens *eine* positive Folge, können sich doch Regierungen nicht mehr hinter der angeblich notwendigen Zustimmung aller anderen verstecken, um ihr nationales Nichtstun zu entschuldigen.

Die Abkehr vom »Universalismus« wird vielen schwer fallen, gerade den aktiveren Mitgliedern der Zivilgesellschaft. Doch bedeutet ein Vorreiteransatz ja nicht, dass die in den letzten Jahren entwickelten Prinzipien der globalen Zivilgesellschaft verworfen werden müssen. Transparenz und die möglichst weit gehende Einbeziehung der Betroffenen (stakeholder) werden wichtige Grundregeln bleiben. Aber es muss eben nicht jeder Staat unbedingt an den Verhandlungen beteiligt sein! Die Weltgemeinschaft (minus x) kann auch Bedingungen für die Teilnahme definieren – wie es das Völkerrecht ja ohnehin vorschreibt: Es muss nach Treu und Glauben (in good faith) verhandelt werden. Das Schwierigste ist dabei nicht das (Völker-)Recht, sondern die Psychologie: Kann ohne bzw. gegen den größten Emittenten von Treibhausgasen ein effektives Klimaregime gebaut werden? Wir werden es sehen – noch hat Russland das Kyoto-Protokoll nicht ratifiziert. Mit den USA ging es allerdings auch nicht, insofern blieb keine Wahl. Mittlerweile wird das Protokoll, wie auch der Internationale Strafgerichtshof, von den USA aktiv diplomatisch und mit Hilfe bilateraler Verträge bekämpft.

Aus diesen Gründen müssen sich auch die Kräfte der Zivilgesellschaft neu formieren. Denn die Ereignisse nach dem 11. September bringen auch eine »Rückkehr des Staatlichen« mit sich, vor allem aufgrund des neuen Primats der (militärischen) Sicherheit in vielen Politikbereichen und des Rückfalls der USA in traditionelle Machtdiplomatie (vgl. The National Security Strategy). Verschiedene Modelle bieten sich an. Erstens das Greenpeace-Modell der Professionalisierung einzelner Organisationen, ein Weg, den vielleicht ATTAC gehen könnte. Zweitens die Formierung von Netzwerken mit hoher Verbindlichkeit, wie es das Climate Action Network (CAN) mit Erfolg erprobt (vgl. Oberthür/Ott 2000). Drittens die Bildung von Allianzen für die Unterstützung von Vorreiterinitiativen, vielleicht am besten verkörpert durch die NGO-Verbünde für das Verbot von Landminen oder für den Internationalen Strafgerichtshof. Viertens, noch einen Schritt weiter, die Bildung »hybrider« internationaler Organisationen gemeinsam durch Staaten und NGOs – die International Union for the Conservation of Nature (IUCN) ist diesen Weg ein Stück weit gegangen und weiter gehende Formen sind vorstellbar.

In diesem Beitrag habe ich versucht, Möglichkeiten der Durchsetzung des internationalen Umweltschutzes auf staatlicher und nicht-staatlicher Ebene im Zeitalter der Hegemonie anzudeuten. Sehr viel mehr Nachdenken wird erforderlich sein, um ein Zermalmen des Umweltschutzes zwischen Globalisierung und Hegemonie zu verhindern. Unmöglich muss dies nicht sein – es gibt genügend Geschöpfe, die sich den Platz zwischen Baum und Borke zur Heimat gemacht haben.

Literatur

Brühl, Tanja/Debiel, Tobias/Hamm, Brigitte/Hummel, Hartwig/Martens, Jens (Hrsg.): Die Privatisierung der Weltpolitik. Entstaatlichung und Kommerzialisierung im Globalisierungsprozess. Stiftung Entwicklung und Frieden. Bonn: Dietz, 2001.

Oberthür, Sebastian/Ott, Hermann E.: Das Kyoto-Protokoll. Internationale Klimapolitik für das 21. Jahrhundert; Leske & Budrich (Opladen) 2000.

Rebuilding America's Defenses. Strategy, Forces and Resources For a New Century; A Report of the Project for the New American Century, September 2000: http://www.newamericancentury.org/publicationsreports.htm.

Simon, Hermann: Terrorismus: Bremse des Welthandels. In: Internationale Politik 6/2002, S.17-22.

The National Security Strategy of the United States of America, September 2002: http://www.whitehouse.gov/nsc/nss.html.

WBGU 2001: Wissenschaftlicher Beirat der Bundesregierung Globale Umweltveränderungen: Welt im Wandel. Neue Strukturen globaler Umweltpolitik. Berlin u.a.: Springer Verlag, 2001.

WEED 2002: Multilateralismus zwischen Blockadepolitik und Partnerschaftsrhetorik. Der Gipfel von Johannesburg – Eine Bilanz; http://www.weedbonn.org/unreform/joburgbilanz.htm

Ulrike Brendel Auf dem falschen TRIP – Biopiraterie und Patente

Das WTO-Übereinkommen über handelsbezogene Aspekte der Rechte des geistigen Eigentums (Trade Related Aspects of Intellectual Property Rights – TRIPS) soll weltweit geistiges Eigentum zum Beispiel durch Patente, Urheberrecht oder Markenzeichen schützen. TRIPS wurde 1994 unter dem Druck der Industrienationen, insbesondere der USA, durchgesetzt. Diese wollen durch exklusive Nutzungsrechte die Märkte beherrschen und verhindern, dass ihre exportierten Produkte billigere Nachahmer finden. Während es in den Industrienationen bereits eine umfangreiche Patentgesetzgebung gibt, ist dies in den so genannten Entwicklungsländern nicht der Fall. Dies ist den Konzernen ein Dorn im Auge, was jetzt über das TRIPS-Abkommen zügig verändert werden soll: Mitgliedsländer der WTO müssen unter TRIPS Patentsysteme einführen, die denen der Industrienationen entgegenkommen. Denn in diesen Ländern liegen die Zukunftsmärkte, die es für multinationale Konzerne zu erschließen gilt. Neben dem Aufkaufen lokaler Unternehmen sind Patente für die Konzerne ein wichtiges strategisches Mittel, um sich neue Märkte zu sichern und die Konkurrenz auszuschalten.

Bis heute besteht der Mythos, Patente fördern Entwicklung, Forschung und bieten Anreiz für neue Erfindungen. Denn ursprünglich sollten Patente Erfinder für ihre Mühen und ihre Leistung belohnen. Wer jahrelang an einer Waschmaschine oder einer Glühbirne gebastelt hatte, sollte letztendlich seine Erfindung auch vermarkten können, ohne von der Konkurrenz überrollt zu werden. Doch immer mehr geraten Patente in die Kritik. So haben sie in vielen Entwicklungsländern dazu geführt, dass sich die Menschen dort lebensnotwendige Medikamente nicht leisten können. So beklagt Dr. Eric Goemaere von der Organisation *Ärzte ohne Grenzen/Afrika:* »(...) Ich habe junge Frauen und Männer sterben sehen, die an unerträglichen Schmerzen litten, verursacht durch einen mit AIDS in Verbindung stehenden Gehirntumor. Ich habe Kinder übersät mit Narben gesehen, Ausdruck einer durch AIDS hervorgerufenen Dermatitis. Die starken Schmerzen rauben den Kindern den Schlaf. Ich weiß, dass ihnen allen mit einer Antiretroviralen Therapie hätte geholfen werden können. Der einzige Grund, warum ihnen nicht geholfen werden konnte, waren die mit patentierten Medikamenten verbundenen hohen Kosten.«[1]

---

[1] Ärzte ohne Grenzen: »Drug Patents under the spotlight«, May 2003, http://www.accessmed-msf.org/documents/patents_2003.pdf

Zudem sind die Grenzen zwischen Erfindung und Entdeckung im Patentrecht der Industrienationen längst verwischt. In Europa, Nordamerika und Japan erlaubt die Gesetzgebung ausdrücklich Patente auf Pflanzen, Tiere und ihre Gene. Leben wird so zur Erfindung und zum alleinigen Eigentum der Konzerne. Die Sicherung unserer Ernährung und Gesundheit wird hinter die Profitinteressen der Industrie gestellt. Insbesondere die Gentechnik diente den Konzernen als Türöffner für Patente auf Leben. So wurde zum Beispiel die Produktion genmanipulierter Pflanzen nicht als biologische, sondern als technische Methode definiert und somit Gen-Pflanzen als patentierbar erklärt. Doch auch diese Unterscheidung ist bei der heutigen Praxis von Patentvergaben nicht mehr relevant. Inzwischen werden nicht nur Patente auf genmanipulierte, sondern auch auf konventionelle Pflanzen erteilt. Die Agrarkonzerne erhalten so ein Monopol auf Saatgut und landwirtschaftliche Züchtung. Sie erlangen die Macht, unsere Nahrung und letzten Endes unsere Lebensgrundlage zu bestimmen.

Ob ölhaltiger Mais aus Lateinamerika, Basmatireis aus Südasien oder Weizen aus Indien, die Agrarkonzerne patentieren alles, was Gewinne verspricht und ihnen globale Märkte sichert. Weltweit wurden bereits über 1.000 Patente auf Hauptnahrungspflanzen wie Weizen, Mais, Reis oder Soja erteilt. Dabei gingen die große Mehrheit der Patente an die Chemie- und Agrar-Riesen Bayer, Syngenta, Monsanto und DuPont. Die Konzerne können somit diktieren, wer, was, zu welchen Bedingungen und Preisen anbauen oder verkaufen darf. Vom Weizen bis zum Keks, vom Mais bis zum Popcorn. Für viele von uns in Europa ist die Produktion von Lebensmitteln inzwischen zu einer abstrakten Angelegenheit geworden. Lebensmittel werden überwiegend im Supermarkt gekauft und von großen Konzernen wie Kraft, Nestlé oder Unilever produziert. Denken wir an unser Abendessen, kommt uns nicht der Weizen- oder Maisacker in den Sinn, sondern Fertigprodukte wie Dr. Oetker Tiefkühlpizza oder eine Currywurst von der Imbissbude nebenan.

In den Entwicklungsländern sieht die Situation anders aus: Dort ernährt sich die große Mehrheit der Bevölkerung noch direkt von der Landwirtschaft. Saatgut wird traditionell innerhalb der Familien und lokalen Gemeinschaften gepflegt, gezüchtet, getauscht und gehandelt. Bei der Aussaat wird zu 80% das aus der eigenen Ernte gewonnene Saatgut verwendet. Für die Agrarkonzerne ein attraktiver Zukunftsmarkt, den sie sich über Patente zu sichern versuchen. Denn solche exklusiven Nutzungsansprüche verbieten den Bauern ihr traditionelles Grundrecht, den Nachbau und die Weiterzucht des Saatguts. Die Landwirte sollen stattdessen für jede Aussaat neues, teures Saatgut der Agrarkonzerne kaufen müssen, Ausgaben, die sich insbesondere die Menschen aus den ärmeren Ländern nicht leisten können. Bei der Industrie ist eine solche Goldgräberstimmung ausgebrochen, dass die genetischen Ressourcen bereits als »Grünes

Demo bei McPlanet.com: Protestieren gegen den falschen TRIP

Gold« bezeichnet werden. Dabei gibt es ein starkes Gefälle zwischen Industrienationen und Entwicklungsländern. Während die Zentren der Vielfalt an Pflanzen und Tieren im globalen Süden liegen, sichern sich überwiegend multinationale Konzerne aus den Industrieländern die Patente und damit die Monopole. Dies ist nichts anderes als durch die Politik legitimierter Diebstahl: Biopiraterie. Denn viele der heute patentierten Pflanzen werden von der lokalen Bevölkerung seit vielen Jahren angebaut, gepflegt und entwickelt. Nur ist von ihnen bisher niemand auf die Idee gekommen, sich darauf Patente zu sichern. Dies wäre zudem ein ungleicher Kampf. Um ein Patent zu erhalten, braucht man Geld und das nötige Know-How, sich im Bürokratie-Dschungel eines Patentverfahrens zurechtzufinden, Ressourcen, die für große Konzerne leicht erschwinglich sind, für Kleinbauern aus den Entwicklungsländern jedoch unüberwindbare Hürden darstellen.

Patente vergrößern die Vormachtstellung internationaler Konzerne. Wenn die Firmen sich über Patente die alleinigen Nutzungsrechte an den Pflanzen sichern, verhindern sie, dass andere daran forschen oder züchten. Auf ein einziges Reiskorn können inzwischen einige Dutzend Patentansprüche fallen. Umgekehrt kann ein einziges Patent mehrere Pflanzensorten umfassen.

Tausende alter Kulturpflanzen, die keine großen Profite versprechen, sind zwar mit patentiert, aber für Konzerne für die Vermarktung uninteressant. Solche Pflanzen verschwinden, das Wissen um sie geht verloren. In Indien gab es einst 30.000 Reissorten, heute spielen für die Ernährung nur noch zehn davon eine Rolle. Dabei ist eine Vielfalt an Pflanzen die Ausgangsbasis für unsere Ernährung. Nur durch sie ist gewährleistet, dass wir auf unterschiedlichste genetische Merkmale zurückgreifen und neue Pflanzen züchten können, die einem veränderten Klima oder Böden angepasst sind. Geht die Vielfalt verloren, verschwindet die Grundlage unserer Ernährung.

Um sich die genetische Vielfalt anderer Länder aneignen zu können, haben die Industriestaaten drei Würgegriffe in das TRIPS-Abkommen eingebaut:

- WTO-Mitglieder ohne Patentgesetzgebung müssen entsprechende Gesetze erlassen.
- Die für die Gentechnik wichtigen Mikroorganismen, nicht-biologische und mikrobiologische Verfahren für die Züchtung von Pflanzen und Tieren müssen patentiert werden.
- Kulturpflanzen (Saatgut) müssen einem Schutzsystem unterstellt werden. Als einzig konkretes Schutzsystem nennt TRIPS Patente.

Diese Würgegriffe sind durch das Streitschlichtungsverfahren der WTO einklagbar. Hält sich ein WTO-Mitglied nicht an diese Vorgaben, so kann ein anderes WTO-Mitglied deren Einhaltung durch einen Streitfall durchsetzen. So lange international verbindliche und mit dem TRIPS-Abkommen gleichrangige Regelungen fehlen, forciert und legitimiert TRIPS den Diebstahl an den genetischen Ressourcen.

Doch in vielen Ländern regt sich Widerstand: Sie haben erkannt, welche Konsequenzen der Beutezug der Konzerne auf Saatgut und Pflanzen für ihre Bevölkerung und Landwirtschaft hat. So fordert die Gruppe der afrikanischen Staaten in der WTO,[2] Patente auf Leben aus dem TRIPS-Abkommen zu streichen und das Recht auf ein traditionelles System zum Tausch und zur Weitergabe von Saatgut dort zu verankern.

Die zwei folgenden Beispiele stehen exemplarisch dafür, welche Patente in den Industrienationen erteilt werden und welche Konsequenzen sie haben. Dabei verdeutlicht das Monsanto-Patent auf Weizen, wie einfach sich ein Konzern über Patente Pflanzen aneignen kann und die Biopiraterie legitimiert wird. Das zweite Beispiel dokumentiert die traurige und absurde Realität der Landwirte in Nordamerika, die sich mit Patentansprüchen der Konzerne auseinander setzen müssen und ihre traditionellen Rechte verlieren.

---

[2] World Trade Organization: Taking forward the review of article 27.3(b) of the TRIPS Agreement, Joint Communication from the African Group, Document IP/C/W/404, 26 June 2003.

Am 21. Mai 2003 erteilte das Europäische Patentamt (EPA) in München dem US-Agrarkonzern Monsanto das Patent EP 445 929. Das Patent umfasst konventionellen Weizen mit einer bestimmten Genkombination, die ihm eine besondere Backqualität verleiht. Diese natürlicherweise vorkommende und nicht durch Genmanipulation entstandene Kombination von Genen verursacht einen niedrigeren Anteil an Eiweiß. Solcher Weizen wird in Indien von Landwirten bereits angebaut und gezüchtet. Dennoch ignoriert das EPA die Leistung der indischen Bauern und erteilt das Patent einem multinationalen Konzern. Monsanto erhält damit das Monopol vom Anbau des Weizens über die Zucht bis hin zum fertigen Produkt. Denn der Patentanspruch umfasst nicht nur die Weizenpflanzen, sondern auch das daraus hergestellte Mehl, den Teig und Kekse.

Für ein solches Monopol musste Monsanto lediglich durch herkömmliche Züchtung und Kreuzung einen Weichweizen entwickeln, die für die besondere Backqualität des Weizens verantwortlichen Gene beschreiben und dem Patentantrag noch einige Rezeptvorschläge zur Zubereitung von »nicht so süßen Keksen« beifügen – fertig ist die Erfindung. Mit dem Patent erhält Monsanto nicht nur das Monopol auf die vom Unternehmen gezüchteten Pflanzen, sondern auf alle Weichweizen-Pflanzen, die diese Genkombination in sich tragen. Bei diesem Weizen-Patent handelt es sich weder um eine Erfindung noch um eine Entdeckung. In dem Patentantrag werden lediglich allgemeine Informationen aus Forschung und Züchtung zusammengetragen. Das Patent wurde vom EPA für 13 Europäische Staaten gleichzeitig erteilt und ist auch in Japan, Australien und Kanada angemeldet. In den USA wurde es bereits 1999 erteilt.

Das Patent ist nichts anderes als Biopiraterie, Diebstahl der züchterischen Leistung indischer Landwirte. In den Ländern des Südens sind es oft die kleinen Landwirte, die durch den freien Austausch von Saatgut und die Züchtung von regional angepassten Sorten den entscheidenden Beitrag zur agrarischen Vielfalt und zur Sicherung der Ernährung leisten. Ihre Leistung wird von Monsanto jetzt schamlos ausgebeutet. Zwar gibt es in Indien noch keine Patentgesetzgebung, die Patente auf Pflanzen erlaubt, doch bis 2006 soll auch Indien TRIPS-kompatibel werden. Monsanto kann in den Ländern, in denen das Patent bereits erteilt wurde, jeglichen Handel, Anbau und die Verarbeitung der Ernte kontrollieren. Wenn indische Bauern oder Lebensmittelverarbeiter den patentierten Weizen oder daraus hergestelltes Chiapati-Brot nach Deutschland exportieren wollen, kann Monsanto dies verbieten oder Lizenzgebühren verlangen. Zudem blockieren solche Patente den freien Austausch von Saatgut – andere Züchter und Landwirte dürfen mit dem patentierten Saatgut entweder gar nicht mehr arbeiten oder müssen hohe Lizenzgebühren zahlen.

Der kanadische Landwirt Percy Schmeiser baut seit 40 Jahren auf seinen Feldern Raps an. Dabei verwendet er sein eigenes gezüchtetes Saatgut, das er von der Vorjahresernte zurückbehält. Schmeiser erlangte traurige Berühmtheit, seit der US Gentech-Riese Monsanto ihn im August 1998 vor Gericht zerrte. Monsanto wirft ihm vor, genmanipulierten Raps des Konzerns angebaut zu haben, ohne die entsprechende Lizenzgebühr für die patentgeschützte Pflanze zu zahlen. Monsanto hatte Rapssorten mit dem patentierten Gen manipuliert, um sie gegen das ebenfalls von Monsanto hergestellte Herbizid Roundup resistent zu machen. Die Patentansprüche umfassen dabei jedoch nicht nur das jeweilige Gen, sondern alle Pflanzen, die dieses Gen in sich tragen. Um seine Patentansprüche durchzusetzen, engagierte Monsanto in Nordamerika so genannte Gen-Detektive, die auf den Feldern der Bauern nach patentierten Gen-Pflanzen fahnden. Schmeiser bestreitet die Verunreinigung mit Gen-Raps von über 130 Hektar seiner Ackerfläche nicht. Er ist jedoch überzeugt, dass der Gen-Raps durch ungewollte Ausbreitung von benachbarten Äckern oder von vorbeifahrenden Getreidetransportern auf seine Felder gelangt ist. Schmeiser betont immer wieder, er wolle das Monsanto-Produkt gar nicht, und konnte nachweisen, dass er seine Felder nicht mit Roundup behandelte. Außerdem klagte er Monsanto seinerseits an, seine Felder und sein seit 40 Jahren gezüchtetes Saatgut verunreinigt zu haben. In Kanada wird seit 1996 genmanipulierter Raps großflächig angebaut und breitet sich über Pollenflug und verunreinigtes Saatgut unkontrolliert aus. Für kanadische Bauern ist es inzwischen fast unmöglich geworden, ihre Ernte gentechnikfrei zu halten.

Doch im Mai 2001 fällte das kanadische Gericht ein skandalöses Urteil. Nach Auffassung des Richters ist es egal, wie der Gen-Raps auf die Felder von Percy Schmeiser gelangte. Auch wenn der genmanipulierte Raps sich ungewollt dort ausgebreitet habe, sei er das Eigentum der Firma Monsanto. Schmeiser wurde dazu verurteilt, Lizenzgebühren an Monsanto zu zahlen. Hier steht jeglicher gesunde Menschenverstand auf dem Kopf: Genmanipulierte Pflanzen breiten sich ungewollt und unkontrolliert aus und zerstören Bauern, die auf gentechnikfreie Ware setzen, die Märkte. Die Konzerne übernehmen keine Haftung für die entstandenen Schäden ihrer riskanten Pflanzenkreationen. Vielmehr drohen sie den Landwirten mit einer Klageflut, um auch noch Patentgebühren zu erhalten. Percy Schmeiser hat gegen dieses Urteil Berufung vor dem höchsten kanadischen Gerichtshof eingelegt. Dieser wurde jetzt stattgegeben. Im Januar 2004 geht es in die letzte Runde. Das Urteil wird ein Präzedenzfall für den Umgang mit patentgeschützten Pflanzen sein. Die kanadischen Landwirte könnten mit diesem Urteil zu Leibeigenen der Industrie degradiert werden.

Die WTO ist auf dem falschen TRIP. Der Diebstahl an genetischen Ressourcen muss verhindert werden, Bauern müssen die Rechte an ihrem Saatgut behalten. Greenpeace fordert von den WTO-Staaten, das TRIPS-Abkommen dahin gehend zu verändern, dass Patente auf Leben ausgeschlossen werden.

Sarath Fernado

Die allgemeinen Wasserrechte schützen

Die gesamte Geschichte von Sri Lanka, von Wirtschaft, Kultur und der Lebensweise der Menschen steht in enger Verbindung mit Wasser. Das Leben aller Menschen und aller anderen Lebewesen ist vom Wasser abhängig. Wasser gilt als heilig und als frei verfügbare Gabe der Natur, die von allen Lebensformen mit gebührender Sorgfalt und Achtsamkeit geteilt werden sollte.

Die früheren Einwohner von Sri Lanka und ihre Herrscher besaßen ein tiefes Verständnis für die Bedeutung des Wassers und dafür, dass man es mit Sorgfalt und Respekt nutzen sollte. In Sri Lanka wurde über sehr lange Zeit hinweg ein altes Bewässerungssystem entwickelt. 500 Jahre vor Christus begann man mit dem Bau dieser Systeme und führte ihn über 1.700 Jahre hinweg fort.

Bis 1977 hatte die einheimische Produktion durch Kleinbauern die höchste Priorität für die Regierungen des unabhängigen Sri Lankas. Der Reisanbau galt als wichtigste Wirtschaftstätigkeit. Die Restaurierung eines Teils des alten Bewässerungssystems und der Bewässerungsanbau durch Kleinbauern waren die Grundlage für Nahrungssicherheit und eine gewisse ländliche Entwicklung.

1977 wurde diese wirtschaftliche Strategie komplett umgekrempelt, als Sri Lanka begann, eine Politik der Marktliberalisierung, Privatisierung und Exportorientierung zu verfolgen. In Bezug auf Wasser, Bewässerung und heimische Landwirtschaft hat sich dieser Richtungswechsel als extrem zerstörerisch erwiesen. Im März 1996 befürwortete die Weltbank in ihren Empfehlungen zur einheimischen Landwirtschaft die Wasserprivatisierung und -vermarktung als Strategie zur Förderung des Wandels von einheimischer »niedrigpreisiger« Produktion zur »hochwertigen« landwirtschaftlichen Produktion für den Export. Die neue PRSP (Sri Lankas Armutsbekämpfungsstrategie), über die sich Regierung und Weltbank im Juni 2002 verständigten, sieht eindeutig die Förderung einer Partnerschaft zwischen dem öffentlichen und dem privaten Sektor beim Wasser, Abwasser und den Sanitärdiensten vor. Die Intentionen dieser neuen Wasserpolitik sind:

1. Bei Wasserversorgungsprojekten in allen städtischen Gebieten Partnerschaften zwischen dem öffentlichen und dem privaten Sektor zu ermöglichen, was zur Festsetzung von Preisen und zur Vermarktung durch große internationale Wasserfirmen führen würde, die angezogen werden sollen.

2. Die Einführung »käuflicher Wasserrechte und übertragbarer Ansprüche auf Wasser« ist ein weiterer Kunstgriff, um Bauern, die traditionelle Wasserrechte haben, dazu zu bringen, diese zu verkaufen.

3. Die PRSP schlägt »die Festsetzung von voll kostendeckenden Preisen für heimische Wasservorräte« vor, um private Wasserfirmen in die Lage zu versetzen, kommerzielle Sätze für Wasser zu berechnen.

Seit die Weltbank 1996 die Privatisierung des Wassers vorschlug, engagieren sich Organisationen wie MONLAR (Movement for National Land and Agricultural Reform, Bewegung für eine landesweite Boden- und Landwirtschaftsreform) für öffentliche Aufklärung. Sie beteiligen sich an Debatten mit der Weltbank und der Regierung gegen diese destruktiven Vorschläge.

Im Jahr 2000, als der von der Regierung formulierte Entwurf einer nationalen Wasserressourcenpolitik bekannt wurde, kam es in der Bevölkerung zu einer großen Kampagne und Agitation gegen Wasserprivatisierung und -vermarktung. Diese Kampagne war von Basisorganisationen ins Leben gerufen worden. Sie nannte sich »Allianz für den Schutz allgemeiner Wasserrechte«. Hunderte von Organisationen beteiligten sich an der Kampagne. Daraufhin zog die Regierung ihre Vorschläge zurück und erklärte, es gebe keine Versuche, Firmen zur Vermarktung oder Privatisierung des Wassers anzuziehen. Die Erstellung von Gesetzesentwürfen und die Einrichtung von Institutionen wie die Nationale Wasserressourcenbehörde wurden jedoch ohne jede öffentliche Beratung fortgesetzt. Diese Operationen wurden finanziell von der Weltbank und anderen internationalen Behörden unterstützt. Die Maßnahmen waren Teil einer größeren Strategie, vorangetrieben durch die Weltbank und das Big Business, eine große strukturelle Reform der Landwirtschaft herbeizuführen.

Im Mai 2003 wurde mit der Weltbank, dem IWF und anderen Übereinstimmung über die PRSP erzielt, die Vorschläge zur Privatisierung fast aller noch verbleibenden staatlichen Unternehmen, Dienste und Ressourcen wie Wälder, Mineralien, Fischfang und Wasser beinhaltet. Die Kampagnen der Bevölkerung gegen das Wasserressourcengesetz basierten auf den folgenden Bedenken:

1. Wasser ist ein natürliches Recht aller Menschen und aller Lebewesen und der gesamten Natur. Deswegen sollte Wasser Gemeinschaftsgut bleiben und nicht in eine Handelsware umgewandelt werden.

2. Jede Politik und jedes Programm zum Wassermanagement und -schutz sollten mit sehr weitgehender Beratung und Teilnahme der Bevölkerung formuliert werden. Die momentane Politik wurde ohne eine solche Teilnahme formuliert, aber mit großem Einfluss der neuen, von internationalen Behörden eingerichteten Institutionen, die auf Privatisierung des Wassers drängen, darunter die Asiatische Entwicklungsbank, mit dem Weltwasserforum zusammenhängende Körperschaften, die Weltbank und einige europäische Regierungen, die an wachsenden Märkten für Wasserfirmen Interesse haben.

3. Wasser in eine vermarktete Ware zu verwandeln, wird Millionen von armen Menschen ihres Rechts auf Wasser und Wasserdienste berauben. Solch

Wasser ist Menschenrecht: Weltweit gegen Privatisierung

eine Vermarktung des Wassers wird außerdem schwerwiegende Auswirkungen auf die Nahrungssicherheit und die natürliche Umwelt haben.

4. In Sri Lanka, einem Land mit reichen Wasservorkommen, könnte die Kommerzialisierung des Wassers zu schädlichen Trends im Wasserexport führen, sodass das Wasser für die Benutzer vor Ort, die viel zu arm sind, um überhaupt irgendwelche Geldzahlungen für Wasser aufzubringen, zu teuer würde.

Der Länderdirektor der Weltbank, Peter Harrold, gab bei einem Treffen mit Repräsentanten der Allianz für den Schutz der landeseigenen Ressourcen und der Menschenrechte (ANRHR) im Februar 2003 zu, dass die PRSP bereits beschlossen und verabschiedet ist und es daher schwierig wäre, sie aufzuheben.

Der Kampf geht daher weiter. Die Menschen von Sri Lanka sind sehr froh über und bestärkt durch die weltweiten Kampagnen der Menschen gegen Wasserprivatisierung und -vermarktung. Wir würden uns daher einer weltweiten Bewegung zum Kampf um Wasser als Allgemeingut anschließen.

Movement for National Land and Agricultural Reform (MONLAR) und Alliance for Protection of National Resources and Human Rights, 926/2A, Kotte Road, Athul Kotte, Sri Lanka. E-mail: monlar@sltnet.lk

(Aus dem Englischen von Britta Dutke)

Dan Hindsgaul

Gentechnik per Zwangsverordnung?

Seit dem 29. August 2003 ist es amtlich: Die USA klagen vor der Welthandelsorganisation (WTO) gegen die EU. Streitfall ist ein seit 1999 in der EU bestehendes *De-facto*-Moratorium, das Zulassungen für den Anbau von gentechnisch manipulierten Pflanzen verhindert. Jetzt wollen die USA mit Hilfe der WTO Absatzmärkte für die *Gentech*-Konzerne per Zwangsverordnung schaffen. Nicht nur auf die EU, sondern auch auf alle anderen Länder, die der Gentechnik kritisch gegenüberstehen, wird so Druck ausgeübt. Gleichzeitig unterlaufen die USA internationale Abkommen wie das »Cartagena-Protokoll zur biologischen Sicherheit«. Dabei stellen die USA die Interessen der Gentechnik-Industrie vor den Schutz der Umwelt.

Streitfälle vor der WTO

Ein WTO-Streitfall beginnt mit Konsultationen. Die Streitfallparteien bekommen eine Frist von 60 Tagen, um zu klären, ob sie den Streitfall untereinander einvernehmlich lösen können. Ist dies nicht möglich, kann das WTO-Mitglied, das sich durch Handelshemmnisse benachteiligt fühlt, ein Streitfall-*Panel* beantragen. Aufgabe des *Panels* ist es, innerhalb von sechs Monaten einen Prüfbericht vorzulegen. Gegen die Entscheidungen des *Panel*-Berichts kann Beschwerde eingelegt werden. Eine zweite Instanz, das Ständige Berufungsgremium, überprüft dann die Richtigkeit der Entscheidung. Die Entscheidung des Berufungsgremiums ist bindend, sofern sie die WTO-Mitglieder nicht einstimmig zurückweisen. Das unterlegene Land muss dann seine Gesetzgebung WTO-konform ändern, falls es dies nicht tut, können Strafmaßnahmen wie Strafzölle durchgesetzt werden. Insgesamt dauert ein solches Verfahren etwa 12 bis 18 Monate, bis das finale Urteil der WTO vorliegt. Danach wird dem unterlegenen Land eine Frist eingeräumt, bis wann das Urteil umzusetzen ist.[1]

Der Gentechnik-Streitfall

Am 13. Mai 2003 verkündeten die US-Landwirtschaftsministerin Ann M. Veneman und der US-Außenhandelsbeauftragte Robert B. Zoellick, dass sie ihren jahrelangen Drohungen Taten folgen lassen würden: Die USA würden vor der

[1] United States Trade Representative (USTR) Resources, »Biotechnology – Procedure and Timeline for a WTO Case«, http://www.ustr.gov/new/biotech-wtocase.htm, 21. Juni 2003

WTO gegen das EU-Moratorium klagen. Zunächst forderten die USA die EU offiziell zu Konsultationen auf. Mitkläger waren Kanada und Argentinien – also die beiden Länder, die zusammen mit den USA über 90% der genmanipulierten Pflanzen weltweit anbauen. Zusätzlich unterstützten auch Australien, Chile, Mexiko, Neuseeland und Peru die Klage, wie die USA in ihrer Presseerklärung angaben.

Auch Ägypten gehörte ursprünglich dazu. Es hat seine Beschwerde jedoch inzwischen zurückgezogen mit der Begründung, dass die Rechte der Verbraucher und der Schutz der Umwelt gewahrt werden müssten.[2] Ägypten, einer der engsten Verbündeten der USA im arabischen Raum, bekam sogleich die Peitsche zu spüren: Die USA setzten bereits laufende Verhandlungen zu Freihandelsabkommen aus.[3]

Am 19. Juni 2003 traf sich die EU mit den USA und Argentinien zu einer ersten Konsultation. Unmittelbar nach dem Treffen verkündeten die USA das Scheitern der Verhandlungen und kündigten an, das Klageverfahren gegen die EU fortzusetzen,[4] also beim Streitschlichtungsgremium der WTO ein *Panel* zu beantragen. Auch mit Kanada trafen sich Vertreter der EU zu Gesprächen. Die EU gewann dabei den Eindruck, dass Kanada und Argentinien an weiteren Konsultationen interessiert seien[5] – eine offensichtlich falsche Einschätzung.

Am 18. August 2003 verlangten die USA, Kanada und Argentinien erstmals die Einberufung eines Streitfall-Panels. Die EU hat dies in der ersten Instanz zurückgewiesen. Die EU bedauerte das Vorgehen der USA, Kanadas und Argentiniens und bekräftigte: *»Die Gesetzgebung der EU für genmanipulierte Organismen (GMOs) ist eindeutig, transparent, vernünftig und nicht-diskriminierend. Wir sind zuversichtlich, dass die WTO bestätigen wird, dass die EU ihren Verpflichtungen nachkommt.«*[6] Den zweiten Antrag der USA am 29. August 2003 konnte die EU gemäß WTO-Regeln nicht mehr zurückweisen. Damit war die Bildung eines dreiköpfigen WTO-Panels zur Untersuchung des Streitfalls beschlossene Sache.

---

[2] Brief des ägyptischen Botschafters an die EU, Suleiman Awaad, zitiert in: Al Amrani I: Egypt follows EU line on GM, Middle East Times, June 6, 2003

[3] Financial Times, 29. Juni 2003, »US retaliation against Egypt hits trade plans«, Edward Alden

[4] Reuters, 19. Juni 2003, »Talks between US and EU failed«, Washington

[5] European Commission, »EC regrets the request for a WTO panel on GMOs«, 18. August 2003, Brüssel

[6] Ebenda

Gentechnik vor dem Abgrund?

Mit der Klage vor der WTO will die US-Regierung die sich in der Krise befindliche Gentechnik-Industrie unterstützen. Der US-Konzern Monsanto ist allein für über 91% der weltweit angebauten Genpflanzen verantwortlich. Doch die Marktchancen für genmanipulierte Produkte stehen schlecht. Nicht nur die EU, sondern über 37 Länder, darunter Japan und China, haben bzw. entwickeln Gesetze, die die Einfuhr von genmanipulierten Organismen behindern und/oder die Kennzeichnung von genmanipulierten Produkten erfordern.

Genmanipulierte Pflanzen – das Wundermittel aus dem Labor der Gentechnik-Konzerne? Mitnichten. Die Versprechungen der Industrie haben sich vielerorts nicht erfüllt. Anstatt den Bauern höhere Erträge zu garantieren oder geringeren Pestizid-Einsatz zu gewährleisten, schufen genmanipulierte Pflanzen neue Probleme wie »Super-Unkräuter« und Schädlings-Resistenzen.[7] Die Gefahren für die Umwelt und die menschliche Gesundheit sind noch lange nicht geklärt. Folglich formierte sich weltweit massiver Widerstand gegen genmanipulierte Pflanzen und vor allem gegen *Gen-Food*. In Europa lehnt die Mehrheit der Verbraucher genmanipulierte Lebensmittel ab. Produkte, wie der Butterfinger von Nestlé, der genmanipulierten Mais enthält, wurden schnell zu Ladenhütern und verschwanden aus den Supermarkt-Regalen. Selbst in der Wiege der Gentechnik, in Nordamerika, macht sich Widerstand breit. Eine überwältigende Mehrheit von 92% der US-Amerikaner wollen, dass genmanipulierte Lebensmittel gekennzeichnet werden.[8] Gleichzeitig gibt es starken Protest gegen die Zulassung des Anbaus von genmanipuliertem Weizen von Monsanto. Nicht nur Bauern, Verbraucher- und Umweltschützer gehen auf die Barrikaden. Auch innerhalb der Industrie gibt es Konflikte. So forderte das *Canadian Wheat Board*, der größte kanadische Vermarkter von Weizen, Monsanto auf, die Kommerzialisierung des Gen-Weizens sofort zu stoppen. Derzeit erwägt das *Board*, Monsanto zu verklagen.[9]

Angriff auf die Kennzeichnung von Gen-Food und Tierfutter?

Das *De-facto*-Moratorium der EU dient den USA nur als Aufhänger. Ihre Absichten sind wesentlich weitreichender. Auch die Kennzeichnungsregelungen für genmanipulierte Lebensmittel und Tierfutter sind den USA und den Gen-

---

[7] Canadian Royal Society Expert Panel Report, 2001 und Benbrook, Charles, »Troubled Times Amid Commercial Success for Roundup Ready Soybeans«, The Northwest Sciene and Environmental Policy Center, Sandpoint, Idaho, USA, 2001

[8] ABC News Telephone Poll, July 2003

[9] Canadian Wheat Board, Presseerkl. 27. Mai 2003 »CWB asks Monsanto to put on brakes on roundup ready wheat«, www.cwb.ca/en/news/releases/2003/052703.jsp

Konzernen ein Dorn im Auge.[10] Schon bald könnte es daher einen weiteren Gentechnik-Streitfall vor der WTO geben. Die wahren Gegner der USA sind dann die Verbraucher, denen vorgeschrieben werden soll, was sie essen dürfen. Meldungen, nach denen die USA ihre WTO-Klage auf die Gesetzgebung der EU zur Kennzeichnung von genmanipulierten Lebensmitteln und Tierfutter ausweiten würden, tauchen immer wieder auf, haben sich aber bis heute (Herbst 2003) nur als weitere Drohung, nicht jedoch als Tatsache erwiesen.

Drohungen gegen Entwicklungsländer

Der Streitfall vor der WTO bezieht sich bei weitem nicht nur auf die Europäische Union, sondern ist eine Kampfansage an alle Länder, die der Gentechnik vorsichtig gegenüber stehen. Insbesondere auf die so genannten Entwicklungsländer üben die USA Druck aus. Obwohl die Klage vor der WTO gegen die EU ein Präzedenzfall ist, hat die USA auch einigen Entwicklungsländern mit einem solchen Verfahren gedroht. Während die EU durch ihre wirtschaftliche Stärke einem solchen Konflikt standhalten kann, kämpfen ärmere Länder mit ungleichen Waffen und versuchen, den Konflikt zu meiden und sich den Forderungen der USA zu beugen: Davon betroffen waren unter anderem Bolivien, Thailand, Südkorea und Sri Lanka. In Sri Lanka verkündete die Regierung beispielsweise ein Verbot für zahlreiche genmanipulierte Lebensmittel. Die USA drohten mit der WTO und mit Sanktionen in Höhe von 190 Millionen US$, woraufhin Sri Lanka das Verbot im September 2001 endgültig auf Eis legte.[11]

Kampf dem Hunger oder hungrig nach Absatzmärkten?

Doch die USA gehen noch weiter und versuchen, über Nahrungsmittelhilfen armen Ländern genmanipulierte Produkte aufzuzwingen. Hungersnot ist dabei für die USA eher eine Geschäftschance als eine globale humanitäre Krise. Sie nutzen die Notsituation der Hungernden aus, um ihre überschüssigen Produktionen loszuwerden und die eigene Wirtschaft anzukurbeln. So heißt es auf der Website des US-Entwicklungshilfeministeriums (USAID) auch ganz unverblümt: *»Der Hauptgewinner von amerikanischen Hilfsprogrammen fürs Ausland ist und bleibt die USA. Beinahe 80% der USAID Verträge und Gelder*

---

[10] Reuters, Biotech suit against EU won't be dropped, US says, 4. August 2003. AP, Bush administration says new EU Biotech laws are onerous, sees ban as still in place, 2. Juli 2003

[11] Times of India, »Lanka's GM food ban delayed indefinitely«, 3. September 2001 und International Union of Food and Agriculture, Hotel, Restaurant, Catering, Tobacco and Allied Workers' Association (IUF), »The WTO and the World Food System: A Trade Union Approach«, May 2002

Gentechnik-Streitfall: Der Kampf gegen Verbraucher und Umwelt ist eröffnet

gehen an amerikanische Firmen. Auslandshilfe hat dazu beigetragen, wichtige Märkte für Agrarerzeugnisse zu erschließen...«[12]

Wie skrupellos die USA sind, zeigt ein Gesetz, das im Mai 2003 den US-Kongress passierte: Darin wird festgehalten, dass den afrikanischen Ländern Aids-Medikamente verwehrt werden könnten, sollten diese die Einfuhr von genmanipulierten Lebensmitteln verweigern.[13]

USA sabotieren Abkommen zur biologischen Sicherheit

Die von den USA bei der WTO eingereichte Klage zielt vielleicht sogar darauf ab, das »Cartagena-Protokoll zur biologischen Sicherheit« zu sabotieren. Dieses sogenannte *Biosafety*-Protokoll, das in der UN-Konvention zur biologischen Vielfalt (CBD) verhandelt wurde, räumt den Staaten das Recht ein, aus Gründen der Vorsorge genmanipulierte Organismen abzulehnen.[14] Außerdem erkennt

---

[12] US-Ministerium für Entwicklungshilfe, http://www.usaid.gov/procurement_bus_opp/osdbu/book-information.htm

[13] US Leadership against HIV/AIDS, Tuberculosis, and Malaria Act of 2003

[14] The Cartagena Protocol on Biosafety to the Convention on Biological Diversity, http://www.biodiv.org/biosafety/

es ausdrücklich an, dass genmanipulierte Organismen Gefahren für die menschliche Gesundheit und die Umwelt bergen. Um die biologische Vielfalt davor zu schützen, sind die Länder verpflichtet, Schutzmaßnahmen zu treffen. Das Protokoll wurde bereits von 65 Staaten ratifiziert,[15] darunter auch die EU, und. trat am 11. September 2003 in Kraft. Die USA haben während den Verhandlungen hartnäckig versucht, die Verankerung des Vorsorgeprinzips zu verhindern – ohne Erfolg. Daraufhin haben sie das Protokoll nicht ratifiziert.

Schon in der Vergangenheit hatten die USA versucht, die WTO zu instrumentalisieren, um die Gentechnik durchzusetzen. Bei der dritten WTO-Ministerkonferenz in Seattle 1999 reichten sie einen Vorschlag zur Gründung einer WTO »*Working Party on Biotechnology*« ein und wollten dies in der Abschlusserklärung beim Thema Landwirtschaft festhalten.[16] Der Vorschlag widersprach jedoch dem *Biosafety*-Protokoll, da er von der Annahme ausging, dass genmanipulierte Pflanzen keine Gefahren bergen, sondern nur Vorteile mit sich bringen.[17] Daher stieß die USA mit ihrem Vorhaben auf den Widerstand der meisten WTO-Mitgliedsstaaten. Delegierte argumentierten, genmanipulierte Organismen sollten im Rahmen des *Biosafety*-Protokolls geregelt werden, nicht in der WTO. Da die WTO-Ministerkonferenz in Seattle scheiterte, kam der US-Vorschlag nicht zum Zuge.

Vier Jahre später, im Vorfeld der fünften Ministerrunde der WTO in Cancún/Mexiko, unternahmen die USA einen neuen Vorstoß. Diesmal versuchen sie es nicht über die WTO-Ministerkonferenz, sondern über das Streitschlichtungsverfahren der WTO – in der Hoffnung, geltendes internationales Recht zu unterlaufen und andere Länder unter Druck zu setzen. Dass die WTO-Ministerkonferenz in Cancun wie die in Seattle scheiterte, hat auf das Streitfallverfahren keinen Einfluss.

Die USA haben den weltweiten Kampf gegen die Verbraucher, Landwirte und die Umwelt offiziell eröffnet. Greenpeace stellt sich diesen Machenschaften entgegen und fordert: Kein Anbau von genmanipulierten Pflanzen und eine klare Kennzeichnung von genmanipulierten Lebensmitteln und Tierfutter. Außerdem darf das Cartagena-Protokoll zur biologischen Sicherheit nicht durch die WTO unterlaufen werden, sondern muss von ihr anerkannt und unterstützt werden.

---

[15] Stand 24. Oktober 2003, als 65. Land kam an diesem Tag die Türkei dazu.

[16] Paragraph 29 (vi) under the Section on Agriculture in the Ministerial Text of 19th October for the WTO Ministerial meeting in Seattle reads: »Disciplines to ensure that trade in products of agricultural biotechnology is based on transparent, predictable and timely processes.«

[17] Measures Affecting Trade in Agricultural Biotechnology Products. Communication from the United States, 27 July 1999, Preparations for the 1999 Ministerial Conference – Negotiations on Agriculture. WT/GC/W/288. August 4, 1999.

Tilman Santarius
Ohne Balance – Umweltabkommen und Handelsrecht

19. Juni 2003, Genf, WTO. Ohne Erfolg mussten die Gespräche zwischen den USA und der Europäischen Kommission über genetisch veränderte Organismen abgebrochen werden. Nun wird der von den USA angestrengte Streitfall dem Streitschlichtungsorgan der WTO überantwortet. Thema ist das seit mehreren Jahren bestehende europäische Moratorium zur Zulassung genetisch veränderter Organismen (*Genetically Modified Organisms*; GMO), welches der Agrarindustrie der USA nach ihren Angaben jährlich einige hunderte Millionen Dollar Umsätze vorenthält. Im Mai diesen Jahres klagten die USA daraufhin gegen die verwehrte Marktzulassung als ein »nicht-tarifäres Handelshemmnis«, welches sie gemäß WTO-Recht für rechtswidrig erachten. Die EU argumentiert hingegen, dass die potenziellen Risiken der Verbreitung und des Anbaus von GMOs nicht gesichert sind und eine Marktzulassung daher nicht erfolgen sollte.

Was zunächst keinen Bezug zum Konfliktverhältnis zwischen multilateralen Umweltabkommen und Welthandelsrecht ahnen lässt, ist tatsächlich ein aktuelles Beispiel für die mangelnde Balance zwischen beiden Regimen. Denn Importverbote für GMOs, bei denen negative Umwelt- und Gesundheitseffekte nicht wissenschaftlich ausgeschlossen werden können, sind das politische Kernziel des Protokolls über Biologische Sicherheit. Just eine Woche vor den Gesprächen zwischen den USA und der EU im Juni in Genf wurde bekannt, dass das Protokoll im September 2003 in Kraft treten wird. In Zukunft könnten dann die USA, die das Protokoll strikt ablehnen und es nicht ratifiziert haben, vor der WTO nicht mehr nur gegen Zulassungsbeschränkungen von GMOs einzelner Länder klagen, sondern gegen die Provisionen des Protokolls über Biologische Sicherheit.

Grundsätzlich stehen internationales Umwelt- und Handelsrecht völkerrechtlich auf gleicher Ebene. Keines ist dem anderen übergeordnet. Welches Recht gilt aber, wenn etwa das Protokoll über Biologische Sicherheit Handelsbeschränkungen von GMOs explizit erlaubt – WTO-Recht hingegen Staaten zur Öffnung ihrer Märkte und zum Abbau von Handelsbarrieren verpflichtet? Und, allgemeiner gefragt: Welches politische Ziel genießt Vorrang – die Gleichbehandlung aller Ressourcen und Produkte auf dem Markt oder die gewollte Benachteiligung einiger umweltschädlicher Produkte, etwa bestimmter gefährlicher Stoffe, hier GMOs? Im Folgenden wird am Beispiel des Konfliktverhältnisses zwischen der WTO und dem Protokoll über Biologische Sicherheit entlang des Politikzyklus gezeigt, wie die WTO im allen Stadien – vom Agenda-setting bis hin zur Weiterentwicklung von Politiken – *de facto* politisch und rechtlich Vorrecht vor multilateralem Umweltrecht genießt. Von einer Balance zwischen WTO- und multilateralem Umweltrecht kann somit keine Rede sein.

Erstens: Agenda-setting. Bereits auf der Ebene von Werten und der Wichtigkeit, die bestimmten Themen beigemessen wird – also weit vor der konkreten Politikformulierung – besteht keine Balance zwischen Umwelt- und Welthandelsinteressen. Ökonomische Interessen genießen gegenüber Umweltinteressen in der Regel Priorität. Vor allem das neoliberale Paradigma des Freihandels hat nach wie vor eine große politische Autorität. Maßnahmen zur Einschränkung des Handels und zur Absicherung von Märkten, auch wenn diese aus gesundheits- oder umweltpolitischen Gründen erwogen werden, gelten schnell als politisch unpopulär und werden als »Ökoprotektionismus« verunglimpft. Dies zeigt sich zum Beispiel daran, dass Bundeswirtschaftsminister Wolfgang Clement sich im Streitfall über die Zulassung von GMOs klar hinter die Interessen der US-Agrarkonzerne und einen uneingeschränkten Freihandel stellte: »Ich fordere Europa nachdrücklich auf, sein faktisches Moratorium gegen genmanipulierte Produkte aufzugeben und seine Märkte für US-amerikanische Importe zu öffnen«.[1]

Zweitens: Politikformulierung. Die Autorität des Freihandelsparadigmas und der WTO übt einen Druck auf die Verhandlungen multilateraler Umweltabkommen aus und kann deren Ausgestaltungsmöglichkeiten dadurch bereits während der Politikformulierung einschränken (*chilling effect*). So wurde während der Verhandlungen des Protokolls über Biologische Sicherheit eine Klausel in deren Präambel aufgenommen, wonach im Streitfall dieses Abkommen anderen multilateralen Abkommen nicht übergeordnet werden dürfe. Die USA, auf deren Druck hin diese Klausel entstanden ist, zielten damit auf eine Bevorteilung der WTO-Abkommen. Denn das Protokoll über Biologische Sicherheit erlaubt die aktive Anwendung des Vorsorgeprinzips, insofern bei plausiblen, potentiellen Risiken von GMOs auch ohne wissenschaftliche Belege ein Importverbot ausgesprochen werden darf. In den Abkommen der WTO hingegen werden Importrestriktionen bei anhaltend fehlender wissenschaftlicher Evidenz ausgeschlossen. Damit verweigert die WTO auch die Anwendung des Vorsorgeprinzips. Der so genannte *chilling effect,* das heißt in diesem Falle die Behinderung strikten Umweltrechts durch die Autorität bestehender WTO-Regeln, kann somit bereits in der Phase der Politikformulierung verhindern, dass Um-

---

[1] Restle, Georg/Schmidt, Alexander: Krieg um Gen-Food: Aus für Bio-Bauern? In: Monitor Nr. 505 am 10. Juli 2003.

weltabkommen und die WTO eine Balance erzielen.[2] Denn nicht Umweltziele oder das Vorsorgeprinzip, sondern die WTO-Regeln gelten als das Maß aller politischen Dinge. Selbst in der Abschlusserklärung des Weltgipfels für Nachhaltige Entwicklung in Johannisburg 2002 konnte nur in letzter Minute ein Halbsatz abgewendet werden, der vorsah, dass die formulierten Ziele in Einklang mit WTO-Recht zu stehen hätten.

Drittens: Implementierung. Die WTO verfügt über ein strenges Streitschlichtungsverfahren und über harte Sanktionsmechanismen, welche die Umsetzung ihrer Normen garantieren. Dem gegenüber sind Umweltabkommen eher »zahnlos« und können die Umsetzung ihrer Ziele wesentlich schlechter gewährleisten. Das Streitschlichtungsorgan der WTO ist tatsächlich das effektivste, welches je in völkerrechtlichen Regimen umgesetzt wurde. Die Rechtsentscheide des Streitschlichtungsorgans sind deswegen so wirkungsmächtig, weil Verstöße gegen WTO-Recht durch Vergeltungsmaßnahmen auf beliebige Güter oder Dienstleistungen geahndet werden dürfen. Damit können die vom Streitschlichtungsorgan autorisierten Sanktionen einen unmittelbaren und besonders empfindlichen Einfluss auf die Wirtschaft eines Staates ausüben. Im Gegensatz dazu verfügen multilaterale Umweltabkommen entweder nur über politisch schwache Streitschlichtungsinstanzen oder setzen auf die »weiche Variante« so genannter *Non-compliance*-Mechanismen. Diese sollen Staaten in erster Linie helfen, ihre Pflichten zu erfüllen. Das Protokoll über Biologische Sicherheit enthält lediglich eine Pflicht zur wechselseitigen Information zwischen Ländern über den Export von GMOs. Sollte ein Staat GMOs ohne vorherige Information oder den Nachweis ihrer Gefahrlosigkeit dennoch exportieren, sieht das Protokoll jedoch keinerlei Sanktionen vor. Wie in der WTO würden sich vielfach auch in Umweltabkommen Handelsbeschränkungen als die wirkungsmächtigsten Maßnahmen zur Durchsetzung ihrer Ziele erweisen. Allerdings werden gerade diese Maßnahmen durch WTO-Recht bedroht – sei es durch den erwähnten *chilling effect* bereits bei ihrer Politikformulierung oder bei ihrem Vollzug, wie der nächste Abschnitt zeigen wird.

Viertens: Überwachung von Politiken und Streitschlichtung. Kommt es schließlich zu einem Konflikt zwischen einem multilateralen Umweltabkommen (MEA) und der WTO, werden all jene Konfliktfälle, die sich als kritisch erweisen,[3] vom Streitschlichtungsorgan der WTO entschieden. Denn das *Dis-*

[2] Siehe auch Fuchs, Peter/Pfahl, Stefanie/Reichert, Tobias: Die WTO-Ministerkonferenz in Seattle. Ergebnisse und Perspektiven für den Umweltschutz, Berlin 2000.

[3] Für eine Differenzierung zwischen jenen MEA, die potenziell mit WTO-Recht in Konflikt geraten werden und solchen, die eher unbedenklich erscheinen, siehe detailliert Santarius et al.: Grüne Grenzen für den Welthandel. Eine ökologische Reform der WTO als Herausforderung an eine Sustainable Global Governace. Wuppertal Paper Nr. 133. Wuppertal, 2003.

pute Settlement Understanding (DSU) der WTO[4] verpflichtet ihre Mitgliedsstaaten dazu, alle handelsrelevanten Konflikte vor dem Streitschlichtungsorgan der WTO auszutragen. Auch wenn die USA Signatarstaat des Protokolls über Biologische Sicherheit wären, würde der jetzige Streitfall mit großer Wahrscheinlichkeit daher der WTO überantwortet werden. Damit entscheidet dieses in ihrem Dienst stehende Organ faktisch über die Legitimität von Politiken und Maßnahmen, die in Umweltabkommen vorgesehen sind oder für ihre Zielerreichung notwendig erscheinen. Dies ist aus umweltpolitischer Sicht strikt abzulehnen und lässt eine Balance zwischen Umwelt- und Handelsrecht im Streitfall fragwürdig werden. Denn das Streitschlichtungsorgan der WTO soll Konfliktfälle nur im Kontext der WTO-Abkommen vornehmen (Art. 3 DSU) und die Panels des Streitschlichtungsorgans und die Mitglieder des Berufungsgerichts der WTO nur mit Handelsexperten besetzen (Art. 8 und 17 DSU). Bei alldem sieht sich der Dispute Settlement Body harscher Kritik ob der geringen Transparenz und demokratischen Legitimation des Verfahrens ausgesetzt.[5]

Fünftens: Evaluation und Weiterentwicklung von Politiken. Da es noch nie zu einem direkten Streitfall zwischen einem multilateralen Umweltabkommen und der WTO kam, ist das Verhältnis bis heute ungeklärt. Nicht zuletzt der Streit über GMOs zeigt jedoch, dass solche Fälle in der Zukunft wahrscheinlich sind. Daher wird seit mehr als zehn Jahren über eine Klarstellung des Verhältnisses von multilateralen Umweltabkommen zur WTO diskutiert. In den aktuellen Verhandlungen der WTO wurde mit § 31 der Doha-Deklaration eine Klärung des Verhältnisses in eigener Vollmacht der WTO-Ministerkonferenz vereinbart.[6] Dies bestätigt erneut die politische Priorität der Welthandels- gegenüber der Weltumweltpolitik. Warum wird innerhalb der WTO über die Anerkennung von multilateralen Umweltabkommen entschieden – und nicht innerhalb der Vereinten Nationen oder in Abstimmung mit UNEP und den Ministerkonferenzen der Umweltabkommen? Dabei schützt das Verhandlungsmandat von § 31 WTO-Rechte, indem es bereits vorwegnimmt, dass es nicht zu einer Einschränkung der Rechte und Pflichten eines solchen Mitgliedsstaats der WTO kommen dürfe, der nicht auch Mitglied des betroffenen multilateralen Umweltabkommen ist. Die Verhandlungen bergen zudem die Gefahr, das die WTO-Ministerkonferenz eine Definition von zulässigen und unzulässigen

---

[4] Siehe unter vielen anderen Marceau, Gabriele: Conflicts of Norms and Conflicts of Jurisdictions – The Relationship between the WTO Agreement and MEAs and other Treaties. In: Journal of World Trade 35, iss. 6, p. 1081-1131, 2000.

[5] Hierzu detailliert Senti, Richard: Die WTO auf dem Weg nach Katar; Anstehende Probleme – neue Herausforderungen. HWWA Discussion Paper Nr. 135. Hamburg, 2001.

[6] Siehe WTO: Ministerial Declaration. Ministerial Conference (WT/MIN(01)/DEC/1). Genf, 20. November 2001.

Konflikt Handel gegen Umwelt: Der Stärkere gewinnt

umweltpolitischen Maßnahmen vornimmt und dadurch Beschlüsse, die auf den Ministerkonferenzen der Umweltabkommen getroffen wurden, in Frage stellt bzw. hinfällig werden lässt. Beispielsweise könnte konstatiert werden, dass Importrestriktionen von GMOs nur dann anerkannt werden, wenn sie mit wissenschaftlichen Beweisen ihrer Umwelt- und Gesundheitsgefahren begründet werden können. Damit würde die Anwendung des Vorsorgeprinzips als umweltpolitischem Kernprinzip und die Umsetzung des Protokolls für Biologische Sicherheit gefährdet.

Zusammenfassend kann festgehalten werden, dass von einer Balance zwischen Umwelt- und Handelsrecht derzeit keine Rede sein kann. Um diese zu erzielen, müssten einerseits Umweltinstitutionen aufgewertet und Umweltinteressen eine größere Priorität eingeräumt werden. Dies könnte etwa über eine Stärkung ihrer Streitschlichtungsinstanzen sowie über eine bessere Vernetzung und Zusammenarbeit bei der Organisation der mittlerweile über 250 multilateralen Umweltabkommen erzielt werden.[7] Andererseits müsste der politische

[7] Siehe Moltke, Konrad von: Whither MEAs? The role of international environmental management in the trade and environment agenda. IISD Working Paper. July, 2001.

Handlungsspielraum der WTO eingegrenzt werden. Dabei sollte insbesondere das Mandat des Streitschlichtungsorgans beschränkt werden sowie das Verfahren der Streitschlichtung transparenter, partizipativer und gegenüber anderem relevanten internationalen Recht offener gestaltet werden. Schließlich sollte der Informationsfluss und der Austausch zwischen Umwelt- und Handelsinstitutionen verbessert werden. Dafür müssen auf den Ministerkonferenzen von Umweltabkommen und der WTO politisch-rechtliche Prozesse vereinbart werden, die im Streitfall zwischen widerstreitenden Werten, unterschiedlichen Logiken der beiden Regime und konfligierenden Politiken zu vermitteln versuchen. Für die Prozesse müssten die beteiligten Institutionen definiert und die Zuständigkeiten der WTO auf der einen Seite und der Umweltinstitutionen auf der anderen klar abgegrenzt werden. Die Prozesse sollten im Rahmen der Vereinten Nationen verankert werden und bei Bedarf eine neutrale, dritte Streitschlichtungsinstanz involvieren.[8]

Die damit einhergehende Begrenzung der politischen Reichweite der WTO bedeutet eine Fokussierung der WTO auf ihr handelspolitisches Mandat. Sie führt zur Entschärfung von Konflikten zwischen multilateralen Umweltabkommen und der WTO und verhindert damit den Eintritt eines Streitfalls. Sie könnte ferner den von der WTO ausgehenden *chilling effect* reduzieren, da politische Entscheidungsträger anderer multilateraler Abkommen nicht mehr vor dem Hintergrund in Verhandlung treten, dass von ihnen beschlossene politische Maßnahmen im Konfliktfall Gegenstand des WTO-Rechts werden. Allein die Aufgabe des Alleinanspruchs der WTO zur Lösung von Konflikten, die Handelsrecht tangieren, trägt damit zu einer größeren Balance zwischen Institutionen in der globalen politischen Arena bei. Kommt es dennoch zum Streitfall, käme Umweltinstitutionen und der WTO in den politisch-rechtlichen Prozessen zur Lösung der Konflikte eine gleichwertige Rolle zu. Die Prozesse würden zu einer horizontalen Verteilung von Verantwortlichkeiten und Zuständigkeiten auf jeweils jene Institutionen führen, die am besten für die Bearbeitung eines (Teil-)Problems geeignet sind.[9] Die Verknüpfung der verschiedenen Kompetenzen, Erfahrungen und Strukturen der Institutionen kann dabei eine größere Qualität bei der Entscheidungsfindung mit sich bringen und die soziale Akzeptanz des Ergebnisses erhöhen. – Und nicht zuletzt kann die Stärkung von Umwelt- gegenüber Handelsbelangen unserem (Mc)Planeten ökologische Belastungen ersparen und dem Abbau zwischenstaatlicher Konflikte förderlich sein.

---

[8] Siehe detailliert Santarius et al. 2003, S. 40ff.

[9] Siehe hierzu auch Abbott, Frederick M.: Distributed Governance at the WTO-WIPO: An Evolving Model for Open-Architecture Integrated Governance. In: Journal of International Economic Law (2000), S. 63-81.

Karsten Smid

Global Player – die Machenschaften der Ölkonzerne

In keiner anderen Branche wird die soziale und ökologische Verantwortung für eigene Produkte derart vernachlässigt wie im Ölgeschäft. Der Chef von ExxonMobil, Lee Raymond, brachte es im Mai 2003 auf den Punkt: »Wir investieren nicht in soziale Projekte auf Kosten der Aktionärsgewinne.« Welche tatsächlichen Folgen die Machenschaften der Ölkonzerne für Menschen und Umwelt haben, wird in diesem Artikel aufgezeigt.

Öl bedeutet Macht. Das wissen wir nicht erst seit dem Irakkrieg. Ohne Öl würden die Räder der Industriegesellschaft still stehen. Die sieben größten Ölmultis, die »seven sisters«, beherrschten schon in den 1970er Jahren den Weltölmarkt. Sie teilten in geheimen Abkommen die Welt untereinander auf und diktierten die Preise und Mengen der Rohöllieferungen. Heute sind Ölkonzerne wie ExxonMobil, BP und Shell in Hunderten von Regionen der Welt tätig. Jedes Jahr erzielen sie mit dem Verkauf fossiler Energieträger zweistellige Milliardengewinne. Ein paar Zahlen sollen dies verdeutlichen:

- 51 der 100 größten Wirtschaftseinheiten der Welt sind multinationale Konzerne, darunter ExxonMobil, Shell, BP, ChevronTexaco und TotalFinaElf.
- Nur ein Prozent der Konzerne ist für die Hälfte der Auslandsdirektinvestitionen verantwortlich, dabei steht die Ölindustrie mit an vorderster Stelle.
- Die 15 größten Unternehmen der Welt kontrollieren, gemessen am Wert ihrer Umsätze, mehr Wirtschaftsleistung als die 60 ärmsten Staaten der Welt.
- ExxonMobil ist der weltweit größte Ölkonzern. Er hat einen Umsatz von 228 Milliarden US-Dollar, was etwa dem Bruttoinlandsprodukt von Schweden entspricht (238 Milliarden US-Dollar). BP und Shell haben jeweils einen Umsatz von über 140 Milliarden US-Dollar, d.h. ungefähr in der Größenordnung des Bruttoinlandsproduktes von Iran oder Indonesien.

Nicht selten missbrauchen die Ölkonzerne ihre geballte Wirtschaftskraft dazu, skrupellos die eigenen Interessen durchzusetzen – auf Kosten von Umwelt und Menschen. Macht und Interessen sind dabei klar verteilt. Der westlichen Welt geht es um den ungestörten Zugang zu den großen Erdölvorkommen. Denn die Ölreserven, die in den Industrieländern verheizt werden, befinden sich überwiegend in anderen Teilen der Welt – häufig auf dem Land von Minderheiten und indigenen Völkern. Diese haben kaum Chancen, sich gegen die Übermacht der Riesenkonzerne zur Wehr zu setzen.

Den Direktinvestitionen ausländischer Unternehmen in Entwicklungsländern werden in der Lesart der Wirtschaftsliberalen die Kräfte von Allheilmitteln zugesprochen – sie seien unerlässlich für die wirtschaftliche Entwicklung des Gastlandes. In der Realität wird die Entwicklung der Kultur indigener Völker durch Großprojekte gefährdet. Die Staaten geraten in Abhängigkeit vom Öl und werden so der Chance einer wirtschaftlich unabhängigen Entwicklung beraubt. Dabei profitieren allenfalls die reichen Eliten des Landes, den Armen wird ihr Land genommen. So liegt der »Transnationality Index«, der die Abhängigkeit eines Landes von ausländischen Investitionen beschreibt, in Öl produzierenden Ländern wie Nigeria und Ecuador deutlich über dem Durchschnitt der Entwicklungsländer. Sortiert man die 100 größten Konzerne der Welt nach ihrem Auslandsvermögen, so finden sich die vier großen Mineralölkonzerne unter den ersten 15 Plätzen (ExxonMobil auf Platz 3, Shell auf Platz 6, BP auf Platz 7, Chevron auf Platz 13).

In der Ölbranche ist längst ein gnadenloser Wettstreit um die Ausbeutung der Ressourcen, um Gewinnmaximierung und hohe Profite entbrannt. Und die Lage spitzt sich mit den schwindenden Ressourcen weiter zu. Bereits die Hälfte der Ölvorkommen ist ausgebeutet. Der *Ölpeak* – das Maximum der weltweiten Ölförderung – ist erreicht. Es müssen nicht nur ständig neue Ölquellen erschlossen werden, um den Förderrückgang der alten Felder auszugleichen, die neuen Felder sind auch nicht mehr so ergiebig und so leicht zu erschließen wie die alten – ein Teufelskreis. Die Folge: Der Kampf um die Ressourcen wird immer brutaler und in immer entlegenere Regionen getragen. Dies führt zu einer Zunahme von Konflikten, zu Ressourcenkriegen sowie zur Vertreibung von Menschen. Die Ölmultis greifen entlang der gesamten Nutzungskette des Öls in sensible Ökosysteme ein: in den Fördergebieten, beim Transport des Öls sowie bei seiner Verbrennung.

- In Nigeria richtete die Regierung den Menschenrechtler Ken Saro Wiwa im November 1995 hin. Er hatte maßgeblich die Proteste des Ogoni-Volkes, das unmittelbar unter den Machenschaften von Shell zu leiden hat, organisiert. Shell und andere Ölkonzerne lassen noch heute Gas abfackeln, das zur Rußbelastung der Äcker führt und die Atemluft vergiftet. Die Trinkwasserquelle für 150.000 Menschen wurde im Juni 2001 durch auslaufendes Öl zerstört. Die Umwelt und die Menschen sind durch Lecks und Explosion der alten Pipelines bedroht. In der feuchten Sumpflandschaft kommt es bei den bis zu 20 Jahre alten Pipelines immer wieder zu Ölunfällen.
- TotalFinaElf bezieht jährlich etwa zehn Mio. Tonnen Erdöl für ihre Raffinerie in Leuna aus dem Samotlor-Ölfeld in Westsibirien. Bei Förderung und Transport gehen drei bis sieben Prozent des Öls verloren und verseuchen Oberflächengewässer, Grundwasser, Wälder und Siedlungsgebiete. 840.000 Hektar Land sind heute ölverseucht – dies entspricht in etwa der dreifachen Fläche des Saarlandes. Die Menschen müssen öliges Wasser trinken und öligen Fisch essen.

■ In Ecuador wird mit Geldern der Westdeutschen Landesbank (WestLB) eine Ölpipeline vom Amazonas bis an die Pazifikküste gebaut. Dadurch sind einzigartige Urwälder und der Lebensraum unzähliger Menschen bedroht. Beim Bau der Pipeline verursachten im April 2003 schwere Baumaschinen den Bruch der parallel verlaufenden 30 Jahre alten staatlichen Ölpipeline. Etwa 10.000 Barrel Erdöl flossen in den Fluss Sucus-San und die Lagune von Papallacta.

■ Nicht nur in den Fördergebieten, auch auf den Transportrouten des Öls kommt es immer wieder zu verheerenden Unfällen. Der Tankerunfall der »Prestige« vor der Küste Galiciens in Spanien im November 2002 ist nur der vorerst letzte Unfall auf den Weltmeeren. Die Folgen: ölverseuchte Meere und Küsten, Tausende toter Vögel. Der 26 Jahre alte Einhüllentanker »Prestige« gehörte zu einer Armada von »schwimmenden Zeitbomben« auf den Weltmeeren. Schuldige zu finden ist meist schwer, da alle Beteiligten die Verantwortung hin und her schieben: Die »Prestige« ist zum Beispiel auf den Bahamas registriert, Eigentümer eines liberianischen Unternehmens und gechartert von der russischen Firma Crown Resources mit Sitz in der Schweiz.

■ Die dreckige Spur des Öls reicht noch weiter. Beim Verbrennen von Öl wird Kohlendioxid freigesetzt, das zur globalen Erderwärmung führt. Die Ölwirtschaft trägt den Mammutanteil der Verantwortung für den Klimawandel. Einige Ölfirmen erkennen zwar langsam an, dass ihr Überleben nur in Förderung und Ausbau erneuerbarer Energien liegen kann. So investieren etwa Shell und BP auch in Solarenergie – der Löwenanteil von 96% der Investitionssumme fließt aber nach wie vor in die Erschließung neuer Ölfelder. Der größte Ölkonzern, ExxonMobil, bestreitet hingegen seit Jahren, dass die Verbrennung von Öl etwas mit dem Klimawandel zu tun hat. ExxonMobil versucht sogar, die internationalen Klimabemühungen der Staaten zu untergraben. Und das nicht ohne Erfolg.

So verlangte der Konzern im Jahr 2001 von der neu gewählten Regierung Bush, dass diese unbequeme Wissenschaftler in Schlüsselpositionen austauschen möge. Ein prominentes Opfer wurde Dr. Robert Watson, ein renommierter Klimaforscher und seit 1996 Vorsitzender des *Intergovernmental Panel on Climate Change* (IPCC, Zwischenstaatlicher Ausschuss über Klimaänderungen). Watson hatte immer wieder auf die Zusammenhänge zwischen der Verbrennung fossiler Energieträger und dem Klimawandel hingewiesen. Im April 2002 wurde daher der von ExxonMobil gewünschte und von den USA präferierte Nachfolger Rajendra Pachauri, ein als industriefreundlich bekannter Ingenieur und Ökonom aus Indien, zu seinem Nachfolger ernannt.

Am 2. August 2002, im Vorfeld des UN-Weltgipfels in Johannesburg, schrieben von ExxonMobil finanzierte Öl-Lobbyisten in einem Brief an US-Präsident George Bush: »Wir begrüßen Ihre Entscheidung, nicht persönlich teilzu-

Karsten Smid: Gnadenloser Wettstreit um den Abbau von Ressourcen

nehmen... Der Weltgipfel wird nur eine Medienplattform sein für einige der unverantwortlichsten und zerstörerischsten Elemente in kritischen wirtschaftlichen und ökologischen Fragen. Ihre Anwesenheit würde nur dazu beitragen, gegen die Freiheit, gegen die Menschen, gegen die Globalisierung und gegen den Westen gerichtetes Gedankengut zu verbreiten... Die potenzielle globale Erwärmung ist das unwichtigste globale Umweltproblem. Wir hoffen, dass Ihre Verhandlungsführer [in Johannesburg] dafür sorgen, dass dieses Thema erst gar nicht auf die Agenda kommt.« (The Times, London, 16. August 2002). Die USA haben noch vor Beginn der Verhandlungen in Johannesburg klar gestellt, dass sie keine international verbindlichen Übereinkommen unterzeichnen werden.

Und schließlich ist die Bush-Regierung nicht zuletzt auf Grund der Lobbyarbeit von ExxonMobil aus dem Kyoto-Abkommen ausgestiegen – kurz bevor dieses im Juni 2001 von der internationalen Staatengemeinschaft angenommen wurde. Und das, obwohl die USA allein für 25% des weltweiten Ausstoßes von Kohlendioxid verantwortlich sind.

Ölkonzerne müssen sich ihrer sozialen und ökologischen Verantwortung stellen. Dazu gehört neben dem Klimaschutz auch der Urwald- und Meeresschutz.

Die Verantwortung für ihre Produkte muss von der Förderquelle bis zur Zapfsäule reichen. Eine Art der Globalisierung, die weiter zum grenzenlosen Machtzuwachs von Konzernen führt, ist abzulehnen. Eine uneingeschränkte Vorherrschaft von Wirtschafts- und Handelsregeln, die Umweltschutz, Menschen- und Sozialrechte nur in Ausnahmefällen berücksichtigen, ist inakzeptabel.

Um dem rücksichtslosen Treiben der Ölkonzerne ein Ende zu setzen, müssen die Regierungen dringend ein internationales Haftungsrecht in die Wege leiten. Umweltschäden durch die Förderung, den Transport und die Verbrennung von Öl sowie erwiesene Menschenrechtsverletzungen müssen juristisch konsequent verfolgt und geahndet werden. Die OECD-Leitsätze für transnationale Konzerne müssen als ein Instrument genutzt werden, die Konzerne an die Kandare zu nehmen.

Die Erschließung neuer Ölfelder muss gestoppt werden. Stattdessen müssen klimafreundliche, erneuerbare Energien, wie Wind- und Sonnenenergie, gefördert werden. Ölkonzerne müssen umdenken: Das »goldene Ölzeitalter« ist vorbei, die Zukunft gehört den erneuerbaren Energien. Ölkonzerne müssen sich in Energiekonzerne wandeln. Analog zum Klimaschutzprotokoll von Kyoto sollten die Ölkonzerne den Ausstoß von Treibhausgasen bis 2012 um mindestens 5% reduzieren – durch den schrittweisen Ausbau erneuerbarer Energien. Die Umstrukturierung unseres Energiesystems wird Milliarden kosten und ist die Herausforderung unserer Generation. Die Frage ist, ob dieser Umbau mit oder gegen die Ölkonzerne stattfindet.

Quellen

Anthony Sampson, Die sieben Schwestern – Ölkonzerne und die Verwandlung der Welt, Reinbek 1976

Daniel Yergin, Der Preis – Die Jagd nach Öl, Geld und Macht, Frankfurt a.M. 1991

Hans Kronberger, Blut für Öl – Der Kampf um die Ressourcen, Wien 1998

Michael T. Klare, Resource Wars, New York 2001

Global Challenges Network, Ölwechsel – Das Ende des Erdölzeitalters und die Weichenstellung für die Zukunft, München 2002

Tobias Haller/Annja Blöchlinger/Markus John/Esther Marthaler/Sabine Ziegler (Institut für Ökologie und Aktions-Ethnologie), Fossile Ressourcen, Erdölkonzerne und indigene Völker, Gießen 2000

Öl – Macht – Armut! Das Tschad-Kamerun-Öl- und Pipeline-Projekt, 3/2002 AG Tschad-Kamerun

Jede Menge schmutziger Tricks – Wie ExxonMobil internationale Maßnahmen gegen den weltweiten Klimawandel sabotiert, Greenpeace Report, Mai 2002

Mineralölkonzerne und Klimazerstörung, Wuppertal Institut im Auftrag von Greenpeace, Mai 2002

World Investment Report 2002: Transnational Corporations and Export Competitiveness, United Nations Conference on Trade and Development, United Nations, New York and Geneva 2002

Internet: www.stoppesso.de, www.oil-of-elf.de

Duncan McLaren

Freunde der Erde: Feinde des Krieges

Um unsere Opposition gegenüber dem von den USA im Jahre 2003 angeführten Krieg gegen den Irak zu manifestieren, benutzen wir den Slogan »Friends of the Earth: Enemies of War«. Dass Umweltaktivisten Kriegsgegner sind, mag offensichtlich sein. Aber Friends of the Earth ist nicht bloß eine Umweltorganisation, wir kämpfen auch um Gerechtigkeit – sowohl für die Umwelt als auch im sozialen Bereich. Die Theorie des »Gerechten Krieges« suggeriert, dass es Zeiten gibt, in denen der Krieg der Sache der Gerechtigkeit dienen könnte. Derartige Umstände sind jedoch selten, und, wie im Folgenden gezeigt werden wird, auf keinen Fall für den Irak zutreffend. Ebenso wird in diesem Beitrag auf die umfassenderen Beziehungen zwischen Krieg und Umwelt eingegangen.

Direkte Auswirkungen können ausreichende Gründe für eine Ablehnung jeden Krieges sein, sie sind allerdings selten derart ausschlaggebend, wie viele Umweltaktivisten glauben. Es gibt tatsächliche Risiken in Bezug auf spezielle Waffen und militärische Einsätze, die schwerwiegende Umweltschäden zur Folge haben können, insbesondere wenn Ölraffinerien oder Chemie-Fabriken die Ziele militärischer Angriffe oder Sabotage sind. Beim Zweiten Golfkrieg 1990 führte das Brennen von mehr als 600 Ölquellen neun Monate lang zu einer Verringerung der regionalen Lufttemperatur um 10°C, und die daraus resultierende Luftverschmutzung führte möglicherweise zu genauso vielen Todesopfern wie die direkten militärischen Kampfhandlungen. Die Verschmutzung des Meeres betraf die Schalentier-Fischerei in den unmittelbar auf den Krieg folgenden Jahren überaus stark. In den Jahren 1991-92 fiel die laichfähige Biomasse des saudi-arabischen Schalentierbestandes auf 1-10% des Vorkriegsbestandes zurück, die gesamte Biomasse auf 25%. Dennoch konnte man die Gesamtauswirkungen der Ölverschmutzung im Golf, die durch den Krieg erzeugt worden war, nicht von der chronisch stattfindenden Verschmutzung unterscheiden, die durch die Ölindustrie in einem Zeitraum von fünf bis sieben Jahren ausging.

Nach Angaben des UN-Umweltprogramms erzeugte der militärische Einsatz im Kosovo keine allgemeine »ökologische Katastrophe«, allerdings entstanden »einige ernstzunehmende Brennpunkte, bei denen die Kontaminierung durch gefährliche Substanzen, die während der Bombardierungen freigesetzt wurden, Risiken für die menschliche Gesundheit und die aquatische Umwelt darstellten«. So wurde beispielsweise durch die Bombardierung der Fahrzeugfabrik von Zastava in Kragujevac Transformatorenöl freigesetzt, das hochgradig mit PCBs und Dioxinen/Furanen belastet war. Im Kosovo wurde der Anstieg langfristiger Umweltverschmutzung auf frühere industrielle Aktivitäten zurückgeführt und weniger auf militärische Einsätze. Allgemein gilt, dass die Forschung in Bezug auf Umweltschäden die Ansicht vertritt, dass eine schwerwiegendere Beeinträchtigung der Umwelt indirekt eher durch die langfristige Vertreibung der Bevölkerung und den Ausfall institutioneller Maßnahmen zum Schutz der Umwelt erzeugt wird als durch direkte Auswirkungen militärischer Einsätze. In Angola führte der 16 Jahre andauernde Bürgerkrieg zum Verlust von 90% des wildlebenden Tierbestandes von 1975 in Naturparks und Reservaten.

In vielen Fällen erweist sich die Umwelt als unglaublich robust gegenüber akuten Eingriffen – und militarisierte Zonen oder militärische Übungsplätze können ökologisch wertvoll sein, selbst wenn sie chemisch kontaminiert sind. Auf der anderen Seite übersteigen die Auswirkungen militärischer Zulieferindustrien – was die chemische und radioaktive Verseuchung angeht – im Allgemeinen die unmittelbaren Auswirkungen von Militäreinsätzen auf die Umwelt, es sei denn, die Umwelt selbst wird direkt angegriffen.

Nukleare, chemische und biologische Waffen stellen die größte Bedrohung für die Umwelt und die Gesundheit sowohl von Zivilisten als auch von Militärs dar. Der Gebrauch derartiger Waffen ist – zumindest in der Theorie – völkerrechtlich verboten. Trotzdem tauchten einige dieser Waffen und Immunstoffe gegen sie im Zusammenhang mit dem so genannten Golfkrieg-Syndrom auf, an dem einige Militärs litten, die am Zweiten Golfkrieg 1990 beteiligt waren.

Andere Waffen, die nachweislich in modernen Kriegen benutzt werden, bedrohen ebenfalls die Gesundheit der Zivilbevölkerung und die Umwelt. Abgereicherte Uran-Projektile (depleted uranium, DU) werden zum gezielten Beschuss von Panzern und Bunkern benutzt. 20-70% dieser abgereicherten Uran-Projektile werden bei der Abfeuerung in Partikel pulverisiert, wobei 50-95% davon eingeatmet werden können. Basierend auf einer niedrigen – offiziellen – Schätzung über den Umfang von Uranabgereicherter Munition im Golfkrieg von 1990 wurden zwischen 29 und 192 Tonnen von DU-Staub erzeugt, der in die Atemwege dringen kann. Einer »Bedrohungsstudie« der britischen Atomenergiebehörde UKAEA zufolge, kann das Einatmen einer Tonne abgereicherten Urans 10.000 zusätzliche Krebstote über mehrere Jahrzehnte erzeugen (basierend auf den Risikofaktoren des Internationalen Komitees für Radiologischen Schutz). Interne DU-Einwirkung kann zu Nierenschäden, Lungen- und Knochenkrebs, Erkrankung der Atemwege, neuro-kognitiven Störungen, Chromosomenschäden und Missgeburten führen. Anschauliche Beweise deuten darauf hin, dass die Krebserkrankungen bei Kindern im Irak während des letzten

Duncan McLaren: Den Teufelskreis von Krieg und Gewalt durchbrechen

Jahrzehnts außergewöhnlich hoch waren. Abdel Karim Hassan Sabr, der stellvertretende Direktor der Geburts- und Kinderklinik in Basra, berichtet von einem Anstieg der Missbildungen bei Geburten von 1,8% in 1993 auf 4% in 2002.

Generell sind die schwersten Auswirkungen des Krieges sozialer und humanitärer Art. Wir sind gegen den Krieg, weil er Menschen tötet, verletzt und vertreibt. Seit 1945 gehörten 84% der Todesopfer in Kriegen zur Zivilbevölkerung. Nach Angaben des UN-Büros zur Koordinierung Humanitärer Hilfe sind 80% der Flüchtlinge Frauen und Kinder.

Durch die Verbesserung der militärischen Zielgenauigkeit sind Waffen noch destruktiver geworden, und nach Angaben von Pekka Haavisto von der Konfliktfolgen-Abteilung der UNEP ist ironischerweise die Wahrscheinlichkeit, dass die Umwelt als Waffe benutzt wird, anscheinend gestiegen. Dennoch scheinen Exzesse wie im Vietnam-Krieg – dem vielleicht ersten umfassenden Umweltkrieg – heute unwahrscheinlich.

1977 wurde eine Konvention über das Verbot »des Gebrauchs von militärischen oder jeglichen anderen feindlichen Techniken zur Veränderung der Umwelt« verfasst. Artikel 55 des Protokolls I (1977) der Genfer Konvention zum

Schutz der Opfer in bewaffneten Konflikten besagt, dass »*im Krieg darauf geachtet werden soll, die Umwelt vor weitreichenden, langfristigen und schwerwiegenden Schäden zu schützen*«. Aber nach den Bestimmungen der Genfer Konvention können Umweltschäden aufgrund von »*militärischer Notwendigkeit*« generell gerechtfertigt sein.

Langandauernde Konflikte können zu signifikanten Umweltschäden führen, insbesondere dort, wo die Umwelt zum militärischen Ziel wird. Im Irak bewirkten die lang andauernden Konflikte zwischen dem Regime Saddam Husseins und den Bewohnern der Sumpfregion im Süden des Landes schwerwiegendere Umweltschäden als die beiden Golfkriege. Das Regime ließ die Sumpfgebiete trockenlegen, um dem Militär einen verbesserten Zugang zu verschaffen und damit Repressionsmaßnahmen gegen die Bevölkerung zu erleichtern – dies führte dazu, dass 90-95% der mesopotamischen Sumpfgebiete, die für Wildvögel von besonderem Wert sind, seit den 1970er Jahren verloren gingen. In der Türkei wird davon ausgegangen, dass der Bau von umweltschädigenden Staudämmen und die Bewässerungsprojekte der Nebenflüsse des Tigris das Ziel haben, die kurdische Opposition zu befrieden.

Die signifikanteste Umweltauswirkung des 2003 geführten Golfkrieges wird sich noch zeigen – die Folgen für die langfristige Klimaveränderung durch die Wiederaufnahme der irakischen Ölproduktion.

Eine erhöhte Ölförderung im Irak – die zuvor stark durch Sanktionen beeinträchtigt war – wird unausweichlich zu einer Senkung der Ölpreise auf dem Weltmarkt führen. Der Irak besitzt die zweitgrößten Ölreserven aller Staaten der Welt – mindestens 112 Milliarden Barrels – daneben noch geschätzte 220 Milliarden Barrels wahrscheinlicher und möglicher Reserven (sowie weitgehend unerforschte Gebiete). Zum Vergleich: Saudi Arabia verfügt über 260 Milliarden Barrels nachgewiesener Reserven. Die irakischen Produktions- oder Förderkosten gehören mit ca. $1 pro Barrel zu den niedrigsten weltweit verglichen mit $4 in den USA und in der Nordsee sowie $2,5 in Saudi Arabien. Dies liegt vor allem an der oberflächennahen Lage der Ölvorkommen.

Die Erhöhung der Produktionsrate wird abhängig sein von der Bereitschaft des Iraks, mit der OPEC zusammenzuarbeiten, und von der Investitionsrate zur Erneuerung und zum Ausbau der Infrastruktur für die Ölförderung. Ein Großteil der existierenden irakischen Infrastruktur ist schadhaft, und einige Ölreservoirs mögen durch übermäßige Nutzung, Eindringen von Wasser oder Überflutung beschädigt sein, und dies alles ohne technische und infrastrukturelle Unterstützung, was zu einem signifikanten Produktionsrückgang führen kann. Die meisten Pipelines und Transfereinrichtungen sind ebenfalls beschädigt. Insgesamt schätzen Experten die »nachhaltige« Produktionskapazität auf nicht mehr als drei Millionen Barrels pro Tag oder auf eine 20-25%-ige Erhöhung im Vergleich zum gegenwärtigen Stand. Dennoch sind 417 neue Bohrstellen geplant – die von russischen, chinesischen, irakischen und rumänischen Unternehmen gefördert werden sollen. Weniger zurückhaltende Kommentatoren sprechen von einer Erhöhung des Produktionsniveaus auf 7-8 Millionen Barrel pro Tag innerhalb der nächsten fünf Jahre – was eine Investition von mindestens 30 Milliarden US-Dollar erfordert.

Angesichts der steigenden Ölnachfrage, insbesondere von Seiten Chinas, mögen derartige Erhöhungen die Ölpreise nicht dramatisch senken, sondern sie lediglich auf einem Niveau halten, das Investitionen in erneuerbare Energien und Energiesparmaßnahmen weiterhin abschrecken wird. Jedoch würden niedrigere Ölpreise auch kostenintensive Ölinvestitionen in Gebieten wie Alaska und Sibirien verhindern, in denen der Umweltschaden durch Ölbohrungen wahrscheinlich sehr hoch wäre.

Eine Schätzung des Preisniveaus bei einem ausgebliebenen Krieg ist nicht möglich. Allerdings ist es erhellend, zu bemerken, wie stark der Ölpreis von Militärausgaben abhängig ist. Jim Melcher vom Massachussets Institute of Technology schätzt, dass eine Inrechnungstellung der militärischen Kosten zur Aufrechterhaltung der Sicherheit in der Ölversorgung den Ölpreis um bis zu $100 pro Barrel erhöhen würde. Bei diesem Niveau könnten sogar US-Amerikaner dazu veranlasst werden, ihre spritsaufenden Geländewagen gegen sparsamere Autos einzutauschen!

Der Krieg gegen den Irak war der weltweit bedeutendste, doch war er lediglich einer unter 45 weiteren Kriegen, die gleichzeitig stattfanden. Ebenso wie der Irak-Krieg werden mehr als ein Drittel der modernen Kriege zumindest zum Teil durch Umweltzerstörung oder Ressourcenkonflikte ausgelöst.

Der Kupferbergbau in Bougainville entfesselte einen zehn Jahre andauernden Bürgerkrieg. Ölbohrungen im Niger-Delta destabilisierten die Region auf Jahrzehnte hinweg – zum Nutzen der korrupten Eliten und der mit ihnen verbündeten Privatkonzerne. Wertvolle mineralische Ressourcen wie Koltan – das zur Herstellung wichtiger Teile von Handys gebraucht wird – sind Teil der Auseinandersetzungen in der Demokratischen Republik Kongo. Derartige Konflikte vermehren die wachsende Zahl von Umweltflüchtlingen – von Norman Myers vom Green College Oxford bereits auf über 25 Millionen weltweit geschätzt (halb so viel wie politische Flüchtlinge), und bis zum Jahr 2010 wahrscheinlich auf 50 Millionen steigend. Kriege um Wasser scheinen ebenso wahrscheinlich wie weitere Kriege ums Öl, insbesondere zwischen Staaten oder Regionen, die ein gemeinsames Flusssystem teilen. Die Bemühungen der Türkei, Wasser und Energie aus dem Tigris durch den massiven Bau von Staudämmen zu gewinnen, haben die Spannungen mit dem flussabwärts liegenden Syrien erhöht.

Unter derartigen Bedingungen sind konfliktpräventive Maßnahmen untrennbar mit Umweltschutzmaßnahmen verbunden – und ganz besonders mit Maßnahmen zur Reduzierung des Bedarfs an Umweltressourcen: Energieerhalt geht vor der Erschließung neuer Ölfelder; sparsamer Umgang mit Wasser geht vor den Bau riesiger Staudämme; Recycling und Müllvermeidung geht vor der Abholzung von Wäldern und dem Raubbau an mineralischen Rohstoffen. Wir als Konsumenten im Norden müssen die Verantwortung für die Folgen unserer Konsumgewohnheiten übernehmen.

Krieg ist in vielfacher Hinsicht ein wichtiges Thema im Zusammenhang mit Umweltgerechtigkeit. Unter den direkten Umweltauswirkungen des Krieges – sei es durch Waffen wie die mit abgereichertem Uran oder durch vorsätzliche oder zufällige Umweltschädigung – haben am meisten die Armen und Machtlosen unter der Zivilbevölkerung zu leiden, und zwar zusätzlich zu den anderen direkten Kriegsfolgen.

Unter den indirekten Umwelteinwirkungen (von Ressourcen-Kriegen) leiden die Machtlosen ebenfalls – insbesondere was die Klimaveränderung betrifft. Diese Auswirkungen spürt auch die arme Bevölkerung, die weit entfernt vom Kriegsschauplatz ist, und im Fall der Klimaveränderung sind die Folgen besonders gravierend für die armen, niedrig liegenden Regionen wie in Bangladesh, wo große Bevölkerungsteile leben, die nur geringe Möglichkeiten haben, um sich gegen die Auswirkungen des erhöhten Meeresspiegels und die Veränderung der Regenzeiten zu schützen.

Der jüngste von den USA gegen den Irak geführte Krieg stellte jedoch noch in weiterer Hinsicht eine Umweltungerechtigkeit dar. Er war Ausdruck einer kulturellen und politischen Hegemonie, die – zumindest teilweise – darauf ausgerichtet ist, den US-amerikanischen und westlichen Lebensstil des (Über)-Konsums der konsumierenden Klassen aufrechtzuerhalten. Diese westliche Kultur ist die Ursache für die massive Umweltungerechtigkeit zwischen Konsumenten und Menschen, die an der Subsistenzgrenze leben. Vergleicht man den Raubbau an Umweltressourcen zwischen US-Amerikanern und Europäern auf der einen Seite und Afrikanern und Asiaten auf der anderen Seite, so ist der der US-Amerikaner und Europäer fünf- bis zehnmal so hoch. Es ist der Konsum der reichen Welt, der am meisten zur Umweltzerstörung beiträgt, gespürt wird sie jedoch am stärksten von der armen Welt.

Natürlich ist Krieg nicht die einzige Ursache für Umweltungerechtigkeit – und verglichen mit den ausbeuterischen Aktivitäten multinationaler Konzerne, den vom IWF verordneten strukturellen Anpassungsprogrammen und den unfairen Regeln der Welthandelsorganisation, ist er vielleicht sogar von geringerer Bedeutung. Aber ohne Frieden und Sicherheit können wir nicht darauf hoffen, diese Ungerechtigkeiten jemals zu überwinden.

Krieg mag gerecht sein – wenn er von einer dazu legitimierten Autorität geführt wird, Unrecht zu beheben trachtet, sämtliche Mittel der friedlichen Konfliktlösung ausgeschöpft wurden und im Ergebnis eine friedliche Ordnung etabliert werden könnte. Ein gerechter Krieg muss darüber hinaus in einer Weise und mit Mitteln ausgetragen werden, die zwischen Kombattanten und Zivilisten unterscheiden (das schließt eindeutig nukleare und chemische Waffen und Landminen aus, wahrscheinlich auch Splitterbomben und Uranabgereicherte Munition). Ein Großteil dieser Punkte ist im Irak umstritten, am stärksten der der legitimierten Autorität angesichts des Aushebelns der UNO. Teilweise ist dies der Grund, weshalb dieser Krieg keinen Frieden bringen, sondern eine weitere Spirale der Gewalt und des Terrors entfachen wird.

Den Teufelskreis von Krieg und Gewalt zu durchbrechen, ist eine größere Aufgabe und erfordert die Inangriffnahme mehrerer Maßnahmen. Im Folgenden werden diejenigen genannt, die Umwelt- und Gerechtigkeitsbewegungen sinnvoll in unseren Kampagnen, Aktionen und unserer Lobbyarbeit unterstützen können:

- Unterstützung von Konflikt-Folgeprogrammen – insbesondere im Bereich der Fortbildung – dabei sollte, wenn möglich, das Umweltbewusstsein als Friedenschaffendes Element einbezogen werden;
- Kontinuierliche Antikriegskampagnen, einschließlich des zivilen Widerstandes, wo immer dies möglich scheint;
- Entwicklung von Konfliktpräventionsmaßnahmen, die Mittel zur Förderung der Umweltgerechtigkeit bei der Ressourcenausbeutung und im Konsumverhalten beinhalten (was radikale Konsumentenaktionen und eine radikale Reform von Institutionen wie der Welthandelsorganisation erfordert, die systematisch daran arbeiten, das Konsumniveau noch weiter zu erhöhen);
- Mitarbeit bei der Stärkung und Demokratisierung der UNO;
- Widerstand gegen eine Militarisierung der EU durch die Ablehnung der Entwicklung einer militärisch fixierten Gemeinsamen Außen- und Sicherheitspolitik;
- Kampagnen zur Aufdeckung der Rolle multinationaler Unternehmen bei der Schaffung von Konflikten und der Verbreitung westlichen Konsumverhaltens: diese Unternehmen sollen die direkte Verantwortung für die Auswirkungen ihres Handelns auf Gemeinden und Bevölkerung übernehmen.

(Aus dem Englischen von Ulrike Borchardt)

Heike Prietzel

Hände weg von unserer Nahrung!

Mit der Forderung »Hände weg von unserer Nahrung!« zogen mehr als 800 TeilnehmerInnen zum Abschluss des Kongresses durch das Zentrum Berlins. Der stimmungsvolle Zug – mit bunt geschmückten Einkaufswagen, Gentomaten-Papptellern und einer Samba-Band – machte die Aufbruchstimmung des Kongresses noch einmal deutlich. Der Protest war ein Zeichen gegen die Gefahren gentechnisch veränderter Nahrungsmittel, die Machtinteressen der internationalen Nahrungsmittelkonzerne und den Allmachtsanspruch der Welthandelsorganisation WTO. Ausgangspunkt war eine Klage der USA im Mai 2003 vor der WTO gegen die EU. Diese sollte gezwungen werden, das bestehende Moratorium für die Zulassung und Vermarktung von gentechnisch veränderten Organismen aufzuheben. Und das, obwohl über 70% der europäischen VerbraucherInnen gegen gentechnisch veränderte Lebensmittel sind!

Die Entscheidung darüber, was produziert und verkauft werden soll, muss jedoch bei den VerbraucherInnen bleiben – dies war die gemeinsame Forderung von Attac, BUNDjugend, BUND und Greenpeace. Während des Kongresses wurde die Abschlussveranstaltung vorbereitet und viele hundert Gentomaten auf Pappteller geklebt und an Einkaufswagen geheftet. Bewaffnet mit den Einkaufswagen vertrieben die TeilnehmerInnen WTO, USA und Konzerne, die durch graue Männer mit Geldkoffern und Nahrungsmitteln symbolisiert wurden. So eroberten die KonsumentInnen die Macht über ihre Nahrung zurück.

Nicola Menzel
Blick über den Tellerrand

Umwelt und Gerechtigkeit gehören zusammen! Dies machte McPlanet.com eindeutig klar. Wir wollten wissen: Mit welchen persönlichen Eindrücken fahren die Teilnehmerinnen und Teilnehmer aus Ländern des Südens, Europa und Deutschland nach Hause? Was war besonders motivierend an diesem Kongress? Umweltbewegte und Globalisierungskritiker treffen sich das erste Mal: Was ist dadurch anders und neu? Welche Unterschiede gibt es zwischen den beiden Bewegungen? Und worin liegt die größte Chance einer zukünftigen Zusammenarbeit?

Vandana Shiva, 50, Research Foundation for Science, Technology and Ecology (RFSTE), Neu Delhi/Indien
Motivierend: *Es sind die beiden wichtigsten Themen meiner Arbeit, die hier zusammenkommen: Die Bedeutung der Umwelt für den Menschen lebendig zu halten, während die Folgen der Globalisierung sie bedrohen.*
Anders & Neu: *Während ich die Veranstalter seit langer Zeit kenne, ist der ganze Zuschauerraum voll mit jungen Leuten! Es sind nicht mehr die alten Bekannten, sondern eine neue Generation. Das bestärkt die eigene Arbeit. Ein anderer Punkt ist, dass keine der Diskussionen oberflächlich oder mechanisch ablief. Sondern es war ein tiefgehender Austausch, der das Verständnis in der inhaltlichen Auseinandersetzung fördert. So entstehen bessere Strategien für die Bewegungen. Ich fühle intellektuell und politisch einen frischen Wind.*
Zusammenarbeit: *Die Umweltbewegung setzt sich für den Schutz der Natur und das Recht aller Menschen auf diese Schätze ein. Zentrales Anliegen der Globalisierungskritiker ist Gerechtigkeit. Sie müssen den Blick darauf richten, wo es am meisten weh tut – nämlich in der Armut. Gerade hier ist die Frage der natürlichen Ressourcen zentral: Was passiert mit dem Boden? Mit der Biodiversität? Mit dem Wasser? Mit dem Saatgut? Mit den Nahrungsmitteln? Umweltbewegung und globalisierungskritische Bewegung haben denselben Anfang und dasselbe Ende – und sie begegnen derselben Logik. Wir sind nur so lange getrennt, wie Theorien auf Papieren dies tun. Mein Rat an die Bewegungen ist: Lasst euch nicht von Papier einlullen, sondern wendet euch an die Erde als Ratgeber.*

Verena Graichen, 24, stellv. Internationale BUND-Sprecherin, Berlin
Motivierend: *Motivierend ist, dass viele Leute, die ich aus verschiedenen Zusammenhängen kenne, auf einem gleichen Treffen sind. Es werden erste Schrit-*

te getan zu mehr Zusammenarbeit zwischen Ökologie und Globalisierung: viele spannende Diskussionen laufen am Rande der Veranstaltungen, etwa an den Infoständen.
Anders & Neu: *Neu ist die Teilnehmerzusammensetzung, aber sonst steht McPlanet in der Tradition der NGO-Kongresse, die ich kenne.*
Unterschiede: *Der wichtigste Unterschied ist der Fokus der Arbeit. Denn im Selbstverständnis unterscheiden sich Umwelt- und globalisierungskritische Bewegung mehr als in der inhaltlichen Arbeit bei Themen, die beide bearbeiten. Anders ist auch, ob man sich selbst als Experte oder als Protestierer wahrnimmt. Attac Deutschland symbolisiert immer noch sehr viel Aufbruch. Das tun die anderen Mitveranstalter BUND und Greenpeace hingegen nicht, sondern sie stehen mehr für Kontinuität und Expertise und weitergehende Arbeit. Es ist wichtig, sich kennenzulernen und Vorurteile abzubauen. Jeder hat einen eigenen Blick auf den anderen.*
Zusammenarbeit: *Die Chance ist die Vielfalt durch verschiedene Ansätze bei der Arbeit und bei den Inhalten. Auf dem Kongress werden wichtige Sachverhalte weiter verknüpft und der Blick für die andere Seite geschärft. Das muss sich nicht unbedingt darauf auswirken, wie die Organisationen arbeiten. Denn die Arbeitsteilung von Inhalten und Aktionsformen finde ich eine sinnvolle Sache. Aber die andere Arbeitsform und der andere thematische Fokus sind auch für meine Arbeit hilfreich.*

Sabine Leidig, 41, Attac-Bundesgeschäftsführerin, Frankfurt
Motivierend: *Toll ist, dass Leute aus ganz unterschiedlichen Zusammenhängen hier zusammenarbeiten. Von der globalisierungskritischen Bewegung kommen viele aus einer anderen Sozialisation als in der Umweltbewegung. Es steht viel Engagement und einiges an finanziellen Mitteln hinter der Veranstaltung, sodass das Angebot und die Gestaltung wirklich attraktiv sind.*
Anders & Neu: *Ich erlebe den Kongress ähnlich wie das Weltsozialforum in Porte Alegre, etwa die Möglichkeit, dass sich ganz unterschiedliche Gruppen darstellen, und die dialogorientierten Panels sowie die Diskussionsforen. Das hat wenig Ähnlichkeit mit eher traditionellen Kongressformen, die stärker an Vorträgen orientiert sind und weniger Breite und Vielfalt bieten.*
Unterschiede: *Die globalisierungskritische Bewegung schlägt einen großen Bogen. Ökologische Fragen sind dabei wichtig, aber nicht das einzige Thema. Das unterscheidet die globalisierungskritische Bewegung von anderen Bewegungen, wie etwa der Umweltbewegung, die an einem einzelnen Thema arbeiten und dort viel mehr in die Tiefe gehen können.*
Zusammenarbeit: *Eine Chance ist es, wenn Erkenntnisse der Umweltbewegung in die globalisierungskritische Bewegung einfließen. Darüber hinaus ist es wich-*

tig, inhaltliche Verbindungsbögen zwischen den einzelnen Aspekten der Globalisierungskritik zu entwickeln. Ganz aktuell ist es eine Herausforderung, die Frage der Ökologie mit der sozialen Frage und der Frage, wieweit können Gesellschaften wachsen, zu verbinden.

Barbara Kamradt, 41, Greenpeace, Hamburg
Motivierend: *Beeindruckt hat mich die Vielzahl der hochmotivierten TeilnehmerInnen, die offene Atmosphäre, das Gefühl von Aufbruch. Umweltthemen sind also weiterhin attraktiv und gehören zur globalisierungskritischen Debatte dazu. Interessant war das Konzept vieler parallel laufender Veranstaltungen.*
Unterschiede: *Die globalisierungskritische Bewegung hat nach langer Zeit wieder eine Kritik der »herrschenden Ökonomie« populär gemacht. Sie ist nicht so spezialisiert und hat den Charakter einer breiten Bewegung. Die Umweltbewegung hingegen hat sich thematisch stark fokussiert und den Bewegungscharakter immer mehr verloren.*
Zusammenarbeit: *Beide müssen für den Austausch von Erfahrungen offen sein. Auf der Umweltseite gibt es viel Expertise und viel Know-How, wenn es um Lösungsansätze, aber auch um Protestformen geht. Eine neue Bewegung bringt wieder anderen Schwung mit und stellt weitreichendere Fragen. Sie kann als Katalysator wirken, braucht aber dauerhaft auch Lösungen und konkrete Erfolge.*

Jacob von Recklinghausen, 23, Attac Aktionsgruppe, Attac, Berlin
Motivierend: *Hier kommen die Organisationen zusammen, die auch Aktionen machen. Es ist gut, dass am Ende des Kongress eine gemeinsame Aktion steht.*
Anders & Neu: *Der Mix aus den verschiedenen Bewegung ist anders. Umwelt- und globalisierungskritische Bewegung haben dasselbe Ziel, nur sie merken es im Alltagsgeschäft noch nicht. Die Mechanismen, gegen die wir kämpfen, sind dieselben, und die sind zu entlarven.*
Unterschiede: *Die Umweltbewegung zielt mehr auf die Welt als Umwelt und Natur, die globalisierungskritische Bewegung hingegen auf die Menschen als handelnde Akteure in der Natur. Beides gehört zusammen. Wenn die WTO stärker ist als Umweltabkommen und Regeln durchsetzt, müssen die Bewegungen zusammen kämpfen.*
Zusammenarbeit: *Eine Chance ist, wenn wir es schaffen, gemeinsam mit möglichst vielen Organisationen, Aktionen auf die Beine zu stellen. Es muss nicht laut offiziellem Logo eine Aktion von so und so sein. Es reicht zunächst, wenn Menschen, die aktiv sind, zusammen arbeiten. Das andere kommt danach. Es ist eine unserer Stärken, viele Leute zusammenzubringen.*

Farida Akhter, 49, UBINING (Politikforschung für Entwicklungsalternativen), Dakar/Bangladesh
Motivierend: *Das Interesse an den so genannten technischen, harten Themen ist enorm. Es war sehr ermutigend, zu sehen, dass die Mehrheit der Teilnehmer, die unbeirrt zuhören, jung ist.*
Anders & Neu: *Die Verbindung zwischen Umwelt und Handel ist neu und wichtig, denn sie ist sehr direkt. Man kann nicht über Handel aus einer nur wirtschaftlichen Sicht sprechen und ohne die Umwelt zu beachten. Wenn die Umwelt zerstört ist, wird auch der Handel schlecht.*
Zusammenarbeit: *Obwohl auf dem Kongress die Frauenperspektive präsent war, gab es hierzu keine eigene Sektion. Die Umweltbewegung glaubt, dass sie Gender- oder Frauenthemen nicht gesondert behandeln muss. Ich warne davor, denn eine Umweltsicht ohne feministische Perspektive führt nicht weiter!*

Jutta Sundermann, 32, BUKO-Pharma-Kampagne, Verden
Motivierend: *Ich hatte manchmal Angst, dass Ökothemen out sind und dass es nicht gelingt, Globalisierung und Ökologie zusammenzubringen. Aber jetzt zeigt sich, dass es geklappt hat.*
Anders & Neu: *Es sind etliche Leute hier, für die das Thema neu ist. In den Workshops besteht die Möglichkeit, genauer hinzuschauen, wie die Mechanismen funktionieren und was ausreichende Strategien sind.*
Unterschiede: *Die globalisierungskritische Bewegung ist im Moment modern und hip. Es sind viele zu Attac gekommen, die frustriert waren und wiederum andere, die noch nie politisch gearbeitet haben. Sie machen sich jetzt mit neuem Namen und neuen Themen an Fragen, die teilweise schon viel älter sind. Da die globalisierungskritische Bewegung die Wirtschaftspolitik und ihre Zusammenhänge neu im Blick hat, hat sie eine Chance, mehr als nur eine Modebewegung zu sein. Aber die Umweltbewegung ist auch aus ihrer längeren Geschichte heraus in Teilen qualifizierter. Sie konnte oft besser handeln, weil sie ein bestimmtes, ganz konkretes Ziel hatte. Die Globalisierungsbewegung muss diese Konkretisierung erst leisten.*
Zusammenarbeit: *Mehr Qualität für die globalisierungskritische Bewegung in Ökofragen, mehr neue Leute für die Umweltbewegung, die für manche ein bisschen als von vorgestern gegolten hat – aber genau das nicht ist. Die Analyse bleibt wichtig und notwendig, aber ich muss auch überlegen, was ich, außer allgemein darüber zu reden, damit mache. Das Handeln ist zentral.*

Die Interviews führte Nicola Menzel (siehe auch politische ökologie 85 [2003]: Machtspiel Globalisierung. Pokern um Umwelt und Gerechtigkeit, München).

Die Autorinnen und Autoren

Farida Akhter ist Expertin für Agrar- und Gentechnik und Geschäftsführerin von UBINIG, einer bengalischen NGO für Politikforschung für Entwicklungsalternativen. Aktiv ist die Ökonomin aus Bangladesch außerdem in der Bewegung Nayakrishi Andolon (Neue Landwirtschaft): 65.000 Bauernfamilien bestellen ihre Felder ohne jeglichen Einsatz von Chemie.
Zeina Al-Hadsch ist in der Nähe von Beirut aufgewachsen. Dort studierte sie auch Politik- und Verwaltungswissenschaften. Nach drei Jahren als Chemie-Campaignerin für Greenpeace Libanon ist sie heute bei Greenpeace International für die Koordination der Handelsaktivitäten zuständig.
Walden Bello ist Professor für Soziologie und Ökonomie an der Universität der Philippinen und zugleich Direktor der NGO »Focus on the Global South« mit Sitz in Bangkok. Als einer der profiliertesten Globalisierungskritiker wurde er 2003 mit dem alternativen Nobelpreis ausgezeichnet. Zugleich ist Bello einer der maßgeblichen Organisatoren des Weltsozialforums.
Ulrich Brand hat in Frankfurt/M., Berlin und Buenos Aires Tourismus und Politikwissenschaft studiert. Heute ist er Assistent im Fachbereich Globalisierung und Politik an der Uni Kassel. Der Autor mehrerer Bücher ist seit Mitte der 1990er Jahre beim BUKO, der Bundeskoordination Internationalismus, aktiv und Mitglied des wissenschaftlichen Beirates von Attac.
Ulrike Brendel ist Gentechnologie-Campaignerin bei Greenpeace Deutschland. Ein Schwerpunkt ihrer Arbeit ist die Patentierung von Lebewesen und Naturgütern.
Nicola Bullard ist stellvertretende Direktorin von »Focus on the Global South« und arbeitet schwerpunktmäßig zur Rolle von internationalen Finanzinstitutionen. Die Australierin hat in Den Haag und Melbourne Internationale Beziehungen, Erziehungswissenschaft, Geographie und urbane Soziologie studiert. Arbeitserfahrung im Bereich Menschenrechte und Entwicklung sammelte sie danach in Kambodscha, Thailand und Australien.
Marc Engelhardt, geboren 1971, hat in Kiel Geographie, Biologie und Jura studiert. In Hamburg arbeitet er als Fernsehjournalist und Autor. Ehrenamtlich ist er internationaler Sprecher des Bund für Umwelt und Naturschutz Deutschland (BUND) und einer der Mitbegründer der AG Globalisierung und Ökologie bei Attac.
Sarath Fernando kämpft in seiner Heimat Sri Lanka gegen die Privatisierung des Wassermarktes.

Marcelo Furtado arbeitet seit 13 Jahren für Greenpeace. Der ausgebildete Chemie-Ingenieur aus Brasilien leitet nach Kampagnen zu Giftexporten und Umweltverschmutzung in Lateinamerika jetzt die Aktivitäten zum Thema Kontrolle und Haftung der Konzerne bei Greenpeace International.

Tapati Ghosh ist Generaldirektorin des indischen Büros von »Centre for Social Markets« (CSM). Dort hat sie eine Reihe wissenschaftlicher Untersuchungen über Industrieunfälle, die Effizienz von Trainingsprogrammen und Arbeitszufriedenheit durchgeführt. Derzeit arbeitet sie am Aufbau des »West Bengal Forum on Business Partnerships for Sustainable Development«.

Sven Giegold ist Mitglied im Koordinierungskreis von Attac. Der Wirtschaftswissenschaftler kommt aus der Umweltbewegung und ist nach wie vor beim BUND aktiv. Bei Attac koordiniert er außerdem die AG Steuerflucht und Steuerpolitik. Giegold lebt in einem Projekt alternativen Lebens und Arbeitens in Verden/Aller.

Colin Hines arbeitete zunächst als Leiter der Handelskampagne bei Greenpeace International. Der überzeugte Öko-Protektionist hat die Bewegung »Protect the Local, globally« (Das Lokale global schützen) gegründet und ist Mitglied im Internationalen Globalisierungs-Forum (IFG).

Dan Hindsgaul ist Campaigner bei Greenpeace International in Amsterdam. Dort bearbeitet er den Gentechnik-Streit, den die USA vor dem Schiedsgericht der WTO gegen die EU angestrengt hat.

Martin Kaiser ist Campaigner im Bereich Meere/Wälder/WTO bei Greenpeace Deutschland.

Gerd Leipold leitet seit 2001 die Arbeit von Greenpeace International. Der 52jährige Münchner engagiert sich seit den 1980ern bei Greenpeace und koordinierte über 50 internationale Schiffsaktionen auf See. Davor studierte er Physik, Meteorologie und Ozeanographie und arbeitete am Hamburger Max-Planck-Institut für Meteorologie im Bereich Klimaforschung.

Duncan McLaren ist Geschäftsführer von Friends of the Earth Scotland. Nach Forschungen und Veröffentlichungen zum Thema Zukunftsfähigkeit, darunter eine Nachhaltigkeitsstudie für Großbritannien, arbeitete er in den vergangenen Jahren schwerpunktmäßig zu Umweltgerechtigkeit und Unternehmensverantwortung. Für Friends of the Earth International hat er die Anti-Golfkriegsaktivitäten koordiniert.

Daniel Mittler ist Referent für internationale Umweltpolitik beim BUND/Friends of the Earth Germany in Berlin. Er hat Politik, Stadtplanung und Afrikanistik in Edinburgh, London und Kingston, Ontario studiert. Er ist Mitglied des Sustainable Europe Research Institute und Fellow des Centre for Human Ecology, Edinburgh.

Ricardo Navarro ist Präsident von Friends of the Earth International (FoEI), einem Netzwerk von weltweit 68 Umweltverbänden. Die Deutsche Sektion von FoEI ist der BUND. In seinem Heimatland El Salvador leitet Navarro die nationale FoE-Gruppe CESTA, die sich mit Umwelt- und sozialen Fragen gleichermaßen beschäftigt. 1995 wurde Ricardo Navarro mit dem Goldman Prize ausgezeichnet.

Helena Norberg-Hodge ist Gründerin und Direktorin der International Society for Ecology & Culture (ISEC), Großbritannien. Die Mitherausgeberin der Zeitschrift »The Ecologist« ist Trägerin des alternativen Nobelpreises. Bekannt wurde sie Anfang der 1990er Jahre mit ihrem Buch »Ancient Futures: Learning from Ladakh« über die Auswirkungen der Globalisierung auf traditionelle Gemeinschaften im indischen Himalaya.

Hermann E. Ott ist Jurist und Politikwissenschaftler. Im Wuppertal Institut für Klima, Umwelt, Energie leitet er die Abteilung Klimapolitik. Von November 2000 bis Juni 2001 war er dafür zuständig, eine Umweltpolitik des Auswärtigen Amtes zu konzeptionieren.

Martin Rocholl ist Direktor von Friends of the Earth Europe in Brüssel. Seit über 20 Jahren ist der Biologe in lokalen, nationalen und internationalen Umweltorganisationen tätig und hat u.a. das globale Umwelt- und Entwicklungsnetzwerk ASEED (Action for Solidarity, Equality, Environment and Development) gegründet. Er ist Leiter einer Kampagne zur Ökologischen Steuerreform.

Michael Sachs wurde 1971 in London geboren, nachdem seine Eltern vor dem Apartheid-Regime in Südafrika geflüchtet waren. Mit 20 zog er selbst nach Südafrika und arbeitet seitdem für den African National Congress (ANC), unter anderem als Koordinator für Wahlkampagnen. Zur Zeit koordiniert Sachs die National Research Unit des ANC in Johannesburg. Außerdem arbeitete er für den Weltgipfel für Nachhaltige Entwicklung in Johannesburg 2002.

Wolfgang Sachs studierte Soziologie und Theologie in München, Tübingen und Berkeley, USA. Seit 1993 arbeitet er als Wissenschaftler am Wuppertal Institut für Klima, Umwelt, Energie. 1999-2001 war Sachs Mitglied des Intergovernmental Panel on Climate Change (IPCC); seit 1998 ist er im Fachbeirat Süd der Heinrich-Böll-Stiftung. 2002 leitete er die internationale World Summit 2002 Memorandum Gruppe der Heinrich-Böll-Stiftung.

Tilman Santarius, geboren 1974, ist Diplom-Soziologe. Als wissenschaftlicher Mitarbeiter am Wuppertal Institut für Klima, Umwelt, Energie arbeitet er zu Welthandel und Umwelt. Abteilungsübergreifend koordiniert er das Projekt »Welche Globalisierung ist zukunftsfähig?!«

Vandana Shiva, Physikerin und Agrarwissenschaftlerin, ist eine der prominentesten Aktivistinnen gegen die wirtschaftliche Globalisierung. Die Inderin ist Gründerin und Direktorin der Research Foundation for Science, Technology and Ecology (RFSTE) in Neu Delhi. Ihre Schwerpunktthemen sind die Bekämpfung von Gentechnik und der Erhalt der Biodiversität. Vandana Shiva ist Trägerin des alternativen Nobelpreises und Mitglied des International Forum on Globalization.

Karsten Smid ist Energie-Campaigner bei Greenpeace Deutschland. Öl ist sein Spezialthema.

Markus Steigenberger, geboren 1975, hat Sozial- und Wirtschaftsgeschichte, Politik und Jura studiert. Derzeit volontiert er beim Ökom-Verlag in München. Er ist Mitglied im Attac-Rat und Mitbegründer der Attac-AG Globalisierung und Ökologie.

Jürgen Trittin begann seine Karriere bei den Grünen, als er 1982 Geschäftsführer der Göttinger Ratsfraktion der Alternativen-Grünen-Initiativen-Liste wurde. Der Diplom-Sozialwirt war sechs Jahre lang Mitglied des niedersächsischen Landtages und in der rot-grünen Länderkoalition von 1990 bis 1994 Minister für Bundes- und Europaangelegenheiten. Danach wechselte Trittin in die Bundespolitik und wurde Sprecher des Bundesvorstandes von Bündnis 90/Die Grünen. Seit 1998 ist er Bundesminister für Umwelt, Naturschutz und Reaktorsicherheit.

Barbara Unmüßig hat Politische Wissenschaft in Berlin studiert und ist heute Vorsitzende der Heinrich-Böll-Stiftung. Mehr als zehn Jahre lang war sie Geschäftsführende Vorstandsvorsitzende bei Weltwirtschaft, Ökologie und Entwicklung e.V. (WEED). Im Jahr 2000 gründete sie das Deutsche Institut für Menschenrechte (DIMR), dessen stellvertretende Vorsitzende sie heute ist.

Alexandra Wandel ist Leiterin der Kampagne für Handel, Umwelt und Nachhaltigkeit bei Friends of the Earth Europe.

Angelika Zahrnt ist seit 1989 Mitglied des Bundesvorstands des BUND/ Friends of the Earth Germany und seit 1998 BUND-Vorsitzende. Nach dem Studium in Heidelberg, Wien und Innsbruck war die Volkswirtin u.a. freiberuflich für das Ökoinstitut Freiburg in der Kommunalpolitik, der Frauenpolitik und der Umweltbewegung tätig. Sie ist Mitglied im Rat für nachhaltige Entwicklung der Bundesregierung.